里親であることの葛藤と対処
―家族的文脈と福祉的文脈の交錯―

安藤 藍著

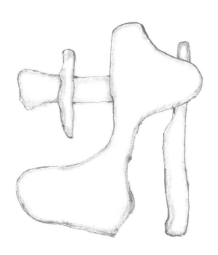

ミネルヴァ書房

　　　　　　　はしがき

　For foster carers, however, in very significant ways, their family is their work and their work is their family—so roles are not so clearly separated and boundaries are not so clearly defined. (Schofield et al. 2013：46)

　本書は，一家庭であり，かつ社会的養護の支え手でもある里親の独特の立場性を前提として，そこで生じる葛藤やこれへの対処，養育経験に対する意味づけ等について，里親たちの語りをもとに明らかにしようとする試みである。
　「里親」とは，諸事情により生まれた家庭では育てられない子どもを自らの家庭にあずかり，一定期間養育する人びとをいう。根拠となる法律は児童福祉法であり，同法第6条の4に定義づけられる[1]。里親制度は乳児院や児童養護施設に並ぶ「社会的養護」の一制度として位置づけられている。ここでいう「社会的養護」とは，さしあたり「保護者がいない，あるいは保護者による養育が適当でない子どもを公的に養育する社会的しくみ」を指すこととする。社会的養護は，児童養護施設や乳児院等の施設養護と，里親やファミリーホーム[2]等の家庭養護に大別されており，里親は家庭養護の代表格ともいえる。

---

(1) 「この法律で，里親とは，養育里親及び厚生労働省令で定める人数以下の要保護児童を養育することを希望する者であつて，養子縁組によつて養親となることを希望するものその他のこれに類する者として厚生労働省令で定めるもののうち，都道府県知事が第二十七条第一項第三号の規定により児童を委託する者として適当と認めるものをいう」（児童福祉法第6条の4）。なお，要保護児童の措置先としての里親の位置づけは，同法第27条第1項第3号による。
(2) 「養育者の住居において行う点で里親と同様であり，里親を大きくした里親型のグループホーム」（2013年3月15日全国児童福祉主管課長会議資料）のこと。2009年に国の制度となり，正式名称は「小規模住居型児童養育事業」といい，第二種社会福祉事業にあたる。これ以前より，里親型のグループホームとして各自治体で行われていた事業を法定化したものであり，里親のうち多人数を養育するものを事業形態とし，相応の措置費を交付できる制度である。

近年，里親制度をめぐる動きは実に活発化している感がある。里親による体験本，里親希望者への丁寧なガイドブックや里親里子を対象としたルポルタージュ，専門書と実践書が融合したような雑誌の刊行が相次ぐ⁽³⁾。書物にかぎらず，里親養育や社会的養護関連の民間団体も増えた⁽⁴⁾。こんにちでは，その出自や目的は一様ではないが，社会的養護を離れた若者の自立支援団体や独自の研究所の活動は，メディアにも取り上げられるようになっている。そうした影響もあってか，里親制度について認知度は上がってきているのではないだろうか。筆者の肌感覚としても，専門学校や大学の授業中に里親養育を取り上げた際に，まったく知らなかったという反応は少ない。児童虐待や少子化といった社会問題を背景に，里親養育への社会的関心はたしかに高まりつつある。

　しかし，国際的にみて日本の里親委託率の低さは際立ち，施設から家庭へという潮流に日本はいまだ乗り切れていない。こうした家庭養護の進まない現状に対して，国連から勧告を受けている。それゆえ，つねに里親養育や社会的養護関係者のあいだでは，里親委託の推進と里親家庭支援に主たる関心があった。これまでの数多くの研究が，里親委託が伸び悩む原因やこの打開策の検討，里親支援の具体的な提案等を行ってきた。一方その陰で，里親たちの豊かなリア

---

(3)　日本における里親養育の普及の途は，里親養育にかかわる当事者たちによってひらかれてきた面が多分にあることは忘れてはならないだろう。2000年代に入ってからは，里親自身によってその体験を綴った本（坂本 2003；2008；土井 2008 ほか）や里親によるガイドブック（吉田 2009；2015），フリーライターによるルポルタージュ（村田 2005 ほか），社会的養護の豊富な現場経験と里親経験にもとづく中途養育についての著作（津崎 2015）が刊行されている。これらの出版物には，里親や里子たちのことを一般の人にもっと知ってもらい，里子たちにとって生きやすい社会になってほしいという思いや，里親登録者の増加をはかりたいという期待もこめられている。また，東京都をはじめ里親の体験発表会等広報の機会が毎年もたれるようになったほか，2006年に『里親と子ども』シリーズが刊行され，『子どもと福祉』『社会的養護とファミリーホーム』などの里親養育・社会的養護に関する雑誌も相次いで創刊されている。里親養育にかかわる実践者たちの言葉が社会に届くようになりつつあるといえよう。

(4)　都内で里親支援の民間団体の草分け的存在であった NPO 法人アン基金プロジェクトは1993年に NPO 法人として設立されたが，当時は神戸・大阪で「愛の手運動」を行う家庭養護促進協会などのほかに同様の団体はあまりみられなかったのではないかと思われる。現在は当事者団体も全国で活発に活動している。当事者団体については和泉（2011）に詳しい。

リティはまだ十分に明らかにされていないのではないかと思うようになった。

　里親養育というのは，中途養育という点では，ステップファミリーなどの家族と共通の経験をするだろう。しかし，ただ保護者にかわって子育てをしているだけではない。不適切な養育環境にあった子どもに適切な家庭環境を提供するという目的のもとにおかれる点，それが私的な空間で公的責任において行われるという点で，里親独特のものがある。冒頭の Schofield et al. (2013) の引用は，そうした里親のおかれた重層的な立場性をあらわしている。この立場性自体が孕む困難もあるのではないだろうか，そうだとしたらこれに里親たちはどのように対処しているのか，問うてみたいと思うに至った。

　それというのも，出会った里親たちは総じて非常に熱心で，大変な苦労の中でも養育にのめりこむようにみえることさえあったが，一般に出回っている里親体験は里親制度啓発の意図のもとか，「良い話」を耳にするほうがずっと多く感じられた。インタビュー調査に応じてくれた里親は，本当に大変だった経験は話せないとも語っていた。里親養育の意義には，子どもとの個別的な関係の構築や愛着関係の形成，家庭生活の経験などが挙げられ，被虐待などの様々な背景から養育に困難が生じたとしても，里親にはなんとか乗り越えていくことが期待されている。実際，命をあずかり育てるのはとても重いことで，かつ傷ついて里親家庭にやってきた子どもを癒すのは並大抵なことではない。しかも，子どもには社会的養護のもとにおかれる責任はない。そのためか，「里親養育は家庭養護を担う意義深いものである」「養育には大変なこともあるかもしれないが，子どものために乗り越えていこう」「血縁がなくてもいつか家族になれる」といった言説は，いわゆる里親の世界ではよく見聞きするし，和泉 (2003) が述べたように，これまでの里親養育は「『福祉』的視点からすれば肯定すべきものとして，『支援』的視点からは，困難な面もあるが支えていかなければならないもの」（和泉 2003：10）として論じられる傾向があった。そういった里親養育の正当さは，ときとして里親たちが経験しているかもしれない葛藤や困難をみえにくくしている可能性もあるのではないだろうか。もちろん，私もまた子どもの福祉のために里親制度が活用されることを願っているひとりである。そのためにも，悩みながらも養育に全身をかけてのめりこんでいく里親たちが，その立場上どのような葛藤を経験し，いかに対処して子どもにとっ

ての自己のありようを見定めようとしているのかを，少しでも社会に発信したい思いが芽生えてきた。

　以上のような関心から，本書のタイトルには「葛藤」ということばが含まれている。かならずしも，里親養育の素晴らしさばかりが前面には出てはこない。悩み，苦労を回想する場面も多くある。しかし筆者にとっては意外だったのだが，調査協力者である里親さんの中には，このタイトルを良いといってくれる方が何人かいらした。本書が明らかにしているのは里親たちの豊饒に広がる生活世界のごく一端にすぎないが，それでも里親経験の理解に役立てば嬉しい。

　本書は，里親養育という限られた対象を扱うが，里親研究に携わる研究者だけでなく，社会的養護やひろく子育て支援に関心を寄せている方，依存的な他者のケアをどう社会が担っていくかを考えたい方などにも，きっと通ずるような関心をもつものと思っている。

　2017年1月

安藤　藍

里親であることの葛藤と対処
―― 家族的文脈と福祉的文脈の交錯 ――

目　次

はしがき

初出一覧

序章　里親研究の射程 …………………………………………… 1
　　　　──家族であること，社会的養護の担い手であること──

　　第1節　問題の所在 ……………………………………………… 1
　　第2節　本研究の基礎概念 ……………………………………… 5
　　第3節　研究目的と本書の構成 ……………………………… 10

第1章　里親養育の概況 ………………………………………… 15
　　　　──歴史と実態──

　　第1節　里親養育の歴史 ……………………………………… 15
　　第2節　里親制度の規定する里親「家族」像の変遷：
　　　　　　関連省令・通知等を素材に ……………………… 23
　　第3節　現代の里親養育の実態 ……………………………… 35

第2章　里親経験はいかに捉えられてきたのか ……………… 49
　　　　──先行研究と本書の位置づけ──

　　第1節　里親養育研究の展開：「拡充論」「支援論」の到達点と課題 … 49
　　第2節　家族研究の系譜と里親家族 ………………………… 65
　　第3節　ケア・支援の社会学への展望 ……………………… 71
　　第4節　理論的視座 …………………………………………… 74
　　第5節　本書の立場 …………………………………………… 79

第3章　里親たちの語り ………………………………………… 83
　　　　──調査・分析の方法──

　　第1節　インタビュー調査概要 ……………………………… 83
　　第2節　調査協力者の特徴 …………………………………… 88

第3節　分析手続き……………………………………………………94

第4章　共存する「社会的養護としての養育」と
　　　　「ふつうの子育て」………………………………………………97
　　　第1節　本章の課題：子どもをあずかれば親子になるのか……………97
　　　第2節　多様な里親像……………………………………………………98
　　　第3節　「里子」としての理解：委託以前の非共有時間に向きあって…104
　　　第4節　「実子と同じ」という理解……………………………………118
　　　第5節　「社会的養護としての養育」と「ふつうの子育て」との葛藤…127
　　　第6節　本章のまとめ：「養育」と「子育て」の関係………………136

第5章　家庭であること／仕事であることをめぐって………………139
　　　　　──関係機関と比較した里親家庭の意味づけ──
　　　第1節　本章の課題：里親養育はなぜ「仕事」と
　　　　　　距離化されがちなのか……………………………………………139
　　　第2節　専門性との距離化………………………………………………140
　　　第3節　施設生活との対比で語られる家庭らしさの価値………………147
　　　第4節　仕事としての要保護児童ケアとの異同…………………………159
　　　第5節　養育費，里親手当の解釈：報酬受取・賃労働化の回避………171
　　　第6節　本章のまとめ：顕在化する家族ケアの特性……………………179

第6章　親であること／支援者であることをめぐって………………183
　　　　　──実親との比較による里親の意味づけ──
　　　第1節　本章の課題：里親は実親の代替なのか………………………183
　　　第2節　実親との交流がない場合………………………………………185
　　　第3節　実親との交流がある場合………………………………………198
　　　第4節　里親子関係終了後の実親への対応……………………………206

第5節　本章のまとめ：実親の存在感……………………………… 214

第7章　措置委託解除後の子どもとのかかわりにおける
　　　　葛藤と対処 ………………………………………………………… 217
　　　　　――18歳からのはじまり――
　　　第1節　本章の課題：措置委託が終わると里親里子は
　　　　　　　「純粋」な家族になるのか ……………………………… 217
　　　第2節　措置委託解除の2つの意味……………………………… 218
　　　第3節　子どもとの意向の調整：里親の許容範囲内の場合…… 221
　　　第4節　子どもの意向・里親の理想と里親の許容範囲が
　　　　　　　一致しない場合 ……………………………………………… 238
　　　第5節　里親子関係の帰着点……………………………………… 249
　　　第6節　本章のまとめ：重なり，すれ違う里親子の期待……… 255

終　章　里親たちの葛藤に通底する困難とその生起メカニズム … 257
　　　第1節　本研究の主要な知見……………………………………… 257
　　　第2節　本研究の意義と今後の展望……………………………… 278

参 考 文 献……287
巻 末 資 料……301
お わ り に……311
人 名 索 引……315
事 項 索 引……316

初 出 一 覧

本書の各章は，以下の既発表論文をもとに大幅に加除を行ったものである。

「里親制度の規定する「家族」・「家庭」像の変遷」『季刊 家計経済研究』（2017）
　114（掲載決定）（第1章の一部）。
「里親経験の意味づけ――子どもの問題行動・子育ての悩みへの対処を通して」
　『家族研究年報』（2010）35：43-60（第4章の一部）。
「実親との関わりにおける里親の認識と対応」『家族関係学』（2011）30：139-52
　（第6章の一部）。
「措置委託解除後の元里親子関係――関係再編・調整過程に着目して」『生活社会
　科学研究』（2016）23：17-30（第7章の一部）。

序　章
里親研究の射程
―― 家族であること，社会的養護の担い手であること ――

第1節　問題の所在

（1）里親の現状

　全国で里親に委託中の子どもたちは，2014年度末時点で4731人であり，漸増傾向にある。これは，おおよそ4万6000人の要保護児童全体の1割強にあたる。国際動向と比較して，日本の里親養育は委託率の低さなどを理由に問題視される傾向にある。2009年に国連総会で「子どもの代替的養育に関するガイドライン」が採択されたことは，世界の社会的養護のあり方に大きな影響力をもった。日本は国連子どもの権利委員会より幾度となく社会的養護改革の勧告を受けている。こうした潮流のもと，国内政策においても，里親委託優先の原則等を定めた「里親委託ガイドライン」の策定（2011年），「子ども・子育てビジョン」（2010年閣議決定）にもとづく家庭的養護推進，「家庭と同様の環境における養育の推進」（2016年児童福祉法等の一部を改正する法律）など，里親委託をはじめとする家庭養護を推し進める方針が打ち出されるようになってきた。さらに，実親による児童虐待事件の多発，離婚の増加や家族関係の複雑化に加え，東日本大震災後の震災遺児対策の要請等を受けて，里親制度への関心と社会的期待は高まりをみせている。

　また，とりわけ近年の里親養育をめぐっては，かつて里親制度が創設された戦災孤児対策の時代と比べ，その背景事情も養育内容も大きく様変わりしている。被虐待経験や発達障害等の障害をもつ子どもの割合の上昇のほか，実親家族への再統合，愛着関係形成や治療的かかわりの必要性のように，多くの課題が提示されている。里親は単に家庭のない子どもに代替的な生活の場を保障するというだけでなく，児童福祉制度に規定された存在として適切で望ましい養

育環境を用意することが期待されているのである。

（2）家族と福祉の交錯

ここで本研究が関心をおく，里親の立場性について説明しておく。里親制度においては，当事者を「親」「子」の語を含む用語で呼ぶとはいえ，両者の間に血縁関係はない。また，子どもの養育や教育にかかる経費は養育費として支給される。さらに，里親制度が児童福祉法を根拠法とすることから，同法の「18歳未満」という対象年齢を外れると同時に，里親・里子関係は原則として解除される。里親―里子関係のこれらの特質は，乳児院や児童養護施設の職員と入所児童の関係に近似しており，「一般の」親と子の関係とは異質なものである。それゆえに，里親制度が「家庭養護」の代表的なものであるとはいえ，あくまで「社会的養護」の一類型として位置づけられているのも，もっともなことといえよう。

しかしその反面，里親制度が実際に展開される場は，いわゆる「一般の」家庭である。そして，里親・里子双方の属性や生活史的背景による多様性を無視することはできないとしても，中には里親夫婦を「ほんものの」お父さん，お母さんと信じている子どもや，「ほんものの」親子になることを強く望む里親もいる。そして里親子には，将来的な養子縁組や措置委託解除後の関係継続の可能性もある。

親子や家族のようでもあり，同時に児童福祉制度の担い手としての公的責任を負う，独特の公私の交錯した世界を生きる里親の立場性は，かれらの自己定義に文脈依存的なゆらぎを生じさせやすいと考えられる。とりわけ，本研究が対象とする，養子縁組を目的とせず，親族関係にもない子どもを育てる養育里親の場合，子どもに生みの親がおり，いつその親元へ帰すかわからぬまま家族のようなかかわりを築くなどの点で，そのゆらぎが顕著に現れるのではないかと予測される。

社会学者の白井千晶も，「里親の人生や里親家庭の実践にも，児童福祉を担う公共的な場でもあり家庭という私的な場でもあるという両義性」が生じやすいと指摘する。そして，「現在，親子，家庭として関係が構築されていても，特別な緊張感や不確実性を内包した存在を象徴しているように思われる」と述

べている（白井 2013a：35）。すなわち里親養育とは，日常の家族の生活の中で展開されるにもかかわらず，児童福祉における社会的養護の最前線でもあるのだ。里親―里子関係は，ときとして相矛盾するこれら2つの社会的期待，あるいは社会的文脈の交錯する場に構築されるのである。かれらはこの社会的要請の間でどのような葛藤を経験し，その葛藤にいかに対処しているのか。本研究の出発点はここにある。

（3）家族社会学における里親研究の位置

日本の里親にかかわる学術研究は，「なぜ里親制度は普及しないのか」といった問いのもと，制度の普及啓発・運用のあり方の検討を目的とする社会福祉学領域の研究（櫻井 1999 ほか多数）が主流でありつづけてきた。それらの研究では，里親登録者及び里親委託児童の拡大，養育支援のしくみ作りなどに焦点があてられる。また，より臨床的関心の強い研究では，子どもの生まれた家族における被虐待経験の影響や，里親が子どもをあずかることで直面する様々な問題への対処法に関心がおかれてきた。これらの研究において里親という存在は，子どもの福祉を実現する担い手・支援者という位置づけが与えられてきたといえる。

一方，近年の臨床心理学や福祉分野の研究，家族社会学分野の非血縁家族研究の中で，「支援」という実践的観点に限定せず，里親が子どもを迎えて新たに「家族」関係を再構成してゆく過程や，里親たちの自己意識に注目する研究が現れてきた。それらの研究は，里親の意識の形成・変容過程を「親になる過程」や「家族をする過程」として捉え，この過程に影響する要因として，里親になる動機，「親」としての意識，子どもの生育歴や子どもとの相互作用，委託期間の見通し，児童相談所が里親に期待する役割などを提示した（和泉 2003；2006；御園生 2001；2008）。ただし，これらの研究では，主として家族生活の文脈における里親の認識を取り上げているため，児童福祉制度の担い手としての里親の認識や対応という観点は希薄になりやすい。

つまり，多くの福祉分野の研究では，里親を子どもが育つ環境を保障する児童福祉制度の担い手とみる見方が優勢であり，里親自身が自己の役割をどのように意味づけつつ養育を行っているのかは不分明であった。一方，非血縁家族

の一形態として里親の家族関係を捉える研究では，里親があずかる子どもの「親」になることを与件として里親経験をよみとこうとしている点で問題が残る。いずれの見方も，里親が福祉制度の担い手であると同時に家族的な関係を指向するという立場性をもつことについては，充分に捉えてこなかったのである。

　本研究は，社会福祉学，臨床心理学，家族社会学などの領域で行われてきた里親研究の成果にもとづき構想されたが，あえて位置づけるならば，第一義的に家族社会学分野の一研究とみなしたい。日本の家族社会学領域の里親研究は，ステップファミリーや養親子関係研究などと並ぶ，新しい家族実践として取り扱われることが多かったように思われる。(1)しかし本研究では，里親家庭の関係性や里親―里子関係を無条件に「家族の多様化」論や「家族のオルタナティブ」論の流れに位置づけることはしないでおく。これらの議論では，たとえ「多様化」し，「オルタナティブ」という位置づけであろうとも，里親家庭を「家族」としてみるという前提，もしくは帰着点が用意されている。たとえば，里親家庭を「多様化」した家族の一形態とみなすことは，あらかじめ「標準的な」家族像を想定し，その距離を測るという思考法に結びつきやすく，最終的にも「家族」になりきることが唯一解であるという結論に水路づけられる可能性がある。

　それでもなお，本研究を第一義的に家族社会学の研究の流れに位置づけるのは，当事者たちが里親家庭を「家族」とみてもみなくても，いずれの立場でも「家族」はもっとも重要な参照点として位置づけられているからである。樽川典子（1994）によれば，里親たちが親子の生活の意味を確認し解釈していく過程に2つの相反する捉え方があるという。1つは「普通」の親子との同質性を確かめていく捉え方であり，もう1つは（社会的な）養育者として自らの行為の意味を確認していく仕方である（樽川 1994）。おそらく現実はこの二分法を超えてさらに多様であろうが，この2種の捉え方は里親たちの養育姿勢の中に経験的に見出されるものであり，同一の里親が状況に応じて捉え方を変化させ

---

(1)　野辺（2012b：57-8）は，家族社会学における里親研究の射程と課題を整理し，大別して「家族の多様化」及び「子どものケアの社会化」の経験的事例として位置づけている。

る場合もある。なぜなら，里親たちは里子との関係の中で，「この子に対して自分はどうあるべきか」ということを絶えず再帰的に問い直し続けているからである。

また本研究では，当事者たちや周囲の人びとの語りの中で，「親」や「家族」などの語りがどのように用いられているかを，言説資源としての諸種の家族規範との関連で考察する。これにより見出された知見は，里親の日常的実践の理解に有用であるばかりでなく，現代家族のありようとこれに対する人びとの規範的期待や葛藤の一端を描く手がかりにもなると思われる。

第2節　本研究の基礎概念

前節で述べたような里親の立ち位置に関するアイデアをもとに，本研究の実証部分で用いるいくつかの基本概念を考案した。以下では，これらの基本概念について概説する。

（1）「家族的文脈」「福祉的文脈」

里親養育は，家族の日常の生活において展開されるとともに，児童福祉における社会的養護の最前線の営みでもある。本研究では，この2つの文脈を「家族的文脈」，「福祉的文脈」と呼び，両者が重なり合うところに位置づく里親たちの行為や認識の背景として，考察に活かしていく。

「文脈」とは一般に，個々の行為及び行為者間の相互作用の背景や，これら諸要素の前後関係・継起関係を表す語として，とりわけ構築主義的研究において多用される概念である。アメリカの社会学者である Gubrium, J. F. & Holstein, J. A.（1990＝1997：233）は，「コンテクストとは，解釈の背景となる条件を恣意的に並べてセットにしたものではない。コンテクストは，それ自体が社会的に組織化されており，その言説は社会的に配分されている」としている。この考え方を前提にした概念が，「組織への埋め込み」である。またかれらの影響を受けた家族社会学者の木戸功（2000）は，構築主義と家族の多様性について述べる中で以下のように家族解釈とコンテクストとの関係を説明している。

構築主義の観点からは，人々の「多様な」家族解釈は必ずしもその当人の諸属性から説明されるものではなく，焦点となるのは個々の解釈的活動における資源の活用にある。ここでいう資源とは，家族に関する語彙やイメージとその用法，さらにより広い意味での理論や規範といったものを含む解釈的な資源を意味する。そしてそうした解釈的資源を提供するのが，ローカルに組織化された状況（コンテクスト）なのである（木戸 2000：48-9）。

　これらの先行研究は，もっぱら家族の外部にある様々な場所や組織，公的空間において，家族に関する言説が解釈資源としてどのように用いられているのかを，その解釈の多様性と解釈資源を提供するローカルな文化との関連で考察している。しかし本研究の場合，当事者としての里親が，状況に応じて「家族」であることを志向したり，児童福祉の担い手であるという自覚を強めたりするという多元的なリアリティを生きる存在であることに注目し，このような現象の背景にあるローカルに組織化された状況に関心をおく。そこで本研究においては，上記の知見を援用しつつ，「文脈」を以下のように定義づけて用いることとする。すなわち，「文脈」とは，行為者が自身への役割期待を適切なものとして認知したり，役割行為を正当化する際の解釈資源を提供するローカルに組織化された状況をいう。そして，家族と福祉の交錯した里親の立場性を捉えるために，「家族」であること／児童福祉の担い手であることがそれぞれ志向されたり促される文脈を生きる存在として，里親をみなす。

　もう少し詳しく述べよう。「家族的文脈」とは，一般に「家族」や「家族的関係」の価値を重視するような規範が利用可能な解釈資源として作動しやすい領域，状況をいう。また，里子にとっては，自身の生みの親（実親）が過去に，もしくは現在形成している家族も重要な文脈として意識され，里親にとってもそれはかれらの認識枠組みや役割行為を規定するメルクマールとなりうる。一方，「福祉的文脈」とは，福祉制度に規定された社会的養護の担い手としての役割や責任の遂行が期待されるような領域，状況をいう。児童相談所の児童福祉司や子どもがもといた児童養護施設・乳児院の保育士などは，主要なアク

---

(2) すでに実親が亡くなっている，離散し所在不明といった場合でも，子どもの記憶や家族イメージの中には，かつての実親や想像上の実親像が存在することもある。

ターとして里親にある特定の解釈を要請する者となりうる。社会的養護の世界では家族的な価値が重要視されているため,「家族的文脈」では家族的規範が,「福祉的文脈」では福祉的規範が作用すると厳密に線引きすることは難しいものの,社会的養護と直接かかわりのない親には児童福祉のエージェントという自己規定はないため,「家族的文脈」「福祉的文脈」は概念的に区分しうる。それゆえ,本研究で注目する里親たちの役割行為とその意味づけ,葛藤と対処,子どもに対する自身の立ち位置の認識とその正当化の論理などを考察するにあたって,2つの文脈とその交錯を背景におくという視角を採用する。

里親たちが位置づけられるこれら2種の文脈は,社会福祉の成文化された制度的枠組み,児童福祉の理念に由来する制度的期待などからなる諸規範の集合の中に埋め込まれている。それゆえ里親たちは,児童福祉司らの言動などに由来する福祉制度の規範的期待や運用上の慣例などからも自由ではない。一方で里親たちは,家族にまつわる一般的規範,家族イメージなどから構成される規範的期待を程度の差こそあれ意識せざるをえない。過去に不適切な養育環境におかれてきた子どもを育てるうえで,望ましい家族像や親像をより強く志向しようとするからである。里親たちは,こうした重層的な意味構造の中で,多様なアクターと相互作用しつつ,子どもに対する自らの立場性や役割を模索しているのである。里親は,家族としての関係を意識したり,これに近づこうとすると同時に,福祉制度の担い手であることを意識してふるまうことを要請される。里親たちは,「家族的文脈」と「福祉的文脈」が交錯する場において,その役割を状況に応じて使い分けたり正当化しているのである。

里親たちを取り巻くこの社会的な規範構造は,大きくは家族と社会福祉に関連する諸規範の束に区分することができる。ただし,家族・社会福祉の諸規範がつねに,それぞれ「家族的文脈」「福祉的文脈」を通じて作動するというわけではない。たとえば,「福祉的文脈」のアクターである児童相談所のソーシャルワーカーが,理想的な「家族」「親子」になるという役割期待を里親に向けることもある。いずれにしても,「家族的文脈」「福祉的文脈」の重なりあったところに里親が位置するため,この2種の文脈の内部及び外部から,ときに相矛盾する諸種の役割期待を受けることで役割間葛藤が生じることも予想される。

本節の基本概念の整理を図示すると以下のようになる(図序-1)。

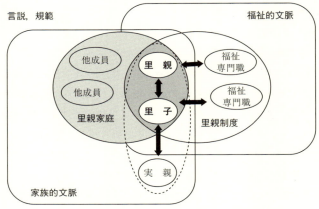

図序-1 基本概念の整理

(2)「時間的限定性」「関係的限定性」

前項で述べたように、本研究では、「家族的文脈」と「福祉的文脈」の交錯するところに位置づけられる里親の立場性に注目する。このような立場性は、里親に自己規定のゆらぎや役割葛藤を生じさせる背景をなす。とりわけ、「福祉的文脈」に由来する里親―里子関係への制度的な規制は、「家族的文脈」の中で"ほんもの"の家族・親子になろうとする志向性と相対立するベクトルとして作用しうる。ここでいう制度的規制とは、里親子関係の継続性に制約があることや、里親が里子の養育方針などに関する専一的な決定権をもたないことを指し、本研究ではこのような里親養育の特質を「限定性」と呼ぶことにする。この「限定性」という特質は、「家族的文脈」を重視して養育を意味づけようとする里親たちに葛藤をもたらす可能性がある。

こうした葛藤をもたらす要因のひとつとして推察できるのは、一般に子育てや介護などのケア行為が、たとえそれが職業的役割として行われるものであっても、ある程度相手に対する長期的・包括的な視点をもつことを要請すると考えられるからである。社会学者の市野川容孝（2000：123-5）は、Parsons, T.（1951＝1974）が社会関係を分析するために提示した5つの対概念（パターン変数）[3]

---

[3] Parsons は、「感情性―感情中立性」「自我指向―集合体志向」「普遍主義―個別主義」「業績性―帰属性」「限定性―無限定性」のパターン変数の組み合わせに↗

を参照しつつ，ケア（介護）という行為は，感情性に左右されるとともに無限定性が求められ，他者志向にならざるをえないと指摘した。市野川のいう限定性―無限定性は，他者とのかかわりがトータルなものか限定されたものかに注目する対概念である。専門職やボランティアのケアへのかかわりは，たとえば何曜日の何時から何時まで介護に入るという点では限定的だが，それ以外の時間にケアを受ける人がどのような状態にあるかに配慮せざるをえないという側面もあるため，無限定でトータルな関係が求められるという（市野川 2000）。本書では，市野川のいう限定性―無限定性概念を里親が里子のケア（子育て）に与える意味づけを解釈するために援用する。そして，里親が直面する特有な「限定性」を「時間的限定性」「関係的限定性」に二分し，「家族的文脈」「福祉的文脈」が交錯することで生じがちな里親の葛藤を捉える分析上の感受概念[(4)]として用いる。

　まず「時間的限定性」とは，子どもと里親の関係が，措置委託から終了までの時間的に限定されたものであることを指す。里親は，受託以前の子どもの成育歴や生育環境について一定の情報は伝えられるものの，それは共有されない生活経験である。また受託後に子どもと安定した関係を築くことができたとしても，児童福祉法を根拠法とするため，子どもが18歳を迎えた年度末には，基本的に里親子関係は終了を告げられる。このような里親子関係における「過去の非共有」「終了」という構造的な特徴は，「家族的文脈」を背景とする役割期

　　より，行為者の指向パターンを規定する役割期待パターンの諸類型の体系を生み出しているとする。「限定性―無限定性」概念は，「客体にたいする関心の領域」に関する対であり，限定的な関心にだけかかわりそれだけに義務を限定するか，おこりうるあらゆる偶発性の可能的関連を統合的評価によってまた優先尺度にしたがって認めるか，というような選択点で適用されるという（Parsons 1951＝1974：71-3）。

(4) Blumer, H.（1969＝1991：192）は，感受概念について，「その使用者に，経験的な事例にアプローチする際に，どこを参照するとか，どのように接近するかというような概括的な意味を与えるもの」とし，定義的概念との相違を述べる。その理由は，研究対象となる経験的世界において，「共通な性質（つまり概念が言及していること）とは，なんらかの個々別々な形式で，各々の経験的実例に表現されているものなのだ。そしてその共通性とは，ただその個別的なもろもろの表現を認め，それらと取り組むことを通してのみ到達しうる」からである（ibid.：192-3）。

待との間で葛藤を生じさせやすい。一方「関係的限定性」とは，とくに社会的養護にかかわりのない「親」に比して，里親が他の里親養育関係者との関係の中で自己認識のゆれを経験しやすく，子どもに対する自己の立ち位置を再考する機会が多いことをいう。たとえば，子どもの当面の養育方針や長期的な人生設計に関与できる度合が小さいことが挙げられる。受託中の里親・里子の場合には，所管の児童相談所の児童福祉司が担当となり[5]，定期的なコンタクトをもちながら養育が行われている[6]。子どもの進路選択や生みの親（実親）との交流など，重要な決定に際しては児童相談所との話し合いがもたれ，里親の一存で決めることはできない。さらに，子どもの生みの親（実親）や子どもがもといた施設の職員など，子どもに関する情報を共有し，協働するアクターも複数存在する。このような意味で理念的には，里親は子どもを養育するチームの一員という性格が強いといえる。里親のこのような立ち位置は，「福祉的文脈」の中では受け入れやすいが，永続的で無限定な"ほんもの"の親子をめざそうとする志向性とは両立しにくい面がある。

　以上のように，本研究では，「家族的文脈」と「福祉的文脈」の交錯したところに位置づく里親たちが，役割葛藤を経験しやすい背景要因として，里親制度に特有な「限定性」に注目する。

第3節　研究目的と本書の構成

(1) 研究の目的

　本研究は，福祉的文脈と家族的文脈が交錯する場におかれている里親たちの語りを素材として，かれらが福祉的な規範的期待や家族的な規範的期待をいかに使い分け，またこれらに拘束されつつ，どのように里親の役割行為を行っているかを，2つの文脈が埋め込まれる規範構造とのかかわりから分析することを目的とする。

---

(5) 里親担当，里子担当の児童福祉司がそれぞれつくことになっている。
(6) また近年，児童相談所の養育家庭専門員や子ども家庭支援センター，里親支援機関に加えて，2012年度から児童養護施設と乳児院に里親支援の専門職員を配置するなど，様々な立場から里親家庭の支援に携わる関係者がいる。

こうした作業を通じた本研究の意義は2つある。まず里親研究並びに里親制度に対して，里親の経験を新たな視点から明らかにすることで，その今後のありようを見定めるための材料を提供できると考える。また，子育てをめぐる家族と福祉の役割分担や連携のあり方を考察するにあたり，里親という対象の分析によって得られた示唆を提供することである。

　上述のような目的を達成するため，「家族的文脈」「福祉的文脈」の交錯と，その交錯ゆえに里親たちが意識する「時間的限定性」「関係的限定性」という概念を用いて以下のようなリサーチクエスチョンを設定した。

1　「家族的文脈」と「福祉的文脈」が交錯するところに位置づく里親は，「時間的限定性」を意識したとき，自身の役割をどのように認知し，里親であることを意味づけているのか。また，役割間に葛藤が生じた場合はどのように対処されているのか。
2　「家族的文脈」と「福祉的文脈」が交錯するところに位置づく里親は，「関係的限定性」を意識したとき，自身の役割をどのように認知し，里親であることを意味づけているのか。また，役割間に葛藤が生じた場合はどのように対処されているのか。
3　「福祉的文脈」において里親子の関係を規定していた措置委託が終了することで，里親は自身の役割や子どもとの関係をどのようなものとして意味づけ，対処するのか。

（2）本書の構成

　本研究の大まかな見取り図を示しておきたい。
　第1章では，養育実態と里親制度の移りかわりを紹介する。また，里親制度それ自体は福祉的文脈に位置づくが，里親に対する期待には家族的な規範的期待が埋め込まれ，里親たちの経験の意味づけとも無関係ではない。里親制度が前提とする養育者像にどのようにあるべき「家族」が組み込まれているのかを通時的に素描する試みも行っている。このように，里親制度の基本情報をふまえておくことで，第4章以降の調査データの分析のバックグラウンドを理解することが容易になると考えられたためである。第2章では，里親に関する先行

研究を概観しつつ，研究の枠組みを含めて実証研究としての本研究の位置づけを明確にする。

第3章にて，インタビュー調査概要を紹介する。第4章から第7章は，里親へのインタビューデータの分析を行う，実証部分となる。各章は，前節で述べた「家族的文脈」「福祉的文脈」，そして「時間的限定性」「関係的限定性」との関連でトピックを分類し，構成した。

第4章は，里親子関係の「時間的限定性」に着目して構成した。家庭内の里親と子どもとの相互作用に主眼がおかれている。里親には子どもの過去を共有できない部分があり，将来的にも制度的な関係継続の期限がある。このことを前提として，里親は自身の役割をどのように認識し意味づけるのか，またこれにともないどのような葛藤を経験しどう対処しているかを明らかにする。

第5章，第6章は，里親をとりまく様々なアクターとの相互作用や対比を通じ，里親が自身の位置づけや役割をいかに認知し調整していくのかに焦点をあてる意味で，「関係的限定性」にやや比重がある。第5章は，児童相談所の児童福祉司や子どもがもといた施設職員らとの相互作用や対比を通じて，里親が社会的養護の担い手の一員である自己の立ち位置をいかに意味づけるのかに焦点をあてる。第6章は，子どもの実親との対比における自己の意味づけを明らかにする。子どもにとっての実親の存在や，子どもとの血縁関係の欠如などを，里親はどのように認識し，里親としての自己に反映させるのかに注目する。

第7章は，第4章から第6章までの知見を受けて，「時間的限定性」「関係的限定性」の消滅する満期措置委託解除後の元里子とのかかわりに着目した[7]。里親は元里子をどのように捉え，その意味づけを書き換えつつ新しい関係を築い

---

(7) なお，措置委託解除には大きく2つの種類がある。18歳の満期措置委託解除と，実親家族への復帰や他の里親家庭，児童養護施設等への措置変更を伴う解除である。いずれも里親子関係が終了するのは同じだが，前者があらかじめ想定できる期限であるのに比べ，後者は児童相談所の判断によって突然訪れることから，里親に不本意さや無念さが残ることが多い。ゆえに，「時間的限定性」をみるにあたり，前者と後者は里親に残すインパクトの種類が大きく異なり，その後の関係性の維持についても前者は後者よりも個別のケースによって差があり，会えないケースもあるだろう。第7章では，措置委託解除後の自立まで見据えた子どもとのかかわりを取り上げたいこと，近年は里親家庭に対して実家のような存在であることが期待されるためそれへの対応を明らかにしたいことから，後者を取り上げている。

序　章　里親研究の射程

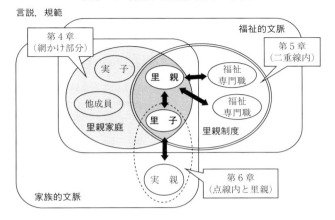

図序 – 2　委託中の里親（第 4 ～ 6 章）

ていくのか，あるいは距離をおくのか。そして，里親経験や里親子の関係をどのように評価するのか。その過程と評価の論理に，「親」や「家族」という認知がどのように関連しているのかを示す。

　これら 4 つの章は時間軸にゆるやかに沿っており，受託後の子どもとの関係性，及び外部との関係性における葛藤と対処を明らかにしたうえで，最後に措置委託解除後の元里親・里子の関係構築における葛藤と対処を記述する。こうした章の設定の仕方との関連で，各章の課題が設定され結論が導かれるが，それらは「家族的文脈と福祉的文脈との交錯した立場におかれたことで生じる役割の認知や調整をめぐる葛藤と対処」を明らかにする点で共通している。

　終章にて，本研究の結論と課題を述べる。

　以上を図示すると，**図序 – 2，図序 – 3** のようになる。図序 – 2 は，子どもが委託中の状況を分析した第 4 章，第 5 章，第 6 章を示したものである。里親家庭内での里親―里子の相互作用に注目した第 4 章は，網かけ部分にあたる。第 5 章の関係専門職らとの協働場面は，二重線内で示した。第 6 章で取り上げる，子どもをはさんだ実親との直接的・間接的な相互作用をめぐっては，点線内を指す。図序 – 3 は，里親委託が解除され，法的には里親と元里子の間に関係がなくなった状態を指している。いずれの図も，里親たちを取り巻く家族や子育てにまつわる規範や言説を，一番外側に示した。なお，里親には里父母を

13

図序 - 3 措置委託解除後の里親と子ども（第7章）

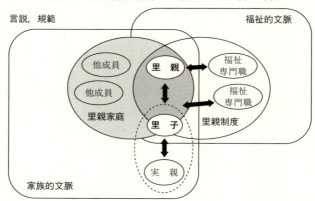

含むが，ここでは便宜上ひとつで示している。

　本研究は，里親のリアリティをその「家族」と「福祉」の交錯した文脈におかれた立場性に着目したが，こうしたケアをめぐる立場の重層性は里親だけにみられる特殊なことではない。家族のように感じるときもあれば，仕事のように思うときもあり，どちらでもないかもしれないが何かつながりを感じることもある。これは，ステップファミリーの継親や養親のような中途養育者，乳児院や児童養護施設の職員，学校の教員，地域の子育て支援者など，何らかのかたちで中途にあるいは部分的に子育てにかかわる養育者たちに，多少なりとも共通する特性かもしれない。本研究で行う作業には，ケア関係における距離化の技法や，人びとの家族に対する規範的期待と葛藤及びそれへの対処の一端を描くという，一般的な関心にも通じる面がある。それゆえ本書は，福祉社会学と家族社会学におけるケアの公私概念をつなぐ試みでもある。

第1章

里親養育の概況
――歴史と実態――

　里親制度は，日本においては既知の制度とはいいがたいだろう。本章は，里親養育のあゆみと現況を概説し，第4章以降の実証部分の理解に役立てることを目的とする。第1節では，他者の子どもを養育する慣習が児童福祉法による里親制度として整備され，現在のかたちに至る流れを紹介する。また，制度内容の転換と関連して第2節では，里親制度がどのような里親「家族」像を想定してきたのかに着目している。第3節では，2016年3月末時点の日本の里親養育の実情やしくみを説明する。

第1節　里親養育の歴史

　本節では，戦前と児童福祉制度にもとづく里親制度ができた戦後とに大別してすすめていく[1]。本章の目的上，ここでおさえる内容は里親制度の変遷を子細に検討するものではないが，現代に続く流れと転換点をみてとることができればよい。

（1）戦前の里親養育
　日本における里親養育の起源を辿れば，西暦1000年頃に四条大納言藤原公任卿がその子女を京都岩倉に里子に出したように，中世皇族や公家が子弟を静かで環境のよい京近郊の農家に一定期間あずけた風習にあるといい伝えられる[2]。

---

(1) 里親制度の包括的な変遷やその経緯のまとめは宮島清（2007）が参考になる。ほか，児童福祉法創成期に関しては三吉（1963）や松本園子（1985），貴田美鈴（2011）など参照のこと。社会的養護における家族主義について藤間公太（2013），通時的には土屋敦（2014）など。

(2) 宮島清（2007：154）によれば，日本の里親養育がこのような起源と系譜の上にだけつながれてきたのか疑問を付し，「高貴な人が子どもをあずける」ことばか↗

「里子」は村里へあずけられた子どもを意味し、やがて他人にあずけて養育を委託された子どもを広く呼ぶようになったという（三吉明 1963）。他所の子どもを育てる風習は古くから行われていたが、近世に至るまで里子について規定はとくになく、「他人に養育を委託する」「そのために一定の養育料が種々の名目のもとに里親へ支払われる」「預ける期間が定められている」ことなどが特色である(3)（三吉 1963）。児童養護の文脈では、明治期、実業家渋沢栄一が院長をつとめた東京市養育院やキリスト教者の石井十次が率いた岡山孤児院などが、幼児期の一定期間を中心に入所中の子どもの養育を私人に委託するしくみをもっていた。こうした児童養護実践としての委託のしくみがある一方で、養育費や子どもの労働力を目的とした委託も絶えなかった(4)。昭和20年代頃から児童福祉司をしていた飯島富美らを囲む、養子と里親を考える会の座談会（飯島ほか 1989）の回想でも、戦前の里親委託には児童保護というよりはむしろ養育費めあて、里子の労働力めあての受託は一般的で、全く私的な契約による里子の場合には児童虐待に至るケースもあったことが語られている。戦後もなお、農村や漁村を中心に、里子労働力を搾取するケースが昭和30年代前半まで全国に絶えなかったのではないかといわれ、里親に対する世間の否定的な目もあった（飯島ほか 1989）。

（2）戦後の里親養育

（2）-①児童福祉法制定から：1947年

1947年12月、児童福祉法が制定された。当時は戦後の混乱のさなかであり、孤児や浮浪児が巷にあふれていた。それゆえ、そうした親をなくした子どもや困窮し養育困難となった子どもの保護が喫緊の課題であった。児童福祉法制定

　りでなく、「貧しい人が貧しい人に仕方なく」など様々な事情から、子どもを里子としてあずけたりあずかることは広範に行われていたのではないかという。

(3) 貰い子制度、養子制度、名子制度など類似の制度もあったが、それぞれ出自が異なるという（三吉 1963）。

(4) 明治末期から大正、昭和初期にかけ、あずかった子どもの殺害などの事件が全国で発覚した。それらが後に1933年の児童虐待防止法等の成立や、1929年成立の救護法孤児院が保護中の子どもの私人委託禁止などにも影響を及ぼしているという（宮島 2007）。

前後の里親制度の構想については，占領軍の影響も大きいものの，単に孤児対策ではなく児童福祉の思想にもとづいたものであったという指摘もある（宮島 2007）。1948年に厚生省事務次官通知「家庭養育の運営に関して」にて「家庭養育運営要綱」が出されたことで里親制度を運用する指針ができ，昼間里親制度（1949年），保護受託者制度（1951年）も作られて，戦争直後の家庭的養護体制に一定の整備がみられたといえよう。1950年代は里親委託児数が伸び，戦後を振り返っても1950年代後半が数でいえばもっとも多い。

　1960年代から1970年代にかけては，里親養育に関して国レベルでの動きはあまりみられなかった[5]。ここでは里子の扶養控除対象化と短期里親制度の創設のみ紹介しておく。まず，里子は里親の扶養家族として1967年に所得税控除対象に，1968年に住民税での扶養控除対象になった。また，1974年に新たに作られた短期里親制度は，保護者の疾病，傷害，拘禁等の理由により，おおむね1か月から1か年の期間，子どもをあずかる制度であった。従来，里親委託となる子どもは保護者がいないなどの理由から比較的長期間の委託となっていたが，核家族化の進行等に伴い，保護者が疾病等で比較的短期間の入院でも，その期間子どもをあずけなければならないケースが増加傾向にあったためだという。

（2）-②里親制度の改正：1987年

　1987年，民法改正による特別養子縁組制度が制定され，里親制度もこれに連動するように見直しの運びとなった。内容は，里親を再認定するしくみ（5年おき），単身者の里親認定の認可などである。1948年の「家庭養育運営要綱」も，約40年ぶりに「里親等家庭養育運営要綱」の発令にとってかわり，里親委託率が低位を推移する中で里親を広く一般から募ろうとする意図があったのである。

　1990年代には，児童の権利条約批准（1994年），国際家族年（1995年）を背景に，

---

[5] このほか，地域での里親会創設など民間活動は各地で行われており，たとえば1973年に発足した東京都養育家庭制度は，養子縁組を目的としない里親を「養育家庭」として認定し，養育家庭支援センターによる支援体制を準備した独自の制度である。1971年には，社団法人全国里親連合会が改組し，財団法人全国里親会として認可され，さらなる活動をはじめている。

児童福祉法の大幅改正（1997年）が行われた。社会的養護の領域では，1997年の児童福祉法改正による子どもの「保護から自立へ」という大きな方針転換があったが，里親制度についてはほぼ着手されなかった。1999年には，それまで二重措置になるとして利用できなかった保育園が，里子も利用できるようになった。

　（2）-③里親制度諸改革：2002年以降

　2000年代は，児童虐待防止法制定（2000年）に始まる児童虐待対策と少子化対策という動向を背景にしつつ，児童福祉一般の大きなうねりの一環として「権利主体としての子ども観」が醸成される時期でもある。里親制度もまた幾度とない改正を重ねてきているが，ポイントを述べれば，2002年は新たに専門里親と親族里親が創設され，里親の種類は「養育里親」「親族里親」「短期里親」「専門里親」の4種類となった。専門里親制度は，被虐待経験のある子ども[6]を専門にあずかる制度で，独自の認定基準や手当等がある。児童虐待の社会問題化は，都心を中心に施設の充足率を限界にし，里親もその受け皿として期待されていた。また，里親養育の最低基準がはじめて制定されるとともに，複雑な生育歴の子どもを養育するために里親研修の実施や里親の休息を保障するレスパイトサービスを整えるといった前進があった。2004年の児童福祉法改正では，里親の定義と役割を独立した条文に定めるなど，法律上においても里親の位置づけがはっきりとしたことは，関係者の間で歓迎された。

　さらに，従来から養子縁組を希望する里親と養育のみを希望する里親とが同じ「養育里親」として登録し扱われていることへの懸念が示されていた。2008年の里親制度改正では「養育里親」について，従来の「短期里親」を「養育里親」に含めて統合するとともに，里親登録時に養子縁組によって養親となることを希望する里親と，そうでない里親を区別することになった。同年の里親制度改正では，ほかにも里親手当倍増や養育里親への認定前研修の義務づけなどが定められた。

　2009年には国連総会が「児童の代替的養護に関する指針」を採択し（日本は2010年に仮訳），日本国内でもいわゆるタイガーマスクのランドセル寄贈の一件など，社会情勢も社会的養護の改革を後押しした。2011年には，関係機関が協

---

(6)　のちに非行児や障害のある児童も対象に加わる。

働して里親委託の推進をはかってゆくために「里親委託ガイドライン」が定められるに至り，里親委託優先原則が明記されるという成果もあった。ついで2012年には，保育所の保育指針のように社会的養護においても養育の質を担保する指針が必要であるという議論から，里親およびファミリーホーム養育指針の策定がワーキンググループの討議を経て社会保障審議会児童部会社会的養護専門委員会にて行われた。

（2）-④現在の里親制度：2016年

2016年現在，里親の種類は，里子との養子縁組を前提としない「養育里親」，虐待や非行などの事情からとくに支援を要する子どもをあずかる「専門里親」，子どもの扶養義務のある親族による「親族里親」，そして里子の養子縁組を希望する「養子縁組里親」の4種類である。それぞれに里親認定要件やあずかる対象児童も異なり（児童福祉法第6条の4，児童福祉法施行規則第1条33～37等），詳細は図1-1で示した通りになる。

まず養育里親は[7]，従来からの一般的な里親のことで，要保護児童全体が委託対象となる。里親として登録してから，少なくとも5年おき（東京都は2年おき）に登録を更新する必要がある。同時に養育できる里子は4人までであるが，養育中の実子や養子がいる場合は，その子どもと合わせて一家庭で6人まであずかることができる。

専門里親は[8]，要保護児童のうち，とくに虐待等により心身に有害な影響を受けた子どもや，非行問題を有したりそのおそれのある子ども，身体障害・知的障害・精神障害をもつ子どものうち，都道府県知事が必要と認めた子どもが受託対象となる。専門里親は，ほかにも委託児童の養育に専念できることや，専

---

[7] 詳細な要件は以下の4点である。①要保護児童の養育について理解及び熱意並びに児童に対する豊かな愛情を有していること，②養育里親研修を修了したこと，③養育里親になることを希望する者及びその同居人が欠格事由に該当しないこと，④経済的に困窮していないこと。
[8] 専門里親になるための要件は養育里親の要件に準ずるが，これに加えて次の3点のいずれかに該当することが必要である。①養育里親として3年以上の委託児童の養育経験があること，②3年以上児童福祉事業に従事した者で，都道府県知事が適当と認めた者，③都道府県知事が，①②と同等以上を有すると認めること。

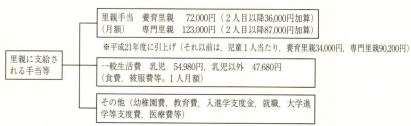

図1-1 里親の種類

門里親研修の修了が必要となる。登録をしてから2年ごとに更新する必要があり，委託期間も原則として2年間である。専門里親として受託できる子どもは2人までである。また，たとえば1人の里親が養育里親と専門里親の2種類の里親として重複認定されることも可能である。

　親族里親への委託対象児童は，①当該親族里親に扶養義務のある児童，②児童の両親その他当該児童を現に監護する者が死亡，行方不明，拘禁，入院等の状態となったことにより，これらの者により養育が期待できないこと，の2点に該当する子どもである。2002年の創設当初には，民法における扶養義務関係のある子どもではなく，三親等以内の親族であることが委託対象となる子どもの要件であった。親族里親は，①②に該当する子どもを養育することを望む者で，「経済的に困窮していないこと」を除いて養育里親の要件に準ずる。

図1-2 里親認定までの流れ

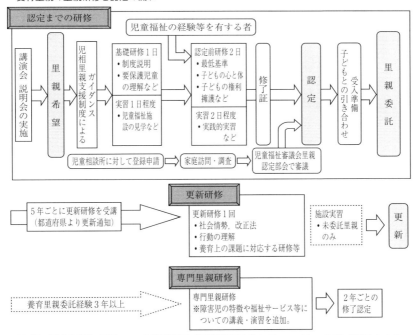

(出典)「社会的養護の現状について（参考資料）平成28年7月」(http://www.mhlw.go.jp/file/06-Seisakujouhou-11900000-Koyoukintoujidoukateikyoku/0000108941.pdf 2016年8月1日アクセス)。

　最後に，養子縁組里親とは，養子縁組が適切であるとされる子どもの委託を希望する者で，要件は養育里親の要件に準ずる。児童相談所のあっせんにより養子縁組を行う場合は，特別養子縁組を結ぶことが主流である。養子縁組あっせん機関によっては，養父母となることを希望する者に年齢制限を設けている団体もある。

　里親になるためには，一定の手続きが必要となる（図1-2）。居住地域を管轄する児童相談所に問い合わせることからはじまる。そこで里親制度について説明を受け，ほかの家族成員とも話し合ったうえで同意が得られれば，児童福祉司との面接，家庭調査となる。児童相談所により作成された里親調査書は都

(9) 家庭調査とは，家族構成などを記入した里親申請書を児童相談所に提出した後に，児童福祉司等の職員による里親候補者の家庭訪問が行われ，里親として適当か確↗

道府県の児童福祉審議会に提出され，審議の結果認定が決まると，里親登録簿に掲載されることとなる。里親登録のために必修の新規里親研修を終えて，子どもをあずかるための手続きは終了となる。

　実際に子どもの委託準備は，子どもの年齢や生育歴等の子どものニーズを考慮して，里親養育がもっとも望ましいと援助方針会議で決定すると，子ども担当の児童福祉司が中心となって子どもへの説明，里親候補者とのマッチング，交流といった過程を経つつなされる。候補の里親が選ばれると，施設にいる子どもであればそこへ出向き，子どもとの面会交流が始まる。順調に交流がすすみ，何回かの面会の後里親宅に外泊するなど，大体何か月かの交流期間を通して子どもと里親の相性が合えば，里親への措置委託決定となる。

　なお，子どもの養育にかかる一定の費用は支弁されることになっている。国の基準では，2016年時点で，子どもの一般生活費が乳児の場合月に5万4980円，乳児以外の場合月に4万7680円となっている。その他，学校教育費や入学支度金等も就学している子どもには加算されるほか，自治体によって塾の費用など費目を設定しているところもある。里親自身に対しては7万2000円（養育里親，1人目の場合）の里親手当が支給される。

　養育に際しては，里親と児童相談所のみが里親養育に携わっているわけではない。児童相談所の業務過多といった里親支援体制の課題を解決するため，2008年度から里親支援機関事業も実施されている。

　　↘認作業が行われるものである。
(10)　しかし，登録後すぐに子どもが委託される場合は稀である。ややデータは古いが，「被虐待児里親の支援に関する調査研究」（養子と里親を考える会 2005）によれば，登録後委託依頼が来るまで，平均3年弱かかるというデータもある。また，自治体によって児童福祉審議会の開催頻度も異なるため，里親認定までに時間を要する場合もある。
(11)　マッチングは，里親委託候補となった子どもと里親家庭の組み合わせを決めることで，児童相談所の会議で候補の里親が何人か挙げられた中で，子どもの委託期間や養子縁組の必要の有無，実親家庭との交流の必要の有無などを考慮しながら決定される。
(12)　詳しくは第3節（4）を参照のこと。

第2節　里親制度の規定する里親「家族」像の変遷：
　　　　関連省令・通知等を素材に

　ここまで里親制度の歴史を概観したところで，本節では，国の制度・通知レベルにおいて里親を取り巻く規範の変遷を明らかにしておくこととする。[13]この作業をつうじて明らかにしたあるべき里親「家族」像については，インタビュー調査の分析結果とあわせて，終章にて里親を取り巻く規範構造として考察を行うための材料となる。

（1）社会政策の前提とする家族

　序章にて本書の立場を示したように，本書では里親経験の意味づけと里親を取り巻く諸規範との関係にも配慮した分析を行う。明示化された規範の1つに，法律や省令，通知など里親制度を規定する法的根拠がある。里親たちはこの制度のもとで養育にまつわる解釈実践を行っている。里親による養育が前提とする価値規範やその構築・変容過程については，これまでそれほどセンシティブに捉えた知見は見受けられない。とりわけ，家族的な規範的期待は日本の里親養育の土壌になじみやすく，児童福祉制度が里親家庭に対してあるべきイメージを措定してきた一面があるのではないか。副田あけみらによれば，「家族にかかわる諸政策は，国家が，社会の安定に適合的であるとみなす家族モデルを前提に政策を決定，実践し，それにかんする運動が成立する」（副田・樽川・藤村 2000：21-2）とあるように，家族に関する価値や規範は社会福祉政策と深く絡み合っている。里親たちも，意識化の如何は別として，児童のための社会福祉政策下であるべき里親家族像を要請されているのである。

　ここで扱うのは里親関連の政策過程の一部となる。副田義也（1992：63）が述べるように，政策分析にあたっては「『政策決定』のレベルと『政策執行のレベル』を区分する必要があり，前者は後者を強く規定するが，完全に規定し

---

[13]　これまで貴田美鈴の一連の研究（2007；2008；2011）のように，政策主体による里親制度の位置づけを辿った知見もある。しかし，制度的理念がどのような「里親像」・「里親家庭像」を形作り，いかなる変遷を辿ってきたかを考察した知見は，管見の限り見当たらない。

つくすものではなく，相対的な独自性をたもっている」という。本節は政策決定レベルに着目する。[14]

里親制度は児童福祉法，児童福祉法施行令，児童福祉法施行規則，里親が行う養育に関する最低基準，里親制度運営要綱，児童相談所運営指針，里親委託ガイドラインなどによってそれぞれ規定されている。これらの法律及び政策に加え，児童福祉審議会の議事録や国会答弁においても里親制度の論議はなされているが，厚労省の通知などかならずしも国会答弁を経ない改定もあるため，本章では可能な限り審議会議事録にはあたったが，国会会議録は対象としない。[15] 本節の分析対象である2013年6月時点までで，里親養育の最低基準に準ずるとされ，ほかの省令・通知の改正にも随時対応しつつ運営上の留意点提示へと位置づけを変えてきた「要綱」，里親養育の「最低基準」(2002年～)，「認定省令」(2002～2009年)，「養育指針」(2012年～) はとくに本節と関連が深い。これらを中心に，里親に期待される「家族」・「家庭」像の移り変わりを時代ごとに整理していく。資料として用いる，主要な厚生労働省令，里親制度の運営や養育指針として出された通知や要綱等とそれらの関連についてまとめた，**表1-1**，**図1-3**をご覧いただきたい。このほか，児童福祉全般にかかわる報告書等にも目配りするようにした。

さて，里親希望者のうち認定時の基準や家庭調査項目（以下「認定要件」とする）と，子どもをあずかって以降に里親に期待されるあるべき養育像（以下「養育要件」とする）は，かならずしも同一ではないため，2つを分けるべきであろう。もう少し詳しく述べれば，里親には誰でも自由になれるわけではなく，

---

[14] とりわけ政策決定のレベルで社会制度が規定する「家族」を描きだした知見に，高齢者福祉サービスにおける家族要件を検討した藤崎宏子 (1998) や，藤崎 (ibid.) の枠組みを障がい者領域で展開した土屋葉 (2002) などがある。こうしたアプローチは里親制度の分析にも援用可能であり，里親認定要件や養育に求める基準からあるべき里親の「家族」「家庭」像を読み解くという本節の立場に示唆を与えてくれる。

[15] とくに2000年以降社会保障審議会児童部会のもとに社会的養護に関する専門委員会が設置され，社会的養護について専門的に中長期的議論が行われるようになったため，主な審議会部会の報告書，社会的養護専門委員会の議事録 (2016年3月現在)，当該委員会の前身となる委員会全9回の議事録，委員会の報告書やとりまとめにも目を通した。

第1章　里親養育の概況

表1-1　里親関係省令，通知等と相互関連

	日　付	省令等種別	省令等のタイトル	省令等が定めた内容	里親養育への位置づけ，他との関連
①	1948年10月4日	事務次官通知（厚生省発児第50号）	里親等家庭養育の運営に関して	家庭養育運営要綱	運営指針と同等
②	1987年10月31日	事務次官通知（厚生省発児第138号）	里親等家庭養育の運営について	里親等家庭養育運営要綱	①の改定版。運営指針と同等
③	1987年10月31日	局長通知（雇児発第901号）	里親等家庭養育運営要綱の実施について	②要綱の実施に際する留意事項	②の実施に際する留意事項
④	2002年9月5日～2011年3月31日	局長通知（雇児発第0905001号）	「里親の認定等に関する省令」及び「里親が行う養育に関する最低基準」について	⑤里親認定等省令，⑥最低基準の主な内容	⑤⑥の主な内容の記載
⑤	2002年9月5日～2009年4月1日	省令（厚生労働省令第115号）	里親の認定等に関する省令	里親の認定等	児童福祉法が規定する里親の認定等は本省令が定める
⑥	2002年9月5日	省令（厚生労働省令第116号）	里親が行う養育に関する最低基準	里親が行う養育の最低基準	児童福祉法が規定する里親委託児童への養育の最低基準は，本省令が定める
⑦	2002年9月5日	局長通知（雇児発第0905002号）	里親制度の運営について	里親制度運営要綱	⑤⑥をふまえた，里親制度の運営に関する留意事項。後に⑨などが新たに出されると，それに対応した内容となっている
⑧	2011年3月30日	局長通知（雇児発0330第9号）	里親委託ガイドラインについて	里親委託ガイドライン	関係機関が協働し，里親委託の推進をはかるためのもの
⑨	2012年3月29日	局長通知（雇児発0329第1号）	社会的養護施設運営及び里親及びファミリーホーム養育指針について	各施設等ごとの養育指針	⑦の2012年4月5日改正版「第6」は本指針の通り。社会的養護専門委員会の議論をふまえ策定された。養育，支援等の向上をはかるためのもの

(注)　④は，2011年3月30日局長通知『「里親制度の運営について」の一部改正』（雇児発0330第8号）に伴って廃止となった。⑤は，2008年の児童福祉法改正によって里親の種類が変わり，同法が2009年4月より施行されたためと考えられる。
(出典)　「里親制度運営要綱」（2002年）等より筆者作成。

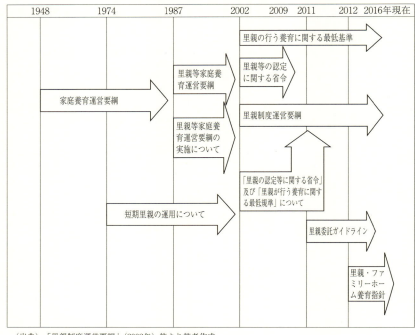

図 1-3 「認定要件」・「養育要件」と関連する省令, 通知等の整理

(出典)「里親制度運営要綱」(2002年) 等より筆者作成。

前節で触れたような一定の手続きをふみ, はじめて子どもをあずかる準備ができる。本節の「認定要件」は, そうした認定時の要件を指す。「養育要件」とは, 里親認定後に子どもをあずかるに際し, どのような養育内容や役割が期待されてきたのかを示している。認定要件と養育要件の変遷を主たる材料に, 里親に期待される家族像や家庭像を析出する。[16]

---

[16] 以上のような視点は, 福祉サービスの提供は対象者に対する法的な「地位」の付与によって行われるという観点から, サービス対象者となる資格(「地位」)を決定する要件として経済要件, 家族要件, ニード要件を挙げた小林良二 (1982:192-3) や, 政治学分野でどのような「家族」像が政策過程で構築されるかアイディアと言説から明らかにした辻由希 (2012) などから示唆を得ている。

（2）里親に期待される「家族」とは

時系列に認定要件，養育要件の変遷を辿ってゆく。時代区分は，庄司（1984）や藤崎（2014）などを参考に，社会福祉制度の大まかな動向をもとに行い，児童福祉法制定から1959年，1960年代から1970年代半ば，1970年代半ばから1980年代，1990年代，2000年代以降とした。

（2）-①戦後～1950年代
①-(a)認定要件

1948年に公布された「要綱」の家庭調査項目をみると，とりわけ里親申込者として「児童の養育を主として担当する女子（里母）」の性格や宗教などのパーソナリティにかかわる要素，当該家庭の雰囲気と社会的信用，そして近隣からの評判等，細部にわたる調査項目がある。

里親認定の主な基準については，主に養育にあたると想定される里母についての基準，家庭についての基準が規定されている。「（児童の養育に理解，熱意，豊かな愛情が）里母について特に必要である」とあるように，主たる養育者が里母である前提がよみとれる。また，「乳児の養育を希望する者にあっては適当な母乳が豊富にあることが望ましい」「里親申込者（里母含む。）の年令が，養育しようとする児童の両親の年令に近いものであることが望ましい」といった記述から，実子を出産・養育する環境に近似するものを理想としていることがうかがえる。当時の厚生省児童局事務官である網野智（1948）は，里親認定にあたり「里親家庭はできる限り正常な家庭としての質的要素を備えていることが望ましく，そこには父母があり融和的な家族関係があり，焦燥や心配のない安定した家計と児童の身体的育成のために適当な環境があり，特に里親が児童の知的，身体的，精神的及び社会的育成について心からの関心をもって養育してゆくものであることが緊要である」（網野 1948：33-4）とまとめている。

①-(b)養育要件

さらに養育内容は，おむつの取り換えや清潔さの維持，食卓の団欒といった内容のほか，戦後の混乱期に非行におよぶ子どもが多かった背景をふまえ，その予防について規定があるのも時代的特徴である。

以上をまとめてみると，里親制度の制定当初，里親への家庭調査や里親認定

基準等の公に想定されている里親への期待像とは，戦後の混乱期という時代背景を映しつつ，児童福祉法に規定され私的契約とは一線を画した制度として，出身家庭に年齢構成が近く，母親による細やかな養育を求めるものである。

(2)-②1960年代～1970年代半ば

この時期，認定要件，養育要件にかかわる動きは，短期里親制度創設（1974年）から読み取れる[17]。短期里親の認定及び登録にあたっては，従前とは異なる視点がある。認定にあたっては，両親がそろっていなくとも，児童の養育経験があり児童を適切に養育できると認められる者については，短期間里親として認定して差し支えないこととなったのである。養育要件についてはとくに記載はない。養育要件について，上述のような子どもをめぐる状況や里親研修の本[18]などから推察されるとすれば，1つには子どものしつけがテーマであることは考えられる。

(2)-③1970年代半ば～1980年代

③-(a)認定要件

1987年の里親制度大改正に伴う改正「要綱」をみてみよう。まず家庭調査項目は，1948年で細かな項目が挙がっていたことと比較すると簡略化されている。「里親申込者の性格，宗教」「里親申込者が児童を養育しながらそのもとで働かせる」「里親申込者と起居をともにする者の性格」のほか，「里親家庭の社会的信用，家庭内の雰囲気」「里親家庭に対する近隣の評判」「学校の状況及び距離」などの項目は削除された。当時の厚生省児童家庭局育成課専門官の山本(1988)の解説によると，「子どものためには，調査項目は厳密に細かく厳しくみるべきではないか」など意見は様々であったが，「里親のベース拡大」という理念をふまえ，国の基準としては最低限，一番妥当なところだけを示す方向

---

[17] 2002年の里親制度改正により短期里親という種別は養育里親に吸収されるかたちになった。

[18] たとえば，全国里親会の里親研修シリーズ初刊は，「よい子を育てる新しいしつけ」というタイトルであり，現代のような中途養育の難しさへの対処法等を取り上げるというよりも，子どもの発達に合うしつけの仕方を説くものである。

にしたためだという。「多くの方を里親として認定し，そこに研修とか家庭生活体験事業等[19]に参加をしていただいて，家庭に恵まれない児童に関心と協力を寄せていただく」（山本 1991：56）という主旨によった。

　こうした1987年の里親制度の改正は，認定要件にも大きく反映されている。ここでは本節の関心に照らし，「実子養育への近似性の削除」「婚姻要件の削除」の2点を挙げる。まず，1948年に認定基準として挙げられていた「(乳児受託希望者について) 母乳が豊富であることが望ましい」や「里親申込者の年齢が児童の両親の年令に近い」などの実子養育に近い養育状況を想定した項目が削除された。

　次に，条件つきで単身里親の認定，共働き里親の認定が可能になったことが挙がる。「里親等家庭養育運営要綱の実施について」のうちには以下のような記載がある。

　　知識，経験を有する等児童を適切に養育できると認められるものについては，必ずしも両親そろっていなくとも，里親として認定して差し支えないこと。

　この規定について行政側の説明では，認定することと実際の受託を区別した結果であるとしている。つまり認定基準と実際の委託は違うもので，里親になることを必要以上に制限せず，委託の段階で子どもによって適切な里親を選定すればよいという考えである（山本 1988：59-60）。

③-(b)養育要件

　また，養育の内容についても，家庭調査項目同様に1987年改正では簡素なものになっている。簡素化することにした内容は，「里親さんの育成は，こういうきちんとしたものである。決して児童の福祉を損ねるようなものではないと一般にしめすため」（山本 1988）である。具体的には，「食事には熱量，たん白質を十分とる，同じ食卓で団らん，母乳」「不良化の予防」「衣服，清潔」「乳児の場合のおむつ取り替え」「乳児の場合の入浴（最低週3回）」といった細か

---

[19]　昭和62年5月，児発450号厚生省児童家庭局通知「児童福祉施設（児童家庭局所管施設）における施設機能強化推進費について」の第3の3「施設入所児童家庭生活体験事業」。

な記載は削除された。かわりに,「基本的な生活習慣の確立」やそのための「必要な監護,教育等」を行うという内容が加わった。

以上のように,おおよそ40年ぶりの1987年改正は,里親委託数の伸び悩みを背景とし,里親の認定や養育内容について国は最低限の基準を示すにとどめることにした。里親に想定される家族像は1947年制度創設時と比較して,「実子養育への近似性の削除」「婚姻要件の削除」等により,「経済的にも社会的にも余裕のある専業主婦のいる庭付きの家庭, …略…そうでなければ里親になれないとしていたのでは問題があるので改正した」「特別の人だけが里親制度に関係する状況を変えたかった」(山本 1994:24)のであり,固定的な性別役割分業にもとづく中間階級を想定した家族像の緩和であった。

(2)-④1990年代

この時期,保育所利用を可能とする通知が出されたことは,認定要件,養育要件いずれにもかかわりをもつだろう。1999年8月「里親に委託されている児童が保育所へ入所する場合等の取扱について」により,里子の保育園利用についても,その子どもの最善の利益にかなう場合には利用できることとなったのである。[20] 当時の厚生省児童家庭局家庭福祉課・児童福祉専門官であった森望(2000)の解説によれば,子どもが里親に委託されていて,なんらかの事情で日中保育に欠ける状況になると,従来は児童養護施設や乳児院に措置変更していた。しかし,それは養育の継続性という意味から最善の利益としてふさわしくないとして,そうした場合に委託を続けて保育所を日中保育の欠けた部分に利用する扱いであるという。また,新規に委託をする里親について,里親が就労している等の理由から保育所を利用しなければ子どもを受託できない場合も,その子どもが里親家庭の養育を必要とし(児童相談所の判断),かつその里親がもっとも望ましい場合には,保育所等の利用を前提に里親委託を認めるという

---

[20] 詳しくは,「(乳幼児の里子の場合に保育所入所をさせるについては,)育成課長から申し上げておりますが,実は,入所はさせてよろしいんです。ただしその言い方が基本的には入所させてはならない,ただしほかに手が無い場合はよろしいとしていますので,役所の方はなかなかそれを運用しないようであります。…略…里(筆者加筆)親子関係の難しさに配慮した条件を付けた上で,保育所に入所させることを認めるということ」(山本 1994:32)である。

（森 2000）。この費用は，実親も里親も徴収を免除されることになった。

（２）-⑤2000年代以降
⑤-(a)認定基準

2002年，新たに公布された「要綱」と「里親の認定等に関する省令」には，1987年同様家庭調査の項目という記載はなく，そのかわりに里親認定等の共通事項と，各里親の種類（当時は養育里親，短期里親，専門里親，親族里親）ごとに里親申請の申込書記載内容と添付書類が定められた。また里親認定基準については「里親の認定に関する省令」との対応から，「経済的に困窮していない」「虐待等の問題がないと認められる」「児童買春，児童ポルノに係る行為等，児童の保護等に関する法律の規定により罰金以上に処せられていない」が付加された（2002年の改正）。ほか，2008年の児童福祉法改正によって，2009年度からは養育里親を養子縁組里親と区別して法定化することになり，認定時・更新時の里親研修の義務化，欠格事由の法定化等がなされた。経済的な部分に関しては，「できるかぎり生活に余裕があるのが望ましい」（1948年）から「家庭生活が精神的，物質的に健全に営まれる」（1987年）へ，そして「経済的に困窮していない」（2002年）と，要件を徐々に緩和するとともに，里親手当倍額への増額がなされた。

こうした現行内容を過去の大きな改正点と比較してみよう。現行内容では，新規登録研修や，里親希望者とその同居者が欠格事由にあたらない証明を，里親登録申請の時点から求めるようになったという変化がみられる。一方で，かつてのように里親候補者の近隣や地域の状況を問うこともなくなっている。

⑤-(b)養育要件
(b)-(i)里親の一時的休息

2000年代以降の制度改正は「要綱」にとどまらない。たとえば，長らく里親が子どもを幼稚園通園や学校教育を受けさせるほかに，子どもをほかへあずけて休息をとることは基本的に不可能であった。しかし，これが大きく変わったのが里子の保育園利用（1999年）につづく里親の一時的休息のための援助

---

(21) 居住地の都道府県知事への申請書の記入内容としては，里親希望者やその同居家族の住所，氏名，年齢といった属性と，里親になることを希望する理由などを記すことが求められる。

（2002年）が定められたことである。このレスパイト・ケアサービスが利用できるようになった2002年当初は，利用期間は「年7日以内」と定められていた。2006年4月の一部改正では「都道府県等の実施する研修に参加するために必要とする場合には，年7日を超えて利用できる」，さらに2012年3月の一部改正では「都道府県が必要と認める日数」となり，利用期間に定めはなくなった。上述の保育園利用可とあわせて振り返ると，レスパイト・ケアにおける利用日数の制限の撤廃，保育園利用の許容と，他者にあずかる里子を一時的でもゆだねることをゆるすようになっている。

そして2012年3月「里親及びファミリーホーム養育指針」が出されたことで，それ以降は「養育指針」が養育要件をみるにあたっての中心的素材となる。[22] 養育要件として読み取れる主な内容を先取りすると「家庭の要件提示と子どもの情緒への着目」，施設等と共通するものとして「子どもの権利擁護と養育のモデル化」が挙がる。

(b)-(ii)家庭の要件と子どもの情緒

まず里親及びファミリーホームの「養育指針」をみていく。「養育指針」のうち，とりわけ家庭養護のあり方の基本に，「家庭は子どもの基本的な生活を保障する場である。家庭のあり方やその構成員である家族のあり方は多様化してきているが，子どもの養育について考慮した場合，家庭には養育を担う上での一定の要件も存在する」（「基本的な考え方（家庭の要件）」より）として，家庭養護には次の5つの要件を満たす必要があるとする。すなわち，「①一貫かつ継続した特定の養育者の確保」「②特定の養育者との生活基盤の共有」「③同居する人たちとの生活の共有」「④生活の柔軟性」「⑤地域社会に存在」である。家庭の要件なるものは，大規模施設での養護と対比された記述と思われる。

また，「家庭養護における養育」として，「社会的養護の担い手として」「私

---

[22] 里親及びファミリーホーム養育指針が，児童養護施設，乳児院，情緒障害短期治療施設，児童自立支援施設，母子生活支援施設それぞれの運営指針とともに，「施設運営指針及び里親養育指針」として出された。こうした指針が作られることになった背景には，施設間の運営の質の差が大きく「社会的養護の質の向上を図るため」（厚生労働省雇用均等・児童家庭局長通知平成24年3月），保育所保育指針に比して行政の示す指針がないことが挙がっている。指針作成はその手引きの作成もあわせて「課題と将来像」にて策定されることになっていたものである。

的な場で行われる社会的かつ公的な養育」であると明記され，「安心感・安全感のある家庭での自尊心の育み」として，自尊心育成はほかの施設の養育指針にはない項目立てとなっているのも注目に値する。自尊心を育む，また愛着関係形成が里親養育の意義としてとみに語られるのは2000年代からである。これは，虐待を受けた子どもが増えていることをふまえ，社会的養護を要する子どもの多くは，保護者との愛着関係や他者との関係構築の困難，自尊心がもてないことなどで様々な課題を抱えているという認識による（「里親委託ガイドライン」2001年）。「家庭での生活を通じて，子どもが成長する上で極めて重要な特定の大人との愛着関係の中で養育を行うことにより，子どもの健全な育成を図る有意義な制度である」と，愛着形成が子どもの成長の基盤になるという論理が各所で使われるようになった。

(b)-(iii) 子どもの権利擁護と養育のモデル化

里親の行う養育内容については，1987年時改正の際に，「最低基準」制定による内容の追加が幾点かなされている。里親が行う養育の一般原則のうち「自立の助長」が養育目標に掲げられ，「他の児童と比して」かつ委託児童の「国籍，信条，社会的身分によって」差別的な養育を禁ずる内容が付け加わった。自立支援については，1997年の児童福祉法改正による児童福祉の理念転換が反映されていることが推察される。また，「最低基準」「要綱」と連動し，養育計画の順守や子どもの記録の整備，秘密保持，関係機関との連携といった内容と，研修を通じた自己研鑽にも触れられるようになった。2016年3月現行の「要綱」では，2015年12月改正を最終改正としている。2002年時と比較すると，懲戒に係る権限の乱用の禁止や給付金として支払いを受けた金銭の管理が明記される。とりわけ懲戒に関しては，2004年児童福祉法改正によって，里親にも監護権，教育権，懲戒権が付与され，必要に応じて行使されるようになったことを受けているものであろう。認定要件でもそうであったが，子どもの権利とケ

---

(23) これについて，委員会ではなぜ里親及びファミリーホーム養育指針にのみ自己形成が取り上げられ，当該項目があるのか，児童養護施設や乳児院でもかかわる共通内容であるという意見（第13回社会保障審議会児童部会社会的養護専門委員会議事録，藤井委員）もあったが，その点は他の施設の養育指針において最終的には反映されていない。

アの質を担保するために規制的な面が増えている。

　上記とかかわるであろうが、そのように担保されたケアを行う社会的養護を子育て支援や児童福祉一般の文脈におくとき、「家庭や地域における養育機能の低下が指摘されている今日、社会的養護のあり方には、養育のモデルを示せるような水準が求められている」（「里親及びファミリーホーム養育指針」2012年）というあらたな動きもある。

（3）男性稼ぎ手家族から公的養育の担い手強調へ

　本節では、里親関係の省令、通知、審議会のとりまとめ等を資料に、里親を社会的養護の担い手として認める認定基準（「認定要件」）、認定後さらに子どもをあずかる際に里親に期待される養育内容（「養育要件」）の移り変わりをみることで、里親制度が規定する里親「家族」像の変遷を素描しようとしてきた。

　まず、「認定要件」は、1948年児童福祉法制定当時の中間階級夫婦、実子養育に近い年齢の想定などがあったものの、1974年短期里親制度創設、1987年里親制度改正と、徐々に知識や経験によっては両親そろわなくとも里親認定が可能に、さらに里子の保育所利用が可能になるなど、里母が養育に専念する家族像は里親候補者拡大や家族変動に伴い緩和されてきた。2016年の概算要求には、里親支援機関事業の拡充の一環で、共働き家庭の里親委託促進が盛り込まれている。経済条件についても緩和傾向である。ただし、2000年代以降、児童虐待防止や児童ポルノ規制、子どもの人権への視点が認定要件に加わるに至る。1948年から一貫して変わっていないのは、子どもを家庭の一員として迎え、深い理解と愛情をもって養育するという部分である。

　また「養育要件」では、里親に期待される養育内容は大きく様変わりするとともに拡大しているといえよう。たとえば、子どもの衣食住や日々の生活のほか、虐待や差別禁止といったあずかった子どもの人権擁護を最低基準とし、くわえて委託前の不適切な養育環境の影響への対処——虐待による傷への身体的・心理的ケア、愛着形成など——、実親とのかかわり方の模索など、「普通の家庭のレベル以上のケア」[24]が求められつつある。両親があり経済面・情緒面

---

(24) 第3回社会保障審議会児童部会議事録、庄司委員の発言より。

で豊かな，母による子育てという家族像の代替から，家庭生活を経験する意味，子どもが将来築く家庭のモデルの提示，そして個別性・愛着形成へと，意味づけの拡大がみられた。

　以上のように，里親制度の想定する「家族」像は，少なくとも厚生省・厚生労働省の通知や報告書，関連委員会での議論レベルでは，男性稼ぎ手家族から養育の機能や質及び情緒関係形成を担える養育者像にシフトしているようだ。いいかえれば，里親候補者の拡大をめざした認定要件の大筋緩和の動向と対照的に，養育要件は期待される水準が急速に高まり，両者間のコントラストは深まりつつあるように思われる。研修等によって両者の間をどの程度埋めていくのかが問われるのかもしれない。以上を，各年代の一般的な子ども・家族問題の動向を参考までに加えたうえで表にすると**表 1 - 2** のようになる。

　このような変化は，児童虐待へのまなざしの強まりや，国連による児童の代替的養護に関する指針の提示，子どもの権利への着目といった世界的な動向を背景としている。また，要保護児童の質が，孤児等の保護から不適切な養育環境にある子どもとその家庭への支援に移り変わったという，日本国内の要保護児童観の転換も見逃せないだろう。

第 3 節　現代の里親養育の実態

　第 1 節・第 2 節と里親制度の歴史を法的側面・規範的側面にそれぞれ着目して追尾してきた。本節では，現在の里親や里子たちの様態についてみていくことにしよう。

（1）里親の状況

　2014年度末時点で，全国の登録里親数は9949人，うち委託里親数は3644人である。この登録数の内訳は，養育里親登録数は7893人，専門里親は676人，親族里親は485人，養子縁組希望里親は3072人となっている。いずれの種別についても前年度より漸増傾向である。養育里親がもっとも多くの割合を占めているが，そのうち子どもが委託されている養育里親数は2905人である（2014年度3月末福祉行政報告例）。

表1-2 里親制度の規定する「家族」像の変遷

	子ども, 家族問題の認知	認定要件	養育要件	想定される家族像	備考
戦後〜1950年代	浮浪児, 非行児, 高い乳児・妊産婦死亡率	(1948) 申込者・同居者に養育への理解・熱意・豊かな愛情がある (とくに里母), 生活に余裕がある, 家庭生活が健全で明るい, 乳児養育の場合母乳豊富が望ましい, 里親は実親に近い年齢が望ましい, ほか社会的信用など9項目	(1948) 里母によるケアを中心とした清潔な生活, 充分な栄養, 同じ食卓での団欒, 誠実に養育する義務, 他の子との差別待遇禁止, など	・経済的に安定し関係の融和的な両親のいる「自然」「正常」な家庭 ・委託後は (専業) 母の手に一手に担われる子育て	里子の住民税, 所得税控除対象化
1960年代〜70年代前半	保育ニーズの増加, 高度経済成長のひずみの子どもへの影響				
1970年代半ば〜1980年代	離婚件数増加, 家庭内暴力, 登校拒否などこころの問題化	(1974) 短期里親に限り両親揃わなくとも可 (子どもの養育経験の必要あり)			
1990年代	いじめ, 不登校を含め児童問題の「多様化」, 少子化	(1987) 短期里親以外でも, 両親揃わなくとも可 (知識・経験の必要あり) (1999) 里子の保育所利用可に	(1987) ―	・単身里親を射程に ・共働き里親を射程に ・子どもが長じた際に形成する家族のモデル	里親はボランティアが制度化したもの
2000年〜	少子化, 虐待問題の顕在化	(2002) 欠格条項非該当等規制付加 (2008) 認定研修・更新研修義務付け	(2002) 愛着形成など情緒への着目／治療, 実親支援 (2008) 研鑽に励む (2012) 家庭の要件, 子どもの権利擁護など	・養育に専念する里親像の部分修正 ・子育て支援・社会的養護の連続した文脈における養育のモデル化	(2002) 里親のレスパイト・ケア可に (2008) 認定研修義務付け, 手当倍増

里親になる人とはどのような人なのだろうか。2013年2月1日時点で行われた「児童養護施設入所児童等調査」（厚生労働省児童家庭局 2015）によれば，里親の年齢分布で最多であるのは里父母とも50代で，里父30.7％（前回39％），里母33.1％（前回38％）である。前回調査（2008年2月）と比べると，最多層である50代が減少し，60代以上が増加して里父31.4％（前回23.6％），里母27.8％（前回20.5％）である点は特徴的である。一方30代以下は，里父6.3％（前回6.1％），里母7.9％（前回8.4％）にすぎず，高齢化が指摘されるところである。

　委託児童の数は，1人が74.3％（前回51.8％）と4分の3を占め，2人が19.1％（前回25.0％）と続く。なお，データは古いが同居する実子がいる割合は約3割ほどという調査結果もあり（養子と里親を考える会 2005），同居していない実子がいることを考えると実子をもつ里親はさらに多いことが推定される。

　里親（主に里父と思われる）の職業は専門職（医師や薬剤師など）の割合が18.6％ともっとも多く，その他就業を除いては事務11％，宗教家10.7％と続く。住居は自家・戸建てが72.8％，年収も同年の国民生活基礎調査の一般平均537.2万円より高く591.8万円である（厚生労働省児童家庭局 2015）。

　以上のデータなどから，里親には，実子がおらず里親を志した人，実子がいて幼い実子と一緒に里子の子育てをする人，ある程度実子が手を離れてから実子の支えを受けつつ里子の養育する人，といったタイプに大別されるであろう。様々なタイプの里親がいるものの，経済的にも安定した中高年期の家庭で，主に里母が1人か2人の里子の養育にあたるというタイプが比較的多いといえよう。

　次に，里親になろうとした動機をみてみよう。かつて，1948年の神奈川県下の里子村調査報告によれば，里親になった理由について，「母乳が余っていた」「現金がほしかった」という回答も多かった（酒井 1948）。おおよそ40年が経過した，1986年のインタビューによる調査では，里親になった動機は「子どもが生まれなかった」が50％であり，子どもを育てる意味について「自分の成長」「家族の結びつきを強める」「子育てが楽しい」が上位に挙がっている。1987〜2008年の間5年あるいは6年おきに実施される「児童養護施設入所児童等調査」をみると，近年は子どもの福祉のために里親になることを希望する者の割合は増えている。2013年調査では，「児童福祉への理解から」43.5％（前

回37.1%)，「子どもを育てたいから」30.7%（前回31.4%)，「養子を得たいため」12.5%（前回21.8%）と，子どもの福祉のためを動機として挙げる割合がもっとも高くなっている（厚生労働省児童家庭局 2015）。

　ここまで本節で大まかにみてきたような，養育里親として長期にわたり少数の子どもを育てる中高年期の夫婦という里親像は，日本では多いタイプであった。しかし，こうした里親像は世界的にみると一般的というわけではない。諸外国の里親制度のしくみは国や州等により異なるため一概に比較できないものの，海外の里親を対象とした知見によれば，欧米の里親養育と日本のそれとの大きな違いの1つは，Kinship Foster Care が日本に比して普及している点である。Kinship Foster Care は親族を里親とするものだが，日本でいう親族里親よりも子どもにとって近しい大人――実親の友人や近隣住民などが含まれよう。庄司ほか（2000）が紹介したように，Kinship Foster Care は，生みの親の家庭環境に近いことや，一般の里親家庭数の減少のため別の社会資源を求めたこと，親族も里親の定義から除外されず手当を受ける資格ももちうるという判例が出されたことなどを背景に，とりわけアメリカで発展してきた[25]。ほかに[26]

---

[25] 1979年，アメリカ最高裁判所の判例で，親族を里親の定義から排除しない判例が出た。1978年，イリノイ州では，里親に対して支払っていた Aid to Families with Dependent Children-Foster Care program を，親族と住む子どものケースはそのプログラム分を，親族でないものと住む子どものケースにはプログラムにさらに追加して費用を支給していた。当時，ネグレクトを理由に母親から保護された4人の子どもたちがおり，うち2人を育てていた年長のきょうだいとその夫は，子どもと親族であるという理由が社会保障法 408 の里親の定義からはずれるという理由で，イリノイ州から AFDC-FC の追加分の支払いを拒否された。そのため，4人の子どもとそのきょうだい夫婦は州を訴え，1979年に最高裁判所はイリノイ州の見解を完全にしりぞけた（U.S. Supreme Court　Miller v. Youakim, 440 U.S. 125（1979)）。

[26] 1994年，Children and Youth Services Review 誌は Kinship Foster Care の特集を組んだ。Kinship Foster Care の担い手は母方の祖母が最多で，ゆえに年配の者になりやすく，健康を害している場合も多くなる（Dubowits et al. 1994）。それゆえ，Kinship Foster Care 対 non Kinship Foster Care という対比のもとで，その意識や有効性の差異に関する議論もしばしばなされている（Le Prohn 1994）。Kinship Foster Parents の方が，そうでない里親に比べて，実親との接触を保とうとする意識があることなどが見出されている（Le Prohn 1994）。日本語文献で海外の親族里親の動向をまとめたものとしては渡邊（2010），東日本大震災をきっかけに改変された親族里親制度の課題を指摘し今後の活用の方向性を示した和泉↗

も，今後日本でも取り組まれることが予想されるも，現段階では明らかになっていない里親の状況としては，ジェンダーやセクシュアリティ，外国にルーツをもつ子どもの養育などが挙がるだろう。[27]

（2）里親委託児童の状況
（2）-①里親委託児童数と特徴

福祉行政報告例によれば，2014年度末時点で全国に里親委託中の子どもは4731人である。図1-4は，里親の種類別に委託児童数を示している。ファミリーホームへの委託児は1172人，養子縁組希望里親への委託児は224人，親族里親への委託児は702人，養育里親委託児は3599人，専門里親委託児は206人である。乳児院入所児童数は2884人，児童養護施設入所児童数は2万7050人であり（2014年度年度末福祉行政報告例），おおよそ4万6000人の要保護児童全体のうち里親委託児童は約10％強を占めるにすぎない。ただし，要保護児童数の増加に伴い，里親委託児童数が減少し続けていた底にあたる1999年頃と比べ，里親・ファミリーホーム委託児童数は約2.8倍に増加している（厚生労働省雇用均等・児童家庭局家庭福祉課 2016）。

終戦直後のような孤児とは違い，現代では母や父などの親族のある子どもが一般的になっている。里親委託児についても，調査対象となった4534人のうち52.2％の子どもに両親またはひとり親がある。しかし，この数値はほかの児童

↘(2013) など参照のこと。

[27] たとえば里親制度の活用が進んでいるアメリカでは，里親を一枚岩に捉えるのではなく，そのジェンダーやセクシュアリティ，エスニシティに留意した知見も積み重ねられている。里母と里父では役割認識に相違があると示され（Rhodes et al. 2003），里父は里母とソーシャルワーカーとの関係をとりもつ，身近な良い男性モデルを示せる，といった独自の役割があるとの指摘もある（Wrighton 2006）。日本では，里父の役割をどのように認識していくのかを明らかにした安藤（2012）程度しかこうした観点の知見は見受けられない。さらに，イギリスでは，ゲイやレズビアン，同性カップルの里親も積極的に募集している。彼ら／彼女らは養親や里親への申込みがありながら活かされていない人びとであるとして，里親支援機関によって当事者・支援者向けのガイドブックも出版されている（Betts & Mallon 2004）。里親のジェンダーやセクシュアリティに着目しその役割認知等の差異を明らかにしてゆく試みは，日本ではまだ今後の課題である。

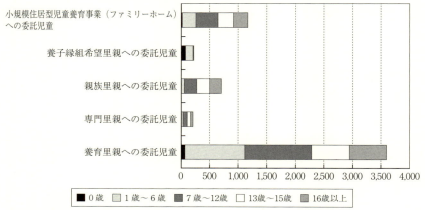

図1-4 里親種別と児童年齢別にみた里親委託児童数(2014年度末)

(出典)福祉行政報告例より作成。

養護施設にいる子どもの81.7%，乳児院にいる子どもの96.6%に両親またはひとり親がいる状況と比べると低い値である。里子の家族との交流程度をみると，保護者の状況が不明等も含んだ4534人を分母としているものの，交流なしの割合が72.4%で多数を占める。交流ありでは，帰省7.4%（前回9.1%），面会14.4%（前回12.8%）となる（厚生労働省児童家庭局 2015）。児童養護施設入所児童で交流のない子どもが18%であるのと比較して，もともと家族との交流のない子どもが里親委託になる傾向があることも推察される。

実親や親族がありながら要保護となった事情はどのようなものなのだろうか。里子の養護問題発生理由は，「養育拒否」16.5%（前回16%），「父または母の死亡」11.4%（前回6.6%），「父又は母の行方不明」10.7%（前回14.3%）が主である。一般的に「虐待」とされる「放任・怠だ」「虐待・酷使」「棄児」「養育拒否」を合計すると，里親委託児は全体の37.4%（前回36.7%）である（厚生労働省児童家庭局 2015）。背景として，虐待自体の社会的認知が浸透したことによる，虐待問題の顕在化がある。近年，被虐待児の増加により，都市部では児童養護施設の収容人数を超える事態が起きている。その受け皿としても里親は期待されているため，今後そうした子どもたちは増加する可能性がある。

その他，委託時期が高齢になってきていることや，障がいのある子どもの割合が増加傾向であるのも近年の特徴である。里親委託児でなんらかの「障害あ

り」は20.6％（前回18％），うち多いのは知的障害7.9％，ADHD 3.3％，広汎性発達障害4.4％となる（厚生労働省児童家庭局 2015）。

平均委託期間は3.9年で，最多が「1年未満」で24.7％を占める一方，5年以上10年未満20.8％，10年以上9.1％と，長期委託児も多い。児童の今後の見通しについては，里親委託児の場合「自立まで現在の里親家庭で養育」が68.5％と，前回の60.9％を上回った（厚生労働省児童家庭局 2015）。一方，「保護者のもとへ復帰」は10.7％（前回13.8％）にすぎず，本来は一時的な養育であるはずの里親委託が長期にわたる傾向がみてとれる。

(2)-②不適切な環境と子どもの発達

社会的養護のもとに養育される子どもたちは，要保護事由となる何らかの不適切な養育環境下にあった経験をもつ。児童精神医学などの領域では，被虐待経験やマルトリートメントなどが，子どもの養育の状況（outcome）に及ぼす影響に関する知見が蓄積されている。[28]それらは，子どもに何らかの不利益をもたらす要因や，そこからの回復力，解決モデルを示す。たとえば，両親の不和や貧困，親の精神病理，虐待，死別経験などの子どもに不利益をもたらす慢性的に持続する逆境要因（Rutter & Taylor ［2002＝2007］第15章では「慢性的逆境要因」と訳されている）と，子ども個人の生来的な属性とが相互に作用すると捉える見方があり（Collins et al. 2000），「慢性的逆境要因」がなぜ，どのようにして子どもたちに社会的あるいは行動的に好ましくない結果を助長するのか，説明しうる統合的な枠組み「自己解決モデル」（Friedman & Chase-Landale 2002＝2007）（図1-5）も提唱されている。

不適切な環境での養育経験があっても，その後どのように子どもが回復・発達の過程を辿るのか，探る知見も数多くある。養育の状況をはかる指標は様々ながら，同世代の若者と比した里子や元里子たちの身体的発達やメンタルヘルス，自己肯定感，学業達成等の低さ，性感染症のリスクの高さなどが，子ども

---

[28] 児童精神医学の第一人者の一人である Rutter, M. & Taylor, E. (2002＝2007) は邦訳があるが，イギリスの児童精神医学のテキストには，「Residential and Foster Family Care」「Adoption」といった章が設けられ，児童精神医学分野でも様々な環境で育つ子どもの理解に役立てられている。

図1-5 「慢性的逆境要因」(chronic adversity) の自己解決モデル

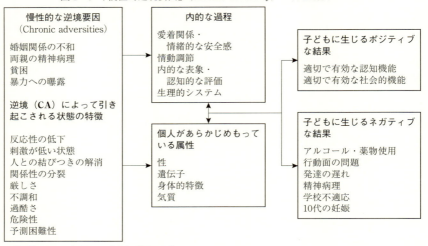

(出典)　Rutter & Taylor (2002=2007：309).

の養育の状況に関する知見 (outcome studies) を中心に明らかになっている。そこでは，子どもの障害や愛着の問題など発達に応じた対処法も提案されている。

いくつか調査結果を紹介してみよう。たとえば，学齢期の子どもの場合は，学校での学業達成が発達の1つの指標となる。ケーシーファミリープログラム[29]で調査研究を行う Pecora, P. J. (2012) は，里親養育のもとにいる子どもたちにとって，学業での成功は，ネグレクトや分離，パーマネンシーの欠如を埋めるポジティブな力になりうるとする。しかし，多くの里子が学業で成功していない。Pecora は，教育上の成功の規定要因を検討し，委託先が変わらないという委託の安定性を，教育達成にもっともポジティブな効果をもたらす要因の[30]1つと報告した (Pecora 2012)。さらに里親制度がより普及しているアメリカやイギリスなどでは，社会的養護下にいた経験をもつ元里子の発達状況についても，1980年代にはすでに調査が行われている (Fein 1984 など)。現在，社会

[29]　アメリカの里親支援機関で，1966年設立，本部はシアトルにある。里親養育と児童福祉推進のための非営利団体で，担ってきた調査研究の蓄積も厚い。
[30]　1966年から1998年のケーシーファミリープログラムの同窓生1609人のケース記録や1087名のインタビューなどのデータを使用した大がかりな調査である。

的な養護を離れた人＝care leavers に対する大規模調査（Pecora et al. 2004；Biehal et al. 1995）など，リービングケアといわれる領域の研究蓄積は一定程度ある。各国の制度設計は一様ではないものの，それらの知見では，care leavers がその後学業や就労，生活の不安定さ，異性との交際や望まぬ妊娠，性感染症の罹患リスクの高さ，精神面の問題など様々な面で困難に遭遇しやすく，同世代の者と比べて社会的に不利な立場におかれやすいことを明らかにし，効果的で継続的な支援が必要であることが指摘されている（Courtney et al. 2001；Buehler et al. 2000；Stein 2006 ほか）。日本では社会的養護経験のある子どもの長期的な追跡調査が国レベルでは行われていないのが現状である。

（3）養育上の諸課題

里親委託時から措置委託が解除されるまで，養育の中では様々な特有の課題に直面する。子どもの委託時の年齢や実親の有無等，ケースによって課題は違うが，ここでは里親養育において一般にどのような課題があると認識されているのか概況を確認しておく。

（3）-①退行行動・試し行動

里親研究を牽引してきた家族社会学者の湯沢雍彦（2005）によれば，委託された子どもは，新しい生活環境に適応するために独特の行動パターンを表すという。たとえば，それまでできていた排泄や食事の習慣ができなくなる，夜尿や極端な食べ物の好き嫌いをするといった，「退行現象」と呼ばれる行動が見受けられる。また，大人からみると好ましくない，癇癪を起こし泣き続ける，嘘や万引きをする等の行動をみせることもある。これらは一般に「試し行動」といい，子どもが自分の欠点や醜さをさらしてもなお，大人は受け入れてくれるかどうかを無意識にみているとされている。これらの行動の背景には子どもの生育歴が関係するところが大きいが，子どもの受託年齢や性格による傾向の違いもみられる。

（3）-②愛着の形成

庄司順一（2005）ほか多くの里親研究者や里親養育関係者に認識されている

のが，愛着の問題である。この種の議論において愛着関係の重要性を裏付けるものとしてしばしば引用されるのが，ボウルビィ，J. の愛着理論（Bowlby 1980）である。庄司（2005）は，里親家庭にやってくる子どもは皆，何らかの形で愛着対象の喪失や分離を体験しており，そうした状況や子どもの反応を正しく理解することも，新たな愛着対象として機能する里親に求められる専門性であると述べる。

　このようなことから，とかく里親養育では，愛情や問題行動への愛着障害の影響が強調されがちである。愛着障害とは，庄司（2001a）によれば，病的な養育や主たる養育者がしばしば変わることによって，5歳以前にはじまり，著しく障害され十分に発達していない対人関係であるという。しかし，愛着障害をめぐっては，様々な問題を愛着の問題として処理することへの警鐘も鳴らされている。庄司（2005）や財団法人全国里親会による里親養育関係者向けのハンドブック（2010）でも，愛着障害（とくに反応性愛着障害）に注目するのはよいが，里親養育のもとにいる子どもはこの他にも様々な精神的障害や行動上の問題をもつことにも目を向ける必要があると述べられ，子どものあらゆる問題を愛着障害として拡大解釈するのは適当でないと指摘されている。

（3）-③被虐待，発達障害等

　近年の関心事としては，委託以前の被虐待の影響や発達障害についての対応がある。不適切な養育によるものが原因かは不明な点もあるにせよ，委託後里

---

(31) 里親研修でもこうしたテーマは近年よく見受けられる。ただ，愛着の問題への対処や治療的かかわりなどが，研修などを通じて里親に要請されるようになったのはそれほど昔のことではない。2002年の里親制度改正の中で研修の重要性について記されるようになり，2009年4月から養育里親の研修義務づけが認定要件に含まれるようになったという変化は，この約10年ほどの出来事にすぎない。里親研修のやり方は自治体によって異なるが，たとえば東京都の研修の場合，誰でも受講可能な「課題別研修」で生い立ちや発達障害，自立に対する支援といった回が組まれたり，「（養育里親の）更新時研修」では児童虐待と権利擁護，地域での連携といった回が組まれている（平成25年度　東京都里親研修案内）。これは巻末資料に参考資料2として添付した。ただし，東京都の場合，里親会がNPO法人化しており，里親研修もこのNPO法人に委託されている。そのため，他の自治体の実施する研修とは内容面で異なる部分もあるようだ。

親に対して試し行動や退行などの気がかりな行動を示す子どもたちのうちには，発達障害が疑われるケースも増えているようである。虐待と発達障害の関連も考察されており，杉山登志郎（2007）は自身の治療経験の中で，虐待の影響が幼児期には反応性愛着障害として表れ，小学生になると多動性の行動障害が目立ち，徐々に思春期に向けて解離や外傷後ストレス障害が明確になるといった，虐待と子どもの年齢による症状の推移の連関を示している。被虐待経験や障がいのある子どもと安定的なかかわりをもつのは困難も多いが，子どもの長所にも目を向けたり，診断された「障害」名よりも子どもの行動特徴などを明らかにすることが重要である（庄司・篠島 2007）。

（３）-④真実告知

真実告知とは，幼い頃から委託されている子どもに，自分が生みの親ではなく，里親であることを告げることである。このような告知は，子どもの成長にあわせて，何度も行っていく必要がある（坂本 2008）。しかし，ただ生みの親ではない事実を伝えるのみではなく，産んでいなくとも大切な子どもだと思っていることなど，事実の背後にある思いをも含めて伝えるのが真実告知である（湯沢 2005）。また，そうした真実告知とかかわって，ライフストーリーワークにも近年関心が寄せられている。

（３）-⑤名　字

里子は里親と戸籍上のつながりはなく，生みの親の名字が正式な名字である。しかし，子どもに真実告知がなされていない段階や，子ども自身が里親の名字を使用することを望む場合もある。とりわけ学齢期には，学校に戸籍名で通うのか，あるいは里親の名字を通称名として使用するのか決める必要がある。

---

(32)　トラウマ障害，ADHD，愛着障害などがとくに注目されている。
(33)　ライフストーリーワークとは，イギリスの養子と里子に関する専門機関のひとつである British Association for Adoption and Fostering の発行物（Ryan & Walker 2007＝2010）によれば，「子どもが，生まれた家族についての正確な情報を得，家族についての自分の感情を吟味し，なぜ元の家族から離されなければならなかったのかを理解する機会を与えられ，安全な未来を築くチャンスを得ることが出来るために行うプロセス」（Ryan & Walker 2007＝2010：4）と定義づけられている。

(3)-⑥生みの親（実親）

前項で紹介したように，たとえ実親がいても面会交流が盛んとはいいがたい現状がある。養子と里親を考える会の「里親委託児童に関するアンケート調査」を担当した1人である菊池緑（2004）によれば，里親たちには実親との交流に対して，肯定・否定の両側面を感じている。すなわち，子どもの甘えや喜びを肯定する意見と，交流後里親家庭に帰宅すると子どもが不安定になるなどのマイナスの意見である。専門里親には子どもの親子関係の調整に協力する義務があるが，一般の養育里親でも同種の問題に直面する場合があるため，積極的な支援が必要だとされている（菊池 2004）。

近年は，全国里親会の養育里親制度ハンドブック（養育里親研修テキスト編集委員 2010）にも，実親への具体的な対応方法について書かれるようになった。同ハンドブックで編集委員長である庄司（2010：33-6）は，里親は実親に対して適切に養育できなかった人といったイメージ等を抱きやすいが，子どもにとっては実親は大切な人であり，実親側もまた里親に対してうしろめたさや罪悪感を感じやすいため，互いに尊重すること等が大切であるとまとめている。

(3)-⑦思春期

一般に思春期の子どもの心は不安定なものだが，里子にとっての思春期の困難について，児童福祉司として里親支援にかかわった経験をもつ愛沢隆一（2011）は以下のように述べている。「実親と離れて里親家庭で生活している現実と自分なりに向き合う」「生い立ちに向き合い，それを受け止めて自分の生き方を決めていく」，すなわち「里子として避けて通れない生い立ちの受容と自己確認」（愛沢 2011：35）をするという課題に直面するのだという。通常の思春期の問題とあわせて里子特有の課題に直面するために，子どもがその問題を受け入れて生活するに至るまでには時間もかかる。里親にとっても，子どもが状況を正しく理解することを支援するのは容易ではない。

(3)-⑧措置委託解除

里親養育解除には，措置変更と満期措置委託解除とがある。前者は，子どもの委託期間中に実親の家庭に復帰したり，里親との関係に不調があるなどの理

第1章　里親養育の概況

由から施設への措置に変更される場合などが該当する。後者の場合は，子どもが18歳になると委託が終了することをいう。場合によっては満20歳になるまで委託の延長が可能である。

　前者について，森和子（2011）は，養育の不調とこれがもたらす里親・子ども双方への心の傷をふまえ，ソーシャルワーク視点による対応がなされるべきであること，また不調に際しての支援の必要であるということなど，不調に際する配慮点を述べている。

　また後者について湯沢（2005）は，委託が解除になり養育終了となった後に対する，漠然とした子どもの不安について触れている。多くの子どもは，18歳の年度末を迎えた家庭内で自分の立場が変化することを敏感に察知し，自立のために必要な準備に取りかかろうとしないといった問題を起こしたりするという。こうした子どもの感じる不安に対して，里親や児童相談所の担当職員らは，子どもとともに現実的な計画をたて将来展望を考えなければならない。措置委託解除後，里親家庭と元里子がどのような関係を保って交流をするのか，とくに里親が措置委託解除後の子どもに援助できることを話し合うことは大切であるという（湯沢 2005）。

（4）支援のしくみ

　ここまで本節で紹介したように，里親養育は一般社会の子育てと比較して困難も多い。里親個人が養育を抱え込むのではなく，支援のしくみがこれを支えている。以下の図1-6は，里親支援のしくみを図示したものである。

　児童相談所の業務過多といった里親支援体制の課題を解決するため創設されたのが，2008年度から実施されている里親支援機関事業である。もともと里親支援機関事業は，1988年の家庭養育推進事業，2002年度施行の里親支援事業を底流にもち，2011年度に新事業に完全に移行している。新事業の内容は，普及啓発や研修の実施を行う「里親制度普及促進事業」と，里親委託推進委員を配置して行う里親家庭への訪問支援，子どもの委託までのマッチングの調整，里親家庭への訪問等による相談支援などの「里親委託推進・支援等事業」とに大別される。養子と里親の会が行った里親支援機関事業に関するプロジェクト研究チームの一員である三輪清子（2011a：47）の報告によれば，里親支援機関事

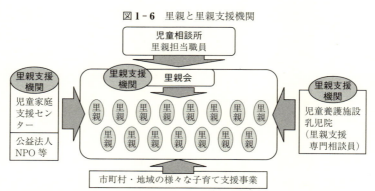

図1-6 里親と里親支援機関

(出典)「社会的養護の現状について(参考資料)平成28年7月」(http://www.mhlw.go.jp/file/06-Seisakujouhou-11900000-Koyoukintoujidoukateikyoku/0000108941.pdf 2016年8月1日アクセス)。

業の実施によって,「ほとんどすべての業務を民間機関へ委託することも可能になった」という積極的意義もあるという(三輪 2011a)[34]。

　本章では,里親養育の歴史と実態を駆け足ながら概説してきた。他者の子どもを養育する慣習が公的制度として整備されて,おおよそ70年が経過した。家族や子どもをめぐる社会状況が大きく変動した現在,里親養育は時代背景を映しつつ複雑な子どものニーズにこたえることが期待されるようになっている。それは,里親認定要件や養育要件にも反映されている。家族として,社会的養護の一担い手として,里親たちは実際にどのような経験をしているのだろうか。次章から,本研究の位置づけを明確にしたうえで,実証部分へとすすんでいく。

---

[34] かつての里親支援事業と里親支援機関事業の違いは三輪(2011a),里親支援機関事業の実態と課題は横堀(2011)など,一連のプロジェクトの調査報告に詳しい。

第2章

里親経験はいかに捉えられてきたのか
―― 先行研究と本書の位置づけ ――

　第1章では，里親養育の実態や里親制度が現在に至る移り変わりを紹介するとともに，そうした時代的要請のもと制度に埋めこまれる里親「家族」像の変化を追尾してきた。それらを受けて本章は，既存の里親研究や隣接領域の知見を整理し，経験的研究としての本書の位置づけを明らかにする。第1節では，日本の主に社会福祉領域で展開されてきた里親研究の成果と課題を整理する。第2節では，近年の心理学，社会学的研究における里親研究を取り上げ，それらが主に里親の親意識形成の過程等を描いてきたことを示す。第3節は，第1節・第2節における知見の成果と課題をふまえ，ケアの社会学の潮流に里親研究を位置づけることを試みる。第4節では，本研究の依拠する理論枠組みについて述べる。最後に第5節では，先行研究の知見をふまえて改めて本研究の視角を明らかにし，具体的な課題設定を行う。

第1節　里親養育研究の展開：「拡充論」「支援論」の到達点と課題

（1）日本の里親研究の特徴

　欧米を中心とした諸外国では，社会福祉学，心理学，児童精神医学領域を中心に，主要学会の機関誌を概観しただけでも里親養育に関する膨大な蓄積があるため，ここで網羅的に整理することは困難である。臨床研究にはとくに豊富な蓄積があり，それらはおおよそ，里子たちの発達研究や，虐待・愛着関係欠

---

(1) アメリカでは Children and Youth Services Review，Child Abuse and Neglect，といったソーシャルワーク実践系の雑誌に多くみられる。家族社会学分野では Family Relations などに数件散見される。イギリスでは The British Journal of Social Work，2016年7月時点ではすでになくなった機関であるが British Association of Adoption and Fostering が発行していた機関誌 Adoption and Fostering など。

如の影響に関する研究，里親の特徴や養育態度に着目する養育実態の研究，里子の正常な発達や学業成績の向上等を検討する支援研究に分類できる。また広義の支援論には，制度改正などに伴う新たな里親像の模索や，制度の運用・支援体制を見直す制度研究も含まれる。日本では管見の限り見当たらないが，実親も調査協力者となっている研究があることは貴重であろう。海外の先行研究と比べると，里親の実態調査，制度研究，里親独自の課題への対応方法や不調ケースの分析は，日本にも多く見受けられる一方，子どもの実態調査や支援効果測定などの視点は，アメリカなどの方がより多いといえる。もちろん，制度設計や里親制度が根付く文化的な背景はそれぞれに異なるため，日本にそのまま欧米の研究視点が持ち込まれるのが適切なわけではない。

　日本の場合，里親制度自体の認知度が低く，運用においても課題が山積してきた。そのため，里親の支援を目的とする視点や制度運用を検討して，その普及を促す視点が，現代に至るまで研究の主流として継承されてきた（吉沢 1987；松本 1991；櫻井 1999；瀧口 2003 ほか多数）。施設委託への偏重，一旦委託になると長期委託になりやすい日本的特徴もあいまって，まず里親制度が「低迷」しているという実態を前提としたうえで，その制度運用の不振となる原因を探し出し，制度が普及するよう拡充策を検討するという志向が見受けられる。第1節では，日本での里親研究を概観し，その成果と課題を整理することにしたい。

（2）「制度不振の原因論」，制度の「拡充論」

　里親制度運用が「不振」「低迷」状態にあるということは，長年にわたり様々な立場から指摘され周知のこととなっている。しかし，それは具体的にどのようなことを指すのか。和泉広恵（2003）の簡潔なまとめによれば，「里親制度が低迷している」という状態は，主に2点によって説明できるという。すなわち，登録里親数の減少と，施設養育への偏りである。三輪清子（2016）は，里親委託率（社会的養護に占める里親委託の比率）が低位に留まることを里親委託の停滞とし，宮島清（2007）は里親制度が活発に行われているかどうかを新規里親登録者数と里親リタイア者の比で捉える見方を示している。いずれにせよ家庭養護が世界的なスタンダードとなる中，里親委託率の低い日本では，「不

振」「低迷」「停滞」といった状態を前提としてその原因が探索されてきた。

　日本では里親制度成立後，里親研究はほとんど手つかずの状態の時期が続き，社会事業や後続の『月刊福祉』，『季刊児童養護』といった福祉系の雑誌に時折散見される程度であった。そのような中で，里親制度の歴史，当時の諸外国の制度紹介，諸地域での実態調査のまとめ等を行った三吉明（1963）の研究は，日本で最初に手がけられた包括的な里親研究であろう。三吉は著書の中で，里親申込者に養子縁組希望者が多く含まれることや労働力の補給源として里子を求める里親の動機，里親の養育技術や知識等の欠如，里親に対する経費の裏付けの不十分さなどを挙げている。

　その当時，里親登録者は1960年代前半に1万9000人前後を推移した後に徐々に減り，1980年には1万人を下回る（厚生労働省福祉行政業務報告各年度報告）。数少ない里親関係の記事にも里親数の減少に対する危機感がにじみ出るようになった。こうした中で着手された1970年代から1980年代にかけての研究では，松本武子（1972：1980：1991）や松本園子（1985：1986），吉沢英子（1987）ら，児童福祉分野での牽引者たちによる知見がある。

　児童福祉研究者の第一人者のひとりであった吉沢（1987）は，施設養護への偏重によって，里親委託は伸び悩みの状態にあるとした。養育里親，養子縁組里親を検討する必要性から，全国の里親と児童相談所を対象に質問紙調査を行っている。児童相談所調査の結果からは，養子縁組を希望する里親の多さや，親権をもつ保護者が里親委託を認めないこと，また一般傾向として里親制度への理解不足などが，里親委託業務を行う児童相談所員が感じる委託推進の阻害要因として主に挙げられていた。吉沢（1987）はこうした結果をふまえて，さらに児童自身に難しい問題がある事例や実親との関係で指導を要する事例の増加，里親の力量と児童相談所の指導体制との相関関係にかかわる問題，住宅事情の悪化や婦人の居宅外就労の増加，核家族化の進行と地域・近隣関係の希薄化による育児不安の高まり等，社会事情が問題をいっそう深刻化させていると指摘する。そのうえで，里親制度の改善策として，「児童相談所の里親推進機能の強化」「里親会の組織強化」「里親資格認定枠の拡大と『家庭養育運営要綱』の見直しの必要性」「里親の専門性の問題と研修」「親権，養育権，告訴権などの権限の問題」の5点を挙げる。

その後の研究も，里親の養育の実態調査，意識調査というかたちをとって，里親制度が「低迷」している要因や，里親家庭への「支援」，制度の「拡充」のヒントを探ろうとした調査は多数見受けられる。1997年から1998年にかけて行われた厚生科学研究「里親制度及びその運用に関する研究」[2]，関東ブロックの里親会の協力のもと行われた養子と里親を考える会によるプロジェクト研究「里親の意識及び養育の現状について」[3]（庄司 2001b）は行政や里親関連の団体によって大規模な質問紙調査を行い，実態把握を試みたものだ。[4]「里親の意識及び養育の現状について」では，里親たちが感じる里親制度の不振の理由で同意がとくに多かった項目として，「里親制度が知られていない」75.3％，「血縁意識が強いなど社会的偏見が強い」70.3％などが挙がる。こうした成果をふまえ，庄司（2001b）をはじめ，里親会の活性化や児童相談所の機能強化など，吉沢（1987）の頃から指摘されていた課題と通ずる内容が，里親制度の活性化のための課題として挙げられている（櫻井 1999；養子と里親を考える会 1999；庄司 2001b）。以上のような実態調査では，里親になる者の動機として養子縁組希望者の割合が減少し，「子どもの福祉のため」の割合が増加する傾向が評価されている。

　なぜ里親制度が振るわないのか，いかに制度を普及させるか，どのような支

---

(2)　この厚生科学研究では，全国のすべての児童相談所を対象にした行政調査と，東京近郊の児童養護施設で何らかの理由で里親から施設に措置変更された児童に関しての事例調査からなっている。事例調査からは，児童養護施設へと措置変更になった事例の背景に，乳幼児期にすでに養護問題が発生し，実親家庭への復帰も困難である問題があったという。里親としての資質や専門性などの向上，児童相談所の協力体制が必要と考えられると同時に，児童養護施設へ措置変更された児童のほとんどに家庭復帰の目途がたたないことから，児童養護施設における自立支援の役割についても言及されている（網野ほか 1998）。

(3)　それまで散発的に各地域の里親会で行われていた意識調査の限界を打破し，関東ブロックの5つの県市に里親登録する628家庭を対象にした質問紙調査により，里親の考えや悩み，それへの対応などの現状を明らかにしている。調査対象者の38.1％にあたる239家庭から回答を得ている。

(4)　近年では，全国里親会を中心とした全国里親委託等推進委員会が，里親委託等の推進をはかることを目的に，里親委託率の増加幅の大きい「拡充」に成果を挙げた自治体への調査研究を行い，里親委託推進のあり方を紹介している（全国里親委託等推進委員会 2013）。委託率の増加を里親委託の推進の1つの成功例として捉えた実践的な調査である。

援が誰に必要なのかということが，里親養育にかかわる関係者・研究者にとってつねに関心の的であり続けた。それは研究者による研究成果のみならず，児童養護施設のケースワーカーや里親自身が，自らの経験や活動をふまえた提言をすることからもうかがい知ることができる（高橋 2004；上利 2002 ほか多数）。

　本項では，これまでの研究や実態調査が，里親委託が活用されない理由として挙げてきた要因を概観してきた。戦後から今日に至るまで，類似した原因の指摘が幾度となく様々な論者によってなされてきたことは確認できるであろう。近年，三輪（2016）は里親委託が伸展しない理由として戦後から語られてきた諸要因とその妥当性を丁寧に整理している。これによると，ほとんどの説が「里親登録者不足」もしくは「里親の養育対象となる子どもの限定化・少数化」を経由しているとみなせるのだという。具体的には，社会変動の影響や宗教的背景のなさ，血縁主義，啓発の不足，養育手当不足等の下位仮説からなる「里親登録者不足」仮説は，里親研究者や関係者にとっては常態化しているともいえる説であるが，実際には未委託里親割合が 6 割を超す現在，登録者不足が里親委託の停滞をもたらす最大要因とはみなしにくいとする。もう一方の，里親委託となる子どもの限定化を生み出す要因の妥当性はどうか。この「里親委託対象児童限定化」仮説は，施設が自らの維持存続を目的とするために里親委託に消極的になる施設要因，里親の資質要因，児童相談所の専門性不足や職員の過重労働などの児童相談所要因，そして行政の里親委託への消極的姿勢等の政策的要因を挙げている。検討の結果，施設や児童相談所，政策による要因は部分的に支持されており，里親のなり手不足ではなく，なり手を活用できていない制度の未整備が問題の本質であるとしている（三輪 2016）。

　里親委託の伸展を阻む原因として根拠づけられる要因ばかりではなく，人びとの感想や印象を根拠とした議論も少なからずあったが，検討してきた先行研究や各実態調査からは，里親制度が充分に活用されないことを問題視し，その原因を意識面と制度設計面，運用面の問題に求め，制度の「拡充」に向けて啓発活動や職員配置改善などの制度運営上の改良を指摘する動向がみてとれる。そして，少なくとも制度設計，運用上の問題は，里親委託率の大幅な増加を可能にした自治体の取り組みのように，克服されうるものとして扱われている。

(3) 里親家庭への「支援論」

(3)-①「支援」論の動向

　里親制度が「拡充」した先には，子どもが里親家庭で安定し，もてる力を伸ばして成長していくことが望まれるだろう。第1章第3節の里子の実態でみてきたように，出身家庭で育つことが適切ではなかった子どもには，そうでない子どもよりも発達上なんらかのハンディを負うことが多く，適切な環境を保障するために支援プログラムが必要となる。また，里親家庭が里子を家庭に受け入れて安定的に養育を継続するために，里親家庭の実子等を含んだ里親家庭への支援も重要視されるようになった。それゆえ，「支援論」の範囲は，海外では支援プログラムの効果測定といった評価研究をはじめ，社会的養護下にある子どもに生じうる子どもの実親家族との関係調整，生い立ちの受容，自立などの課題に関する研究まで実に広範に及んでいる。とりわけ2000年代以降，日本でも支援研究は盛んになってきているようである。本項では，近年の「支援論」の動向をふまえたうえで，序章にて本研究の枠組みとして設定した「限定性」とかかわりの深い里親養育特有の課題と支援について確認しておく。

①-(a)不調ケースの予防やこれへの支援方法

　里親委託が継続する理由，および里親委託の不調を予防する要因の分析は，支援の1つの視点として重要視される。養育が不調になり，ほかの里親家庭や施設へ措置変更になると，子どもも里親も傷つく。こうした変更が繰り返されることの弊害は国内外で指摘されており，安定した委託は子どもにとってよいことがわかっているからである。

　まず，どのような場合に不調になりやすいのだろうか。Oosterman et al. (2007) は，26文献のレビューから，不調になるケースのリスクと規定要因を検討した結果，委託時の年齢が高いこと，問題行動，施設時代のケア，以前の別の委託，養育の質は，不調の要因として関係があることを指摘している。また，総じて Kinship Foster Care のもとにいる子どもは，ほかのタイプの Foster Care の子どもより不調になりにくい傾向を示している。Webster et al. (2000) が，6歳までに社会的養護下におかれた子どもたち5557人の8年に及ぶ委託の変更回数を調べたところ，Kinship Foster Care の子どもの約30％，non Kinship Foster Care の子どもの52％が委託の不安定を経験していたとい

う。委託後1年以内に1回以上委託が変更になる子どもは、長期委託や委託の変更が1度だけの子どもより委託が不安定であり、そのため初期のアセスメント等に関する改善策が出されている。

不調やこれによる措置変更のネガティブな側面がある一方、森和子（2011）は、不調に際してソーシャルワークの視点から配慮すべき点として重要な指摘を2点行っている。すなわち、1つは、不調が一時的なものや変化していくもので固定的状態ではない点、いま1つはケースによっては不調の様態はネガティブとは限らず、親子関係形成過程に起こりうる現象であるというポジティブな解釈ができるという点である。不調をどのように捉えるかを見極め、児童相談所等の機関と連携したシステムの中で支援することで、里親が安心して養育にあたれる可能性を示している。

①-(b) 里親養育特有の課題への支援

里親委託が安定する要因を探るためには、里親養育特有の課題への支援も鍵となる。第1章第3節で里親養育の実態としても述べたように、里親たちは子どもの問題行動や愛着関係の形成、虐待によるトラウマへの対応、真実告知、実親との交流など、様々な課題を乗り越えていかねばならない。これらの問題に対する有効な支援について考える必要があるのである。

厚生労働省の児童福祉専門官の依頼をもとに、養子と里親を考える会の有志特別プロジェクトにより行われた「被虐待児受託里親の支援に関する調査研究」（2003年）によれば、被虐待児のうち半数は学齢期以降の子どもであり、虐待の程度も軽度、中度、重度とあるうち重度の子どもが27.82％含まれるなどの状況があるという。これをみても、軽度の年少児ばかりが里親委託になっているわけではないことがわかる。児童相談所の回答・里親の回答ともに、（常勤の）里親担当職員の配置を求める声が高い（岩崎 2004；森 2005；兼井 2005）。

---

(5) アメリカではこうした委託の変更回数（日本でいうところの不調による措置変更）が多いこと（drift）が問題になっていたが、近年は改善されつつあるようだ。

(6) 全国調査であり、児童相談所あて153票（回収率87.4％）、里親家庭あて1189票（回収率61.6％）、受託里子あて1580票（回収率63.2％）と高い回収率の調査であった。

(7) 全国里親委託等推進委員会（2015）の調査からは、里親業務担当の常勤専任職員は4.9％の児童相談所をのぞいて配置されていることがわかっている。しかし、

この時期に行われた研究としては，被虐待児の受け皿としての専門里親の可能性への着目（森 2007）や，事例を通して被虐待児委託の困難と支援体制強化の指摘（櫻井 2002），里親への質問紙調査から専門里親に想定されるニーズと支援の検討（木村 2005），1事例の継続的調査から被虐待児の愛着形成とそのための支援の必要性の指摘（森本・野澤 2006）などが挙げられる。これらは総じて支援の強化を論じている点で問題認識を同じくしている。このうち森本慎司・野澤真理の研究（2006）では，里母への継続的な聞き取りを通して，被虐待経験に起因すると思われる症状の軽減，愛着関係の形成などのプロセスを描いている。そうした子どもの育ち直しを可能にする環境要因，社会的支援が考察された結果，公的機関に求める支援内容として「児童相談所による子どもの委託直後の専門的指導助言」「里親会育成支援」「実親援助」など5つの課題を挙げている。

　森本・野澤（2006）も問題にしている愛着とは，もともとはボウルビィの愛着理論（Bowlby 1980）を念頭においている。里親委託以前の不適切な養育により，特定の養育者との間に愛着関係が形成されず，よって里親委託後に情緒，行動上の問題がみられるという理解である。そのために治療的な役割が里親にも必要であるとして，愛着の問題が里親養育においても注目を浴びるようになったのは，比較的最近のことである。そこで，里親でもあり児童福祉に精通した庄司（2001a）は，海外のように日本でも，心理的，臨床的な分野や小児精神医療分野において，里子の研究がなされることを期待すると述べる。とりわけ愛着関係が未形成である子どもとの関係形成に関しては，治療的観点も有用とされている。藤岡孝志（2006）は，愛着療法と家族療法を統合し修復的愛着療法を，虐待を受けた子どもへの援助に効果的であるとして，アメリカコロラド州エバーグリーンなどを中心に臨床実践を展開する中心人物，Levy, T. M. & Orlands, M. のセラピー（Levy & Orlands 2000）を紹介している。治療的な役割を担うという期待が課されると，専門的な知識も必要になる。里親養育独自の真実告知などの課題ともかかわって，研修の体制作りが検討されている（木村・芝野 2006；岩本 2007）。

　↘かならずしも当該業務だけでなく諸業務を兼任している児童相談所も半数以上にのぼっている。

第2章　里親経験はいかに捉えられてきたのか

　さらに，国際社会でも子どもの人権についての議論が高まる中，子どもを権利主体として制度のあり方を考える研究（津崎 2010；松本 2006；山縣 2013 等）も登場している。たとえば松本なるみ（2006）は，社会的養護の対象となる子どもの養育に必要なことを先行研究のまとめから5点導いた。すなわち，「安心して暮らせること」「パーマネンシーの保障」「望まれた子どもであると実感できること」「日々の親密な生活からうまれる心理的親子関係」「自立に向けての自信と自己肯定感」である。これらに加えて，元里子，里親，児童養護施設職員という3者10人を対象とする質的調査から，子どもが丸ごと受け止められること，そのための明確な愛情表現やリジリアンスの評価という方法，その養育を支える環境として生活体験の必要性，「普通のこと」を満たす暮らし，をさらに付け加えた。そして，専門職員の配置や里親里子の支援体制の整備によって，子どもが家庭で暮らす権利が守られると松本（2006）は指摘している。
　おおまかに日本の里親養育支援の研究の流れを眺めてみると，研究視点は少しずつ多様化し，支援の対象や方法は広がりをみせてきたことがわかる。とりわけ2000年の児童虐待防止法の成立，そして2002年の戦後の大改正ともいわれる里親制度改正による里親の種類や役割の明確化を転換点として，虐待対応や愛着形成，子どもの権利擁護など，様々な支援研究が活発に行われるようになったことは確かである。本項①では里親の委託後に安定した里子養育を維持するための知見を中心に取り上げたが，里親家庭への支援として実子を含めた支援や，里親養育の入り口支援・措置委託解除後の出口支援(8)なども幅広く検討されている。(9)

（3）-②「時間的限定性」「関係的限定性」と支援
　近年の「支援論」の動向を概観したが，ここではその中でも，本研究の枠組み設定とかかわりの深いいくつかのテーマについてもう少し日本の研究状況を

---

(8)　里親希望者に対する里親支援機関による関係構築が，後に子ども・里親家庭をさらにほかの資源につなげてゆくことを可能とし「里親支援ネットワーク」の拡張が望めるという調査結果もある（全国里親委託等推進委員会 2015）。
(9)　とくにアフターケアについては，続く「②「時間的限定性」「関係的限定性」と支援」で述べる。里親家庭の実子への支援は山本真知子（2013）など。

57

確認しておく。「関係的限定性」と「支援」,「時間的限定性」と「支援」の順にみていこう。

②-(a)「関係的限定性」と「支援」

「関係的限定性」は,公的な養育者として,里親家庭外のアクターらと対比しつつ里親としての立ち位置を意味づけなおす過程があるということであるが,具体的には,児童相談所の児童福祉司による介入を前提とし,委託にかかる費用を受け取りながら養育をすることなどが挙げられる。

こうした専門職との協働に加えて,実親がいる子どもが増えたことにより,実親家庭への復帰や実親子関係の保持もまた今日の里親養育の重要なテーマになっている。海外では,養子縁組や実親家庭への復帰までの短期的な運用を基本とする里親養育であることにかんがみれば,実親と子ども,実親と里親の関係がいかなるものかは基本的な問いである。しかし,日本では養子縁組を想定した里親が多かったこともあり,あまり研究対象となってこなかった。それゆえ,里親が捉える「専門職と里親」「実親と里親」の認識が,里親であることの解釈とどのようにかかわっているのかをみていく必要がある。

まず「実親」について,里親研究が進んでいる欧米では,実親との関係に関心をおく先行研究にも一定の蓄積がある。子どもの実親家族との家族関係の保全 (Family Preservation) が重要視され,家族再統合,実親との対応といった課題へ取り組まれているのである。日本では実親支援に積極的な里親による報告(西川 2009),研修資料の作成 (NPO法人里親子支援のアン基金プロジェクト 2006) などの実践に密着した取り組みがみられるほか,里親当事者が参加する研究会等で議論がなされている(第56回関東甲信越静里親研究協議会大会資料 2010)。そこでは,中川良延 (2005) が述べたように,「一方で子どもとの間の愛着関係,親子関係の形成に努めるとともに,他方では実親の方へ結局は戻すという,そういう綱渡りのようなことをやっていかなければならない」という独自の課題が生じる。和泉 (2003) は,子どもが実親に肯定的な感情を抱いても,実親との交流がない場合は里親も共感的に受け止められるが,交流がある場合は,子どもの実親への好意や実親・里親への気持ちの頻繁な変化に応じて,里親も動揺したり嫉妬を感じると指摘する。このことから,和泉 (2003) は親意識が「唯一性」という特質に支えられる側面があると述べる。たとえばステップ

ファミリーの研究では，継母の役割観が変容する要因の1つに，継子の別居親（実母）との交流が挙げられている（菊地 2008）。血縁関係のある親がほかにいるという事実や，いつか親元へ子どもを帰す可能性と隣り合わせでありながら，血縁関係のない子どもを何かしら「縁」のある子どもとして意味づける作業を通じて，関係を築くという側面があるかもしれない。そうだとしたら，里親は，いかにして実親の存在や血縁というものと距離をとり，里親としての自己を見出していくのだろうか。以上のような知見は，里親が里親経験を意味づけ里親子関係を構築する過程を理解するうえで，実親の存在を組み入れる必要性を示唆しているが，この点に焦点化した研究はいまだ乏しい。

「専門職と里親」について，近年の里子たちの傾向として「虐待を受けた経験などにより，心に傷を持つ子どもが多く，様々な形で育てづらさが出る場合が多い」（社会保障審議会児童部会社会的養護専門委員会 2012）ことなどから，より専門的ケアや心理的ケアが求められてきた。2009年施行の改正児童福祉法では，養育里親は養育里親研修修了が義務づけられ，里親もつねに子どもをとりまく諸問題に敏感に，知識や技術を得る必要性が浮上しているといえよう。渡邊守（2011）は，こうした社会的養護を必要とする子どもの増加の予測や子どものニーズの複雑化を背景に，「里親家庭はこれまで以上の専門性と高い質の養育を提供していかねばならない。そのための里親機能を高めるには，里親家庭自身には難しい。具体的で活用しやすい専門職との連携こそ，これから求められる新しい里親家庭の働きを支えるもの」であるとした。近年，児童相談所の養育家庭専門員や子ども家庭支援センター，里親支援機関に加えて，2012年度から児童養護施設と乳児院に里親支援の専門職員を配置するなど，様々な立場から里親家庭の支援に携わるようになってきている。そうした様々な立場から里親養育や社会的養護下にある子どもたちの支援に携わる人の連携が強く求められる中，里親としての役割をどのように認識しているのかは今のところ明らかとはなっていないようである。

②-(b)「時間的限定性」と「支援」

そして，「時間的限定性」とかかわりの深い課題では，とくにアフターケアの問題が挙げられよう。第1章第3節では海外の調査報告から，様々な面でcare leavers が不利な立場におかれ，支援を要することが明らかになっている

ことを述べた。日本でも，近年行われた調査には「東京都における児童養護施設等退所者へのアンケート調査報告書」[10]等がある。最近の里親家庭への実態調査からは，元里子に該当する子どもと「同居中」19.6％，「近居」8.4％，「頻繁に連絡」13.0％，「ときどき連絡を取りあっている」22.1％，「何かあったら連絡が来ると思う」15.0％など，継続的な関係がうかがえた。「つながりはなくなってしまった」も22.1％ある（白井 2013b）。成人した元里子への調査研究はほとんどないといってよい。限られたデータからではあるが，里親制度，児童養護施設などの社会的養護の枠を外れた人びとに関する20歳までの措置延長の有効活用[11]，保証人と生活費の問題，気軽に立ち寄れる居場所の整備，就労の場の確保の必要性など（庄司 2005），欧米のリービングケア研究とも共通する提案がなされている。ちなみに諸外国の研究では，研究手法としても，元里子本人への量的調査による追跡調査や，自立支援プログラムの効果測定や評価がなされていることは特徴的である。このことは，反対に社会的養護を離れた若者と里親家庭とのかかわりを論じた研究が管見の限り見当たらないことと表裏一体であるとも考えられる。日本においては，「自立を急ぐことなく愛着関係，信頼関係を結ぶこと」を重んじ，「子どもが困った時には相談に乗れるような関係であってほしい」（厚生労働省雇用機会均等・児童家庭局家庭福祉課 2003）という文言にもあらわれるように，制度的な関係が終わったとしても，福祉的な観点からはむしろ私的な関係の継続を期待するむきもある。しかし，戸田朱美

---

(10) 東京都福祉保健局「東京都における児童養護施設等退所者へのアンケート調査報告書」(http://www.metro.tokyo.jp/INET/CHOUSA/2011/08/DATA/60l8u200.pdf 2016年11月6日アクセス）。

　2010年12月から翌年1月にかけて東京都が都内の児童養護施設等の退所者へ実施したアンケート調査からは，労働力調査におけるおおよそ同世代の者と比較し，対象者たちの正規雇用割合が男性で20％，女性で30％近く低いことや，中学卒業者が約23％とその相対的割合の高さが明らかとなり，施設退所直後の困難として孤立感や金銭管理が挙がっている。

(11) 「大学等や専門学校等に進学したが生活が不安定で継続的養育が必要な子ども」など障害や疾病等，子どもの自立のために継続的な養育が必要な3つの主な場合を挙げたうえで，施設長や関係機関の意見を聞き，あらかじめ保護者や児童の意向を確認し，児童相談所長等が必要と認めるときは，児童福祉法第31条により満20歳に達するまで，委託を継続することが可能とされ，積極的に措置延長を行うこととされている。

第2章　里親経験はいかに捉えられてきたのか

(1998) は，養育家庭委託児童のアフターケア実態調査結果を整理し，委託解除後の子どもたちの多くが里親を拠り所と考えており，また結果として同居に至る場合もあったと示すが，「あくまで解除児童の意向や里親の意向など状況が合致した場合のことで，制度上それを期待するものではないのではないか」とも指摘している（戸田 1998）。少なくとも受託中は，子どもを実子のように捉える側面もあれば，里子としての側面を意識することもあるが，里親子という定義づけが存在する。しかし措置委託終了によって制度上の関係の終わりを迫られると，「家族」というものに想定される「関係の継続性」とのインターフェイスに摩擦が生じうる。はたして里親たちは，制度上の関係の「終わり以降」，子どもとの関係をどのようにマネジメントしていくのか。この点については，一部里親の体験集（NPO法人里親子支援のアン基金プロジェクト 2006）から苦労が垣間みえるものの，国内外の研究ともに，捉えきれていないと思われる。

（4）「拡充論」「支援論」の成果と課題

こうした里親制度の「拡充」「支援」に注目した研究は，まず第1に社会的養護下にある子どもが自己を肯定しつつ家庭で育つ権利をまっとうできること，そのために第2に里親家庭全体がシステムとして適切に機能すること，第3に充分な支援体制の整備，第4に里親制度が社会に広く根づき，子どもが生きやすい社会を実現すること，などの目的を共有するといえる。なにより，里親に対する支援や研修が絶対的に不足していた時代において，養育にあたる里親が孤軍奮闘せざるをえなかった状況をかえりみれば，かれらにとって「支援」研究興隆の重要性は想像に難くない。子どもに対する具体的な治療プログラムや対処法を知りえることは，養育にバリエーションをもたせ，自身の養育方法を相対化するうえで有効であり，里親委託促進や不調ケースの予防，制度のあり方及び運用上の工夫にも寄与する。つまり，「拡充」「支援」論の福祉実践上の意義は，支援プログラムの改善に結びつき，支援の充実につながることがもっとも大きな成果であるといえる。さらに，「里親家庭への支援」が家族福祉の観点にたった子どもの実親家庭への支援とともに語られることによって，子どもを取り巻く養育者たちを「支援」対象へと押し上げ，新たな子育て支援の潮

流を作り出す研究の創成にも寄与している。

　里親制度の「低迷」を前提とした「拡充」「支援」論の視角は，里親制度の理念的価値を前提として，制度の改善をはかり，子どもの福祉のために適切に機能させる方策を模索するうえで，重要な貢献が期待できる。本研究もまた，里親制度が子どものために改善され，普及発展することを願う点では，目的を共有するところがある。

　従前の議論にしたがえば，登録里親数の増加や里親委託率の伸び，里親制度の認知度の上昇，支援体制の強化が進めば，現段階の課題のうち一定程度目標は達成されることになろう。福祉実践上のこうした課題解決は喫緊の課題である。しかし，長期的に里親養育のありようを眺めたとき，たとえば，日々の養育を担う里親が生きる多元的なリアリティは充分に明らかになっているといいがたい。里親が増えるのは良いことだが，かれらは公的な児童福祉制度の担い手としてのみ還元できるほど，単純なリアリティを生きているわけではない。制度の普及啓発や支援体制の強化等によってのみ，里親を続けることが可能になっているわけではなく，里親たちが里親であることを自分なりに意味あるものとして解釈し，これをなんとか持続していくような工夫や意味づけのプロセスがあるはずである。里親たちの視点からかれらがどのような社会的現実を生きているのか，ミクロな解釈実践に光を当てる必要がある。そのような意味で本書は，これまでの「拡充」「支援」論とは異なる立場から，里親制度のもつ1つの側面に対し何らかの示唆を提示したい。そのために，序章でも紹介した「家族的文脈」と「福祉的文脈」の交錯したところに位置づく里親の立場性に着目するのである。

　本項では，第1節をふまえ，これまでの「拡充論」や「支援論」では手薄になっていた点を3点示す。

　第1に，「拡充論」「支援論」に比重がおかれることによって見落とされやすい，研究上の「視角」についてである。たとえば，制度の「低迷」を脱する基準，「拡充論」の指標として，登録里親数や里親委託率が用いられ，これを伸ばすことがめざされていた。そして，この目標を達成するための手法を学ぶといった実践的知見が提示されてきた。

　しかしこうした議論は，結果として里親委託率などの数字の上下にとらわれ

やすく，数字の裏にある個別事情までは充分に知りえない場合もある。たとえば吉田菜穂子（2011）は，福岡県の里親会活動資料を分析し，1975年頃に里親登録した複数の里親の証言から，当時里親には児童養護施設長とは違い権限がなく子どもを守ることができないため，養子縁組をするよう里親会で指導されていたと指摘する。その結果，里子養育のつもりであった里親たちは普通養子縁組をし，その後も未委託の登録里親として登録され続けていたという。このようなことから，従来，受託率の低さは里親制度不振の指標とみなされてきたが，受託率の取り扱いそのものを再考する必要があるといえる（吉田 2011）。たしかに，里親委託率などの数値的指標は，制度の普及状況を示す1つの基準になるが，その点だけを注視すると，委託率が高ければ良く，低ければ悪いという評価に終始するおそれもある。委託率の背後にある里親たちの日々の営みを把握するための実証的な研究をあわせて行っていく必要がある。

また，とくに「支援論」では，里親養育がシステムとしてうまく機能することがめざされるために，その機能を妨げる要因分析などはなされる陰で，個々の里親たちの経験はおきざりになりやすい面もある。

第2に，調査の視点や方法上の問題である。「低迷」の原因を探求したり，制度改革や「支援」充実を目的とする研究は，文献研究や養育の現状・ニーズを把握するための実態調査を行う。それゆえ，実証研究でも質問紙調査が多く，その調査内容は「原因求明」「支援」という目的のために必要な項目に限られがちとなるため，里親の経験それ自体へのアプローチとしては不充分である。[12]

また制度不振の「原因論」のうちでも，とくに人びとの意識面を問題視する議論では印象論にとどまる知見もあり，統一した見解は今のところ得られていない。現代でも里親委託が進まない要因としてよく挙げられるのは，血縁を重んじる風土，養子縁組の希望の強さ，宗教的背景の欠如，支援の不足などの要

---

[12] ただし近年は，1998年から2008年までの里親に関する国内研究を概観した貴田（2009）によれば，論文数の増加だけでなく，文献研究に次いで質的研究の増加が目立つようになったという。また量的研究については，里親制度のあり方の考察（網野ほか 1998）や，里親研修の実態調査（庄司ほか 1999）など，厚生省などの研究補助を受けた全国規模のものが散見されるようになった。その背景には，1994年児童福祉審議会「児童の健全育成に関する意見」などを受けた里親制度の運用見直しが検討課題とされたという事情があった（貴田 2009）。

因である。しかしながら，たとえば血縁を重んじるという声は部分的には妥当性があるも，やや素朴な見解であるといった指摘（小堀 2005）もある。三輪（2011b）は，これまでの施設養育への偏重が里親養育を妨げていたという見方に対し，長期的な動態をみたときに，施設養育に偏ることが里親養育を滞らせたとはかならずしもいえない時期があることを明らかにしている。これらの指摘からは，里親養育の世界で支配的な言説について，実証が伴っていなかったり，実態調査が行われても，その実は印象による回答を求める調査が行われてきたきらいもあるように思われる。

　第3に，「拡充論」「支援論」のいずれについても，基本的にはあるべき里親委託や家庭での養育の価値が理念として前提とされ，実態とそれとの乖離を問題視することで，研究の問いが成り立っていた。里親養育をとりまく価値や里親への規範的期待がどのように当事者に立ち現れ，そして里親の日々の営みの意味解釈とどのようにかかわっているのかまでは問われてはいない。

　つまり，以上の課題をまとめてみると，多くの福祉的関心にもとづく研究は，「児童福祉制度の担い手として里親を捉えるために，里親のリアリティが充分に明らかにはなっていない」こと，そして「里親であることの意味づけとかれらをとりまく価値や規範とのかかわりが不明である」ことの2点に集約される。

　1点目の課題に関しては，和泉（2003）が同様の指摘をしている。すなわち，「里親制度の低迷」を前提として，里親制度への社会的関心が薄いという「意識」の問題，里親への公的支援が不十分であるという「制度」の問題の2点に里親研究の関心がおかれてきた点である。さらに和泉（2003）は，「里親制度が低迷している」ことを問題視する背景には，里親を施設よりも優れた養育形態であるとみなし，「施設」か「里親」かという二項対立の問いを立ててきた歴史があるとして，次のように整理している。

　　ここで強調しておきたいのは，これまでの研究において，「施設」か「里親」かという問いと，その問いが導く「里親制度の低迷」という命題によって，多様な里親の家族像を真正面から論じる視点が封じられてきたのではないかということである。既存の里親研究には，聞き取り調査の分析は数えるほどしかない。もちろん，「支援」という点からはいくつかのケーススタ

ディが行われている。しかし，そこにも「里親家庭を継続していくために公的支援をいかに行うべきか」という限定された課題が持ち込まれ，「支援」に直結しない個別性を大きく反映した語りには，十分に関心が向けられてこなかった。里親研究では，「施設」か「里親」かということに研究者の関心が集中していたため，里親の語りもまた，それを追随する以上の位置づけを与えられてこなかったのである（和泉 2006：237）。

本項では，当事者による経験の主観的な意味づけに着目する必要性と，福祉的な関心にもとづいて行われる里親研究が前提としがちであった，制度の担い手としての里親像を所与のものとせず，問いとしてひらいておく必要性を指摘した。前者の視点をもつ研究は少ないながらもいくつか存在する。そこで次節では，里親子関係の構築や里親であることの解釈に焦点をあてた経験的な研究をみてみることにしたい。

第2節　家族研究の系譜と里親家族

（1）「親」意識形成への着目

　近年，主に社会学的，心理学的研究においては，里親を対象とした経験の意味づけやリアリティを解き明かすことを目的とした研究が登場してきた。

　たとえば，数は限られるものの，里親が「親になる」「親をする」こと，あるいは「親意識」の解明を目的に行われた研究がある。和泉（2006）や園井ゆり（2014）らは家族社会学分野で里親家族を新たに家族研究として位置づけている。注目したいのは，インタビュー調査をもとに，里親の関係構築や，里親自身による経験の意味づけを行おうとした和泉（2003；2006）や御園生直美（2001；2007；2008）らの研究である。これらの知見では，里親の意識形成過程に，里親になる動機，子どもの生育歴，子どもとの相互作用，委託期間の見通し，そして児童相談所が期待する里親役割といった要因が影響しているとの知見が示されている。

　御園生（2001）は，33人の里親に面接調査を行い，里親の親意識の形成を親としての実感に注目して考察している。親の実感が得られるまでの期間につい

て，「すぐ実感が得られた」「里子が来てから1年以上の期間が経てから実感が得られた」実感ありグループ，「いまだ親子の実感が得られない」「親子にこだわらない」実感なしグループという，4タイプにグループ化して，グループごとに親意識形成プロセスを左右する要因を明らかにした。実子のない者の多い前者3グループに対し，「親子にこだわらない」グループでは，里親になる動機として約80％のものが社会福祉的動機を挙げるなどの差異がみられたという。前者3グループについては，子どもがいないために子どもを育てたいという動機を挙げる者が多く，血縁関係に近づくことを望む親意識を形成していた。また，「すぐ実感が得られた」グループは委託時の子どもの年齢が低く，問題も少なかったのに対し，「実感が得られない」グループは委託年齢が高い子どもが多く，愛着障害や問題行動が多くみられるなど，子ども側の要因も見受けられた。以上のことから御園生（2001）は，里親として自己をどう捉えるかが親意識形成に大きく影響しているため，里親の家族観や子ども観についても詳細な検討が必要であると課題を挙げている。さらに御園生（2007）は，里子を中心に3組の里親子（里父，里母両方と里子）をセットに聞き取りを行い，里親と里子が互いの関係をどのように認識して家族関係を築いていくのか考察している。里子による里親の認識には「家族」「世話する大人」「中間的」の3タイプがあり，それに里子の委託年齢と生育歴の影響，つまり里親委託になるまでの家族イメージなどが影響していることを明らかにした。御園生（2008）はこれらをもとに，里親の特徴に関する実態調査，里子の心理的特性，里親里子双方の考察をふまえ，支援のあり方を検討した発達心理学的な視点の学位論文をまとめている。

　そして和泉（2006）は，第2節第1項ですでに紹介したように，社会的養護として適切なのは「施設」か「里親」かという二項対立が，里親制度の低迷という問題に関心を集中させ，結果的に多様な里親の家族像を真正面から論じる視点を封じたと先行研究の問題点を指摘する。そこで，和泉は「里親との相互行為の中で，『里親の語り』を紡ぎ出し，『家族』を行うプロセスを描くこと」を研究の目的とした（和泉 2007）。たとえば「支援」のための「結論を導くための"事例"ではなく，あくまで個々の家族の『語り』として位置づけ」るために，個々の里親の語りを取り上げ，その人たちにとっての家族とは何かを通

じて，家族についての固定観念を相対化しようとした。そこで「家族」とは何かという大きな問いと，どのように「家族」を続けようとしているのかという小さな問いを設定し，里親へのインタビュー調査から，血縁家族を相対化した「家族」には，時間の共有と関係性の構築，家族という枠（内外を区別する境界）への想像力という要素があることを逆照射した（和泉 2006）。和泉（2006）の研究は，里親研究を家族社会学研究のフィールドの中に位置づけたという点で大きな意義がある。

また森（2004）も，不妊により実子を授からず，後に「里親（養親）として『親になる』ライフコースを選択した夫婦」（森 2004：104）に着目し，その「親になる」意思決定過程を分析している。そして，里親になるという意思決定を「親になる」という文脈に位置づけ，「里親として『親』になる」意思決定要因に「夫婦関係の洗い直しと理解し合意する努力」「血縁による子どもを持てない人生の受容と里親という選択」など5つを導いた。

これらは，当事者への質的調査をもとに，制度の「低迷」と「支援」の必要性という関心に収斂することなく，"どのように里親たちは里親という役割を認識し，解釈しているのか" "どのように子どもとの関係を築いていくのか"を，主に心理学的あるいは社会学的に解明しようとする研究群である。

興味深いことに，海外の知見には，家族関係論の潮流に位置づく里親研究は管見の限りほとんど見当たらない[13]。本書と問題関心の近似する研究は，ソーシャルワークや看護領域で散見される。たとえば，長期委託の里子に対する里母の意識は，短期委託の里子のそれと比較して明らかに母親的な意識で，子どもが長じた先までかかわりをもとうとすること（Blythe et al. 2012a；2012b），里親は金銭を受けとって養育していることなどを社会から理解されず孤立感を感じ，スティグマ回避のために里親であることを隠そうとするなどの行為がなされるという（Blythe, Halcomb & Willes 2012）。Schofield et al.（2013）によれば，里親という役割はもとよりあいまいなものであったが，近年の里親の専門職化により，里親がその営みを仕事であるのか家族であるのかという狭間で葛藤することもわかっている。これらの研究は，ソーシャルワーカーや看護師などに

---

[13] アメリカの家族社会学系の主要雑誌である Marriage and Family 誌や Family Relations 誌にもほとんど掲載がない。

里親の理解を広げるというねらいのもとに行われ，里親たちが家族を志向することを家族形成として捉えようとする日本の類似研究とは立ち位置が少し異なる。なぜ，日本のような家族関係研究として里親研究が見受けられないのか。推察するに，社会的養護の中の里親制度の位置づけの違いがあるのではないだろうか。アメリカでは要保護児童の保護先として，実親家庭の支援がまず第一であり，これがかなわないならば養子縁組，それに次ぐ選択肢として里親制度が位置づけられる。イギリスの場合は，長期里親委託は独自の歴史と位置づけがあり，必ずしも否定的にまなざされるわけではない（Rowe et al. 1984）。しかし，イギリスでも1970年代から1980年代にかけての里親委託が計画なく長引いていたケースがあり，その後の時期にパーマネンシー概念が登場したことも後押しして，実親，養子縁組，里親の選択のうち子どものパーマネンシーにとってよい選択がはかられるようになった（Thoburn 1994＝1998）。現在の同国での長期里親委託には，年長児のため養子縁組が困難な子どもなどが多い。各国，また各州等で制度設計が異なるとはいえ，実親支援による家族再統合や養子縁組がパーマネンシーの観点から優先され，里親養育には年長児や障がいのある子どもなど，関係機関とのチーム養育のもとで専門性が求められるケースが増えてきているのであろう。Schofield et al. (2013) によれば，里親の専門職化の議論は世界的なものであるという。こうした潮流において生じる1つの論点は，前述のような里親養育が仕事であるのか家族であるのかという役割葛藤 (Schofield et al. 2013) である。日本の長期養育里親には，年少時からあずかった里子を実親との交流も少ないまま満年齢まで育てるようなタイプは珍しくはないが，あくまで日本的な文脈によるものである。こうした日本の社会的養護における里親養育の文脈は，家族関係として里親子を捉えようとする志向と親和的であることが推察される。

（2）中途養育研究，家族再構成研究からの示唆

さて，里親研究そのものからは少し離れるが，ステップファミリーの継親子関係や養親子関係における役割認識，関係構築プロセスの把握を目的とする研究成果は本研究にとって示唆的である。血縁関係のない子どもと中途から起居をともにし，新たな家族的関係を形成していくという点では，里親子も同様で

あり，これらを非標準的な非血縁の家族的関係として1つのカテゴリーにまとめることもできるからである。

　血縁関係のない子どもを中途養育する際，その関係づくりにおいて重要な点は，自分はこの子どもにとって何者で，どのような関係性が適切であるかを同定することであろう。里親にしても，また継親，養親にしても，血縁関係のある親子関係を基準としたり，子どもの「親」であるという役割を参照点としやすい。これらの中途養育家族の研究で主な論点とされてきたのは，継母のストレス対処を捉えるにあたり，ディストレスの高低と認知的対処としての役割アイデンティティ，家族境界が重要な位置を占めること（菊地 2010）や，血縁をめぐる意味づけ（野辺 2012a）などであった。以下でもう少しみてみよう。

　継母のストレス対処過程における役割アイデンティティの同定・変容パターンを明らかにしたのは，菊地真理（2005；2008；2010）の一連の研究である。菊地（2005）は，ステップファミリーにおける継母が，結婚当初抱く家族イメージや夫・周囲からの過剰な期待に対してストレスを感じやすいことを示し，これに対し継母は役割アイデンティティを変容させ，「母親」から「お姉ちゃん」などへと脱「母親」アイデンティティの合意形成を行うという対処法を採ることを明らかにした。菊地（2008）は継母役割アイデンティティの変容パターンから，継母は「母親」として愛情をかけるという情緒的部分を引き受けはしないが，それは継子との関係を拒否するものではなく，血縁とは違う努力で替える関係構築そのものが関係の根拠になっているとする（菊地 2008）。そして，関係形成の初期から時間の経過を経る中で，子どもの継親への役割期待や居住形態の変化等の出来事を契機に，「母親」とは明確に差異化されたかたちで定義づけられる，継母役割アイデンティティが築かれることを明らかにした（菊地 2008）。たとえば，親子一対性を前提とせず，実母も継子の重要な存在と認めて家族境界を拡大させ，「一番近くにいる大人」「保護者」「先輩」などへと自らを位置づけているケースがある（菊地 2010）。

　こうした当事者の主観的意味づけに着目し，家族をつくる過程を明らかにする視点は，前節で述べたような，「低迷」・「支援」研究が見落としがちであった里親のリアリティを豊かに捉えることを可能とする。そして，日本の家族研究においては少数派であるステップファミリーや養子縁組家族を事例とし，当

事者たちが家族境界や役割アイデンティティを変容させる仕方（菊地 2010）や，血縁規範へのアイデンティティのマネジメント（野辺 2012a）を明らかにするなどの作業を通して，現代日本の家族変動や血縁規範の様相と変容を解明するという一般性のある問いへの応答が可能になっているのである。

　里親研究に立ち戻ろう。里親研究の重点が制度普及や里親支援におかれてきた背景には，養育に携わる里親やその関係者たちが，目の前の子どもたちのために試行錯誤し奮闘した軌跡があり，それを重く受け止めているためだということは想像に難くない。里親制度の「低迷」と「拡充」，里親養育継続のための「支援」という課題設定の流れが取り残した点について，和泉（2003；2006）が指摘したのは，多様な家族の語りが埋没してしまうという点にあった。和泉のこの指摘は，里親の語りへ着目するという点では本研究と関心を共有する。ただし，「『里親』か『施設』かという問いと，その問いが導く『里親制度の低迷』という命題」（和泉 2003）が見落としてきたものが，はたして個別性を反映した語りだけなのかという点では疑問が残る。「親」意識や「家族をする」過程に焦点化した里親研究によって，たしかに相互行為過程において紡がれる認識の個別性が明らかになるが，研究者があらかじめ里親のリアリティを「親」としてのみ捉える場合，里親制度の位置づく福祉的文脈は視野の外におかれ，当事者たちが親や家族をめざすことが当たり前のようにみなされる可能性がある。[14]

　第1節第4項にて，「児童福祉制度の担い手として里親を捉えるために，里親のリアリティが充分に明らかにはなっていない」点，そして「里親であることの意味づけとかれらをとりまく価値や規範とのかかわりが不明である」点の2点を課題として挙げた。本節第1項で挙げた里親研究は，少なくとも1点目の課題には，里親を家族的文脈に位置づけることで取り組んできたが，里親のおかれた福祉的文脈の影響を充分には視野に取り込んでいない。また2点目については，ステップファミリー研究などでは言及されるものの，里親研究においては依然課題として残されたままである。そこで，里親の重層的な立場性を

---

[14]　たとえば御園生（2001；2008）でも，里親の親意識の中には「親」とは異なる意識をもっているタイプがあると示しつつ，研究者の側で親意識という枠組みの一種におさめている。

把握するための示唆を，子育てや介護などをテーマとするケア論からも得ることができると考え，次節で紹介する。

第3節　ケア・支援の社会学への展望

　近年，ケアの社会学，「臨床」「支援」の社会学など，新しい領域がゆるやかに形成されつつある。家族社会学者の田渕六郎（2006）は，近年の「日本の家族社会学研究に見られる1つの特徴は，『介護』『ケア』に関する研究が1つの潮流と呼びうるに達したこと」と述べる。また福祉社会学研究の第一人者のひとりである藤村正之（2005）は，社会福祉学のマクロ政策系で多くの関心を集める代表的主題が「福祉国家レジーム論」であり，ミクロ臨床系の代表的主題が「ケア論」であると考えられるとする（藤村 2005）。そして，高齢者の介護のみならず障害者の介助，乳幼児の子育て，医療社会学における医療専門職のケアも含めて，「ケアへの関心の背後にあるのが，身体的・精神的支援を受ける側とする側との相互行為のもとにとらえようとする関係論的視点であろう」と述べ，ケアをめぐっては，「関係をどう認知的に距離化・相対化できるかがひとつの論題になっていると理解できる」という（藤村 2005）。家族社会学者の井口高志（2010）は，支援・ケアと家族研究のレビューから，この分野の研究の焦点として，「ケア提供者，受け手，家族外のケア提供者などの個人に注目して，ケアに対する志向や，ケア責任の範囲を明らかにしていくといった発見的研究」と「家族の外部にできる『家族的』な関係や，家族介護者への社会的支援の考察のなかには，介護という領域に限らず，人間の親密性のありようや，ケアと仕事を含めた市民としての権利を問い返していくという志向」を見出している。1990年代から今日に至るまでに前者のような研究が生まれた背景として，介護に関する規範の変容や「社会化」の流れがあるという。これを受けてさらに2000年代以降，後者のように，ケアの「社会化」によって家族外のケアの担い手が，実態及び観念の「家族」へ深くかかわることによる経験や葛藤，家族関係への影響，公的な家族支援なども研究課題となっている（井口 2010）。

　とりわけ子育て研究の領域では，子育て支援者や専門職らの専門性と家族，

仕事と家族の狭間における対処に迫った知見（松木 2009；2012；井上 2013）などがある。子育ての社会化が強調される一方で，なお根強い母親規範や家族による子育て期待がかかるという相反する現実をふまえ，子育て支援者たちの対処実践を明らかにした貴重な知見である。

　これら「ケアの社会学」の研究成果は里親研究にも有益な示唆を与えてくれる。ただし，里親の場合，自らの生活の場にケア対象の子どもを迎え入れ，その家庭のメンバーとして関係を作りつつも公的な制度の枠に規制されるという点で，特徴的である。野辺（2012b）は，「従来のケアと家族との関係を主題化する家族社会学の議論の文脈では，家族を開いてケアする者としての『他者』を受け入れることや，支援を受ける側に焦点を当てており，里親養育のように家族をひらいて，家族の中に『他者』を入れる側がケアする者である際にどのようなことが起こるかについてあまり注目してこなかったのではないだろうか」（野辺 2012b：64）と述べている。

　里親研究は，本章第1節でみたような社会福祉学領域での制度研究，子どもの福祉のための研究であるとともに，前節でみたような家族の多様化論や家族再構成研究の新たな系列としても位置づけられ，いずれの文脈にも収まりきらない側面をもつ。そこで，本節のようなケア・支援の社会学という新しい研究志向に目を向けると，現代の里親養育を捉えるヒントを得られる。井口（2010）のまとめたケア・支援の社会学の研究動向レビュー論文では，とりわけ次のような指摘は示唆的である。1つには，「ケアの『社会化』によって家族外のケアの担い手が，実態および観念の『家族』へ深くかかわることによる経験や葛藤，家族関係への影響」があるという点である。もう1つは，「『家族的』という言葉で表現されるような関係をめぐって生まれる関係や場所が，本来的な意味での親密な関係といったニュアンスが込められた『家族』と形容されつつ，家族とは異なる質の関係性が生まれる場として注目され考察される」という指摘である。これらの示唆は，里親里子の関係性や里親の社会的現実を捉えるための視角としても有効だと考えられる。

　くりかえし指摘してきたように，里親制度は子どもの出身家庭に代わり公的に子どもを育てる「社会的養護」のしくみでありながら，一般家庭での「家庭的な養育」の提供をめざす，二面性をもつ制度である。そこでの擬制的な

「親」の役割は，実親の代替をめざすこともできる一方，福祉専門職に近似した仕事として認識することもできる。それゆえ，里親家族を家族の一形態であると画一的に想定するのではなく，里親の役割認知や「親子関係」に対する意味づけを丹念に探っていくための，解明すべき問いとして開いておく必要がある。前節第1項で紹介したような里親研究においては，たとえ血縁と法律上の絆の欠如，実親の存在などが認識されていても，里親子は愛情や信頼関係により結ばれた家族を構築するという前提が埋め込まれている。そのような意味で，里親の家庭と里子の関係を多様化した家族の一類型と位置づけるのは，家族社会学者の Cheal, D.（1991）のいう「概念の拡張」に近く，久保田裕之（2011）のことばをかりると次のような帰結をもたらす。

　　従来安定的と考えられてきた家族の構造と，社会や個人から家族に期待される諸機能との間のズレは，家族機能論の観点からは，さしあたり家族機能の『家族構造からの分化』として理解することができる。…略…『家族の多様化』論は，家族の構造と機能の間のこうしたズレを，『家族』概念を拡張することで乗り越えようとする戦略であるといえる。いわば，家族機能の一端を担う関係ならば全て『家族』だと開き直るのである（久保田 2011：82）。

里親養育の基本認識として，里子との関係構築を「家族でなかった者を家族にする営み，家族に向かう営み」とのみあらかじめ捉えるのは，いささか視野を狭めるように思われる。たとえば樽川典子（1994）は，里親たちが親子の生活の意味を確認し解釈していく過程に2つの相反する捉え方があるといい，「普通」の親子との同質性を確かめていく捉え方と，逆に養育者として自らの行為の意味を確認していく仕方だとした（樽川 1994）。後者の方は，極限化すると施設職員やボランティアとの区別がなくなるため，独自の意味は養育家庭の意義を踏み越えない範囲で確かめられるという（樽川 1994）。和泉（2003）も，もちろん「親」役割からの距離化というかたちで事例を分析している箇所がある。ほかの非血縁家族研究における，同居親・継親・継子の互いに対する意味づけとその一貫性（Fine ほか 1998），継母による家族の範囲についての認識とその要因（Church 1999），里親・里子の互いに対する意味づけ（御園生 2007）

などが個人により多様であること，とくに子どもの立場からの継親や里親への認識にバリエーションがあることが確認される。ここで求められるのは，里親たちが，なぜ，そしてどのように，「家族」「親」にまつわる言説資源を用いて自身の役割を意味づけるのかを明らかにすることではないだろうか。

すなわち，本研究が取り組むべきは，里親を家族的文脈と福祉的文脈双方に位置するものとみなしたうえで，里親のリアリティを明らかにすること，そしてその際に里親の役割認知とかれらをとりまく価値や規範とのかかわりに目配りして考察を行うことである。そうした作業は，里親制度に対する示唆だけでなく，現代家族の子育てをめぐる規範の考察や，ケアに関する公私関係の再考にもつながると考えられる。

第4節　理論的視座

（1）里親の現実構成へのアプローチ

本節では，どのような理論的立場からかれらにアプローチするのか，本書の採る認識枠組みを示してゆくことにする。本研究は，里親個人と，それを取り巻く里親養育関係者や養育を規定する里親制度という社会との相互作用と，個人が解釈資源としての家族を用いて社会的現実を構築する点に着眼している点で，社会的相互作用論，および構築主義的な視点に基本的に依拠している。なぜならば，里親たちは子どもや里親家庭の成員たち，さらに児童相談所職員や施設職員など，公私の様々な関係者との相互作用，ならびに社会との相互作用の中で，里親であることを意味づけていると考えられるからである。

社会学の諸研究には，人びとの主観的意味世界や相互作用過程を明らかにすることで，人びとの作りあげる日常世界と社会秩序の様相に迫る研究が，かねてより蓄積されてきた。たとえば，社会学者 Blumer, H. の唱えたシンボリック相互作用論もその主要な研究の1つである。かれのシンボリック相互作用論は，本研究にとって，個人と社会との弁証法的な見方のための導きの糸となりうる。すなわち，「①人間は，ものごとが自分に対してもつ意味にのっとって，そのものごとに対して行為する。②そうしたものごとの意味は，個人がその仲間と一緒に参加する社会的相互作用から導きだされ，発生する。③そうした意

味は，個人が，自分の出会ったものごとに対処するなかで，その個人が用いる解釈過程によって扱われたり，修正されたりする」(Blumer 1969＝1991：2) という見方を基本とすることによって，人びとの行う行為の意味解釈，自己にとっての意味づけといった解釈そのものが研究対象として同定される。同時に，そうした意味解釈を可能とする言説の布置状況が明らかになるとともに，人びとの利用する言説資源，規範的期待の使用方法から，社会に規定されるばかりではなく，新たな秩序が生み出されていく過程を描くことができるのである。

　こうした個人にとっての意味解釈を重視する試みは，家族社会学分野でも様々に行われてきた。では，家族なるものの意味づけに注目することの意味を考えてみよう。行為者の視点から構築主義的家族研究を行った古典的な研究として，Gubrium, J. F. & Holstein, J. A. (1990＝1997) の『家族とは何か』を挙げることができる。「家族がどのようにして，相互作用を通じてその有意味な現実を持つようになるか」(ibid.：ⅱ) を示すことをねらいとし，家族的なもの (the familial) に意味づけされることで家族と呼ぶものが成立していることを明らかにしている。同書はその後の日本の家族研究にも大きな影響を及ぼした。

　日本において，家族をある自明の集団としてではなく，行為者としての個人の認識によるものとして捉える，いわゆる主観的家族論は，1990年頃からその実証研究が誕生しはじめた。とくに，社会学者の上野千鶴子 (1991) の指摘した「ファミリィ・アイデンティティ」概念は，家族をあらかじめ分析概念となる集団として同定することを留保させたし，ほかにも山田昌弘 (1986) の提案した「主観的家族像」アイデアなどが中心となって議論が展開された。また，春日キスヨ (1989) は，Schutz, A. の現象学的社会学などの理論に依拠しつつ，父子家庭の父親の会話分析からその意味世界の解釈を行い，両親家庭を自明とする家族の相対化などを行っている。当時のキーワードとして，「多様化」「個人化」といったタームがともに用いられたが，家族の「多様性」をめぐる背景について木戸功 (2010) は以下のようにまとめている。

---

(15)　田渕六郎 (1996) に詳しい。田渕 (1996：33) によれば，「自己と重要な他者とを意味ある関係に整序していくための一つの重要な手段が家族という言説の呈示」であると示されている。

家族の標準理論とその前提とされてきたモデルである近代家族の批判的相対化をひとつの契機とするとともに，現実の家族に観察される「多様性」の増大がときに近代家族以降の家族のあり方への変化の兆しとして理解されてきたことから…略…現代の社会変動の一側面としての家族の「多様化」という問題が，「個人化」などとともに積極的に主題化されてきたように思われる（木戸 2010：18）。

　その後，アメリカなどの構築主義的な家族研究の影響を受け，人びとが家族を認識する過程を明らかにする諸研究がさかんになってゆく。たとえば土屋葉（2002）は，近代家族論の切り口によって捉えきれなかった障害者家族の内実に近づき，近代家族論が指摘した抑圧性や規範性を，行為者の視点から実証した。このように，家族社会学において行為者の主観的意味世界を相互作用のもとに築かれるものとして捉える研究視点は，対象は様々ながら，1つの潮流にのったものである。すなわち，人びとの「家族」の営みを行為者の視点に差し戻して解釈し，その意味づけや実践を記述することを通して，その意味解釈を行為者を取り巻く社会のコンテクストのもとに考察することを試みるとともに，現代社会の問題や家族変動の様相を見定めようとする営みとなるということである。
　さて，ひるがえって里親研究にとって，行為者の視点にたち，その家族にまつわる語の用法に着目しつつ，意味解釈が行われる過程に焦点をあてる意味はどこにあるだろうか。本研究においては，里親が家族的文脈と福祉的文脈が重層的に交わる場におかれることで，福祉的な規範的期待が福祉的文脈で作動するのはもちろんのこと，家族的な規範的期待が家族的文脈のみならず福祉的文脈でも動員される可能性に留意し，その使われ方を考察することが可能になると考える。

　　家族の言説は，単なることばのセットではない。そこには，家庭生活についての様々な観念が含まれている。たとえば，「家族である」ということは，「家族」という語を使ってある社会関係のセットを記述することであるだけでなく，話題にされている関係が計算ずくのものではなく，信じ合い尽くし

合うものであるといった観念を伝えてもいる…略…これと同じ理由で，信じ合い，尽くし合うことがなくなった関係については，もはやそれを家族に関する用語で言及すべきではないのではないかという問いがでてくる。…略…こうした観念は，家と家庭を結びつけ，世帯の社会的きずなに一定の意味を付与する。これらのことばや観念は，人びとや人びとの間のきずなに適用されることによって，そうしなければ個人間のつながりの無意味な組み合わせにすぎないものに，家庭としての形と内容を与える (Gubrium & Holstein 1990＝1997：30-1)。

つまり，里親家庭とは，家族生活が営まれる具体的な場所というよりも，子どもを適切に養育する機能を備えた家庭らしさが付与された場所と考えることができるのである。

（2）役割，規範

さらにもう少し援用する概念について説明をしておく。

本研究では，福祉的文脈と家族的文脈の交錯したところに位置づく立場の重層性を背景に，里親がいかにして自身の役割を捉え行為しようとするのかに迫るために，役割概念を援用している。役割概念は，社会学における重要な概念ではありながら，それぞれがベースとする立場の相違などによって異なる説明がなされてきた。以下では役割概念の系譜を概観し，本研究では相互作用の中で形作られる可変的なものとして役割概念を援用することを確認する。

役割概念は，大別して構造機能主義的な系譜をひくものと，相互作用論的な系譜をひくものとがある。前者の旗手である Parsons, T. は Linton の役割概念を引きつぎ，役割を地位を構成する権利と義務を具体的に遂行するものとして，地位を機能化したものと考えた。役割はあくまで地位の従属変数であり，地位の動的側面を示すものだったのである。こうした考え方は，「構造機能主義の主張する『役割』は，社会が個人に対して課題として要求し，外在的な拘束力をもつ『構造的欲求』の側面を指示している」（岩田 1988：13）といえる。

一方，構造機能主義への批判から，人びとの関係はシンボルを媒介とする，

すなわち「ホモ・ソシオロジクス」から「ホモ・シンボリクス」へと発想の転換から展開されてきたのが解釈的パラダイムであり，すなわち行為者である個人によって社会的相互作用の中で状況に応じて解釈されるという見方をするものである。このパラダイムに位置づけられる Mead, G. H. は，意味のある他者の期待を取り入れることによって自己が形成されるとして，客我（me）と主我（I）の対話の中で生まれる役割取得概念を最初に提唱する。のちに，Mead の役割取得概念を発展させた Turner, R. H. は，役割形成概念を提唱した。また Goffman, E.（1961＝1985：95）は，役割を「特定の位置における諸個人の典型的な反応」と規定し，「典型的役割と，所与の位置におかれた具体的な個人の実際上の役割パフォーマンスとは区別しなければならない」と述べている。本研究もまた，相互作用の過程に生起し，行為者の解釈にもとづく状況ごとに可変的な性質のものとして役割を位置づけている。

　また，里親たちが捉え行う役割行為に影響を及ぼしたり，動員される資源として，規範概念についても若干の説明をしておく。坂本佳鶴恵（2005：20-2）は，差別の多様性を分析する目的のもとで，規範を3種類に区別している。1つは，自明視された日常的実践にかかわるもので，〈状況規範〉と呼ばれている。これに対し，社会的にその存在が意識されており，特定の身体カテゴリーが特定の状況下で行う行為を指示する規範を〈制度の規範〉と呼んだ。制度の規範は，それらを根拠づけ判定する〈根拠の規範〉をもつ。たとえば，平等イデオロギーは近代の法を根拠づける作用をもつようなことである。根拠の規範は，制度の規範や状況の規範を前提にしなければ，規範の内容を実現することは不可能であるという（坂本 2005）。

　坂本（2005：132-4）は，規範が行為を指示するというモデルではなく，状況定義という概念を用いる必要性を論じたが，規範というものはその場その場の相互行為によって維持されていると捉えれば，規範→状況定義→行為（規範の適用）モデルではなく，状況定義（規範）↔行為というモデルができる。つまり，「すべての人があらかじめ同じ規範を共有しているという前提を捨て，同じ規範を共有していないかもしれない人びとが，どのようにその場で解釈や規範の共有を実現していくかを問題にする。行為者は，個々の行為を通じて，いま・ここ，の状況の解釈，すなわち状況定義を提示していく。しかし他方で，それらの行為には，

異なる時間と空間にある他の状況の想起や想定，その状況が埋め込まれている社会的・制度的な文脈が含まれている」と考えることができるのである。

　本研究では，規範概念を用いる際にはその多元的な規範の構造に目配りしつつ，それぞれの里親が里親養育にまつわる諸規範や様々な期待，また里親になった動機などを動員し，主体的に里親である自己を形成してゆくという立場をとる。ただし，その過程は個人による自由な解釈過程であるとみなすのではなく，片桐雅隆（2000）の示すような試行性を伴う，ミクロ・マクロ接合の可能性をはらむものとして捉えたい。[16]

　以上本項では，本研究の理論的な視座として，人びとの相互作用を通して意味を付与され構築される現象として里親養育を捉え，里親たちがその役割を日常生活世界でどのように解釈し用いるかに着目することで，本研究の目的である里親であることの意味づけ，葛藤と対処を明らかにできるとともに，里親を素材として現代家族の子育てをめぐる規範の布置連関やケアに関する公私の関係性の再考の議論についてもなんらかの寄与ができるものと考える。

第5節　本書の立場

　本章では，第1節・第2節で里親にかかわる先行研究を検討したところ，以下のような課題にたどり着いた。①多くの社会福祉学的関心にもとづく研究は，里親を子どもの福祉のための資源と捉え，里親のリアリティについて支援の文[17]

---

[16] ただ，シンボリック相互作用論をめぐっては，これがミクロ社会学であり，マクロな社会現象を説明できないといった批判もなされてきた。しかし片桐（2000）は，シンボリック相互作用論における役割理論，とりわけ役割形成を再考し，シンボリック相互作用論がミクロ・マクロ接合への視点をもつことを示している。片桐（2000）によれば，「役割形成とは，役割についての『自由な』創造や変革をかならずしも意味するのではなく，役割行為の試行性を意味するものであった。役割は従来の役割理論が前提としていたように，『社会システム』に貼りついた構造的要素ではなく，社会構造はむしろ役割を人々が用いることによって相互行為の中で達成されていくもの」（片桐 2000：19）という。特定の相互行為場面において自己をどのようなものと定義するか，また他者に対してどのような自己像を求めるかは，その場面での妥当性や，可能性の判断と離れてはありえないのだという。

[17] なお，対象について留意する点として，日本における既存の里親研究は，実質↗

脈以上には捉えてこなかったこと，一方家族研究として里親を取り上げた研究の多くは，里親の福祉的な立場に対する関心が抜けがちであること，②あるべき家族像をアプリオリに埋め込んでいることに自覚的でないため，里親に期待される「家族」や「親」をめぐる諸概念と，当事者たちの里親であることの解釈が同一視されがちであること，を述べてきた。豊富な先行研究の多くを一括りにするのはためらわれるが，これらの課題に対して本書は，第3節でケア・支援の社会学から得た示唆をもとに，第4節で述べた理論的視座にもとづいて，以下のように対応してゆく。

　まず，「家族的文脈」「福祉的文脈」の交錯する独特の規範構造のもとにおかれるという点に着目し，そこで里親が日常とり行っている，里親である自己を意味づける解釈実践に着目する。里親たちの語りを素材として，かれらが福祉的なあるいは家族的な規範的期待をいかに使い分け，またこれらに拘束されつつ，どのように里親という役割の調整を行っているのかを，2つの文脈が埋め込まれる規範構造とのかかわりから分析することを目的とする。このような目的を明らかにするため，「家族的文脈」「福祉的文脈」の交錯とこれを捉えるための「時間的限定性」「関係的限定性」という枠組みを用いることにした。これらの定義は序章第2節で定義した通りである。

　また，方法としてインタビューによる質的調査を採用する。質問紙等を用いた量的調査は，各々が行う解釈実践を明らかにするには不向きであるからだ。調査方法の詳細は第3章にて述べる。終章では，第4章から第7章のインタビューデータ分析による知見をまとめてリサーチクエスチョンに応えていく。また，インタビューデータの分析結果と第1章第2節で検討した「里親制度に埋めこまれる里親『家族』像」を合わせて考察することにより，里親たちのミクロな経験の意味づけをマクロな規範との往還のもとで再定位することができる。

↘的には多くの場合里母が担っているにもかかわらず，里親を一枚岩に捉えてきたことに触れておく。主たる養育者であることの多い里母に比べ，里父は子どもの情報量や接触量は少ないながら，仕事と様々な問題を抱える子どもの養育とを両立させねばならない。かれらにとって「里親であること」の意味付与は，里母のそれと同様なのだろうか。日本の里親養育の分野に限れば，依然としてジェンダーや近代家族論の視角を経たともいいがたい。この点は，各章の中で留意して分析を進めることにしたい。

こうした作業を通じて，里親研究並びに里親制度に対して，里親の経験を新たな視点から明らかにすることで，その今後のありようを見定めるための材料を提供したい。また，子育てをめぐる家族と福祉の関係性に対して，里親という対象を分析することで得た示唆を提供することもできると考える。

第3章

里親たちの語り
――調査・分析の方法――

　第4章から第7章でインタビュー調査による語りの分析結果を述べていくにあたり，本章では，具体的な調査の方法と対象，分析の手続きを整理して示しておく。第1節では，調査の流れを記述する。第2節では，調査協力者らの全体像を把握するため，その特徴をまとめる。最後に第3節にて，得られたデータの分析手続きを記す。

第1節　インタビュー調査概要

（1）調査協力者である里親たちとの出会い

　調査協力者への接触は，複数の経路でのスノーボールサンプリングにて行った。ただし，調査を継続する中で，筆者も里親関係のNPO団体の活動を手伝うようになり，そうした活動の過程で調査に協力をお願いする場合もあった。このことから，筆者が里親関連のフィールドとどのようにかかわり，調査協力者の選定に至ったかについても述べることとする。

　まず2008年，修士論文執筆にあたり，里親子支援を行うNPOの事務局を訪ねた。当時，全国に里親関連の当事者団体はまだそれほどなかった。当該NPOに調査主旨を説明し，事務局から2名の知り合いの紹介を受けた。また同じ頃，首都圏で開催されていた一般公開の里親体験発表会で知り合った方1名と，首都圏で開催されていた里親に関する勉強会を通じて知り合った里親家庭の実子に両親を紹介してもらった。2008年はこの4家庭5名と，そこから紹介を受けたベテラン里親2名（夫婦）への調査を行い，インタビューデータを得た。うちベテラン里親夫婦の夫は，その後の調査協力者を含めても里親年数が非常に長い家庭の1つで，際だって受託人数が多く延べ100人を超えていた。社会への発信も積極的に行う方で，里親養育の生き字引のような方であった。

2回ほど個別に話をうかがい，ほかの里親関連の集まりの場でも会う機会に話をすることがあった。こうした点でほかの協力者との相違が非常に大きかったため，そのインタビューデータは問題関心や問いの精緻化，里親養育に関する背景情報を知るために用い，本研究の分析データとしては用いなかった。

　2009年の12月，里親の紹介を得た里親子支援のNPOが開催する，社会的養護を考える大会イベント(1)の実行委員のひとりとして筆者も手伝いに参加した。この大会では，海外で社会的養護のもとで育った経験をもつ若者で，子どものアドボカシー運動を推進してきた人びとをゲストに招いた講演や，里子や施設出身者，里親家庭の実子，里親が率直に話しあう円卓会議が企画された。これをきっかけに上述のNPO活動と再び接点をもち，2010年春からは，筆者もNPO活動の手伝いに加わり，おおよそ週1回定期的に事務所の作業をさせてもらうようになった。事務所では，すでに里子を育てあげた元里親や現役の里親たちが里親理事として定期的に集っていた。そのため，事務所の作業のかたわら，里親理事との様々な交流があった。2009年以降，その活動を通じて知り合った知人や，2008年同様に里親体験発表会で発表していた里親への個人的な依頼，さらにそこからの紹介を得て，2012年までに14家庭15人（一家庭は夫婦）に断続的に調査を行ってきた。

　2013年，本研究の構想が固まってきて執筆するにあたって，すでに入手していたデータには十分に聞き取れていない項目があった。それまでの調査協力者による紹介や里親関係の勉強会で知り合った里親に紹介を受けて，5家庭6人（一家庭は夫婦）に，新たに追加インタビューを行った。

　なお，2010年と2013年には，3家庭に再インタビューを行っている。たとえば2008年時に高校生であった子どもが措置委託解除となり自立し始めたため，第7章の対象ケースとして経過を聞きにいくといったように，本研究の分析課題に合わせた結果である。その結果，延べ23家庭26人（3家庭は夫婦でインタビュー時間中一貫して同席）の協力を得ることができた。上記の調査協力延べ人数に数えているのは，始めから一貫して夫婦同席してインタビューに応じてく

---

(1) こどもがのぞむ社会的養護を考える大会（http://www3.hp-ez.com/hp/kodomo-nozomu-yougo/page9　2016年7月31日アクセス）。「のぞむ」には臨むと望むの意味がある。

れたDさん，Mさん，Vさんの事例である。分析章での引用方法は本節第4項で述べる。

インタビューは，里親であることの意味づけ，子どもへの対処に着目した半構造化インタビューであり，主な調査項目を準備して臨んでいる。ただ，インタビュー場面では項目を順番に問うようなことはせず，なるべく自由に語ってもらうかたちをとった。語りの中で気になった点は，調査者がたずね返したり，さらに語りを促すこともあった。

インタビューの場所は，里親宅の近くの喫茶店，ファミリーレストラン又は里親宅であり，調査協力者の意向に合わせるようにした。所要時間は1時間半からもっとも長い方で半日程であった。調査時には対象者の承諾を得て，録音と随時メモをとった。

（2）インタビュー調査の方法

第2章第4節では，本研究は基本的に社会構築主義の視点に依拠していると述べたが，インタビュー調査とこれから得たデータの認識，分析上の扱いについては，もう少し説明が必要かと思われる。

言語論的転回を経て，エスノグラフィーの分野から立ち上がった「表象の危機」は，様々な領域で議論されるようになって久しい。研究者が調査協力者の生きられた経験をそのまま捉えうるとみなすのは，あまりに素朴すぎると考えられるようになっている。インタビューにおいて，調査者が調査協力者の「回答の容器」（Holstein & Gubrium 1995＝2004：29-30）に真空に保持されている事実を正しく引き出せるとはいいがたい。Flick, U. は，「テクストと現実との関係は，既存の事実とそのコピーとしての表象との関係には還元できない」とし，Clifford & Marcus（1986＝1996）を例にひきつつ「表象と正当性の2重の危機」を紹介し，「主観的あるいは社会的に共有された視点の外部に現実が存在すると想定することがどこまで可能なのか？ テクストの中の現実の『コピー』としての表象をどこまで『もとの』現実と照合できるのか？」といった議論の争点を示している（Flick 2007＝2011：91）。

---

(2) Flick は，こうした調査者と調査協力者との意味付与を不可避に含みこむ側面に対して，研究の出発点というものを「われわれがフィールドで出会う社会的出来↗

日本でも，語りの生み出されるプロセスを分析対象とした社会学者の桜井厚（2002）は，語りを構築する相互行為に関心を払い，語りの内容と語り手―聴き手のコミュニケーション過程を分けたうえで，前者を理解するために後者を無視できないとして「対話的構築主義アプローチ」という立場をとる。さらに，桜井（2002）などの視点をもとに社会構築主義的な観点をもって表象の危機への対応を試みた西倉実季（2009）は，「多様な意味が生成する過程」として調査者のもつ「構え」に対する調査協力者の応答や，その後のリアリティ定義の共有過程を分析している。

　上述の議論にあるように，たしかに調査者は無色透明な存在ではなく，特権的な存在でもない。インタビューの中で物語の意味をともに構築してゆく側面はあるだろうし，本研究でも調査者の立場や調査者―調査協力者の関係性が語りに及ぼした影響は考えられる。本研究では，調査者と調査協力者との相互作用によって語りが産出されるという桜井厚（2002）らの見方を参考にしつつも，実証部分の分析では，調査―被調査の磁場が分析に直接関連のある箇所に留意して考察を行うにとどめたい。本研究のインタビュー調査は，半構造化インタビューによる緩やかな枠組みに沿って行われ，桜井（2002）などのライフストーリー研究よりも，インタビューの場での相互行為による語りへの影響は限定されると考えられるためである。[3]

　　事，事物，事実に関する観念であり，これらの観念の相互の関わり合い方（競合しあい，矛盾しあい，認められ，共有され，現実とみなされる仕方）だ」と述べている（Flick 2007=2011：92）。
(3)　また調査依頼に際し，里親たちの経験を聞かせてほしいという旨を伝え，学生としての立場や里親支援にかかわる状況をある程度承知してもらったうえで，インタビューの許諾を得ている。時折，調査協力者の中には，筆者を「学生」「未婚女性」「（里親養育の）非当事者」といったカテゴリーでまなざして語っていることが明示的な場面や，筆者の問いかけなおしに改めて経験を振り返り再考しているような場面もあった。語りの内容がそうした筆者の立場やかかわり方に影響を受けた可能性もある。ただし，そうした影響は，語りの内容を偏重させもするが，たとえば「（里親養育の）非当事者」「利害関係のない人」であるため里親仲間等にいいにくいことをいえたと語ってくれた人もいた。こうした語りへの筆者と調査協力者との相互作用の影響については，分析に関与する限りで配慮していくことにする。

第3章　里親たちの語り

（3）主な質問項目

　本調査は半構造化インタビューによるもので，主な質問項目については幾つか事前の用意がある。ここでは質問項目及び質問項目と次章以降の分析との対応などを説明する。

　本研究は，里親がいかにしてそのリアリティを意味づけているのかを明らかにするにあたり，「家族的文脈」「福祉的文脈」という概念を設定したわけであるが，調査の段階ではこれらの概念を前提とせず探索的にうかがっている。

　まず，多くの調査協力者とは初対面での調査となるため，①基本属性，②里親になった経緯，からうかがった場合が多かった。里親制度を知ったきっかけや養育里親を選んだ理由などは，各分析章においては語りの背景を考察する際に有用な変数の1つである。子どもをあずかってからは，③受託当初の子どもの様子と簡単な生育歴，④里子特有の事柄（真実告知や問題行動等）への考え方と対応，⑤里親子関係の構築のためのはたらきかけと工夫，⑥子どもの変化，成長，について，複数の子どもをあずかる場合にはそれぞれの子どもについてうかがった。このような子どもとの直接的なかかわりの中で，里親はどのようなときに子どもに対する認識を変化させたり，子どもにとってどのような存在であろうとしているのかといった，⑦里子への認識，里親意識，を丁寧に聞き取る努力をした。④⑤⑥⑦は，序章第3節第1項で説明したいずれのリサーチクエスチョン，また章においても，通底する基礎的なデータとして扱っている。

　リサーチクエスチョン2，リサーチクエスチョン3については，⑧子どもの実親とのかかわり，⑨児童相談所ワーカーなど関係者とのかかわり，⑩措置委託解除後の元里子とのかかわり，の質問項目から得られたデータを中心に展開している。⑧は，実親との交流の有無及びその程度によって，悩みなどがどう異なるのか，実親への意味づけはどのようなときにどう変化するのかなど，実親の存在を意識したときの里親役割の調整を明らかにするために設定した。⑨は，児童相談所，施設職員との連絡頻度，担当児童福祉司らに対する認識，養育費の解釈などを聞き取っている。なお，⑩措置委託解除後の元里子とのかかわりについては，すでに措置委託解除済の子どもをもつ里親の場合にたずねている。

（4）調査協力者の属性と語りの引用

なお，語りの引用のしかたについては以下の通りである。対象者の名前を分析部分で引用するにあたり，アルファベットを用いて仮名を付した（**表3-1**）。

里子については，里親に付したのと同じアルファベットの小文字表記を用いる。ただし，Cさんなどのように，複数の里子を受託している場合には，受託時期の早い順に c1，c2…のように番号を付した。多くの場合，受託時期の早い順に年齢が高いが，Dさん宅はファミリーホームでもあり，受託の順番と子どもの年齢はかならずしもリンクしない。表を見やすくするため，Dさんの場合は子どもの年齢順に番号を付している。

夫婦同席の事例では，Dさんを例にとれば，夫をDfさん，妻をDmさんのように表記する。Dさんのように2回インタビューを行ったケースでは，「Dさん（2008）」といったように，（ ）で調査年次を記す。また，自宅でのインタビューの場合，家事や子どもの相手の合間に，調査協力者の妻や夫が相席し会話することがあった。これに該当するのは，Cさんの夫，Jさんの妻，Wさんの夫である。このように一部相席した当該里親の発言を引用する際はその語りのみ，Cfさん，Jmさん，Wfさんと記す。

また，読み進める際に混乱を避けるために，便宜上18歳未満の女子児童については～ちゃん，男子児童については～くん，18歳以上の元里子は男女問わず～さん，と表記することとした。なお，インタビュー内容を中略した部分は「…略…」とし，筆者が補った言葉は（ ）と表記した。

第2節　調査協力者の特徴

（1）里親の種類：養育里親への着目

里親は種別によって，あるいは同種別内でも比較的短期委託か長期委託かといった点によって，里親の自己規定は多様な様相をみせると考えられる。しかし，この点は先行研究で充分には配慮されてこなかった。本研究のインタビュー調査協力者は，養子縁組を前提としない養育里親が中心で，かつ一定期間同一児童を養育している里親である。この点は，2008年から共通した調査協力者の条件である。

第3章 里親たちの語り

表3-1 対象者属性一覧

	調査時期	これまで預かった里子数（現在受託中、委託解除済、短期等も含む）	年齢	性別	職業	配偶者の職業	実子の有無	分析対象児童				備考
								仮称	性別	調査時の年齢	里親委託時期	実親との交流	
A	2008年、2013年	1人	60代半ば	女性	自営業手伝い	自営業	あり/成人/別居	a	女児	20代前半	乳幼児〜満期解除	なし	
B	2008年	1人	40代前半	女性	専業主婦	会社員	あり/成人/同居	b	女児	乳幼児	乳幼児〜	なし	実兄と交流あり
C	2008年、2010年	17人	50代	女性	自営業	自営業	あり/成人/1人同居	c1	女児	高校生の約1年	—	—	2008年時には措置解除済
								c2	男児	小学校低学年	乳幼児〜小学校低学年	実父とあり	2008年受託中、2010年時家庭復帰による措置解除済
								c3	女児	中学生	小学校高学年〜	実父とあり	
								c4	女児	小学校高学年	小学校中学年〜	実父とあり	c3、c4ちゃんはきょうだい
								c5	女児	小学校低学年	小学校低学年〜	実母とあり	
			60代半ば	女性	専業主婦			d1	女児	20代前半	小学校中学年〜満期解除	なし	2008年受託中、2010年満期解除済
								d2	男児	高校生	小学校低学年〜	なし	

89

ID	年	人数	年代	性別	職業	配偶者職業	実子	子ID	性別	年齢	養育開始時期	実母との交流	備考
D	2008年,2010年	9人	60代半ば	男性	宗教家	—	あり/成人1人同居	d3	女児	高校生	乳幼児〜	なし	
								d4	男児	中学生	小学校中学年〜	実母とあり	
								d5	女児	中学生	小学校低学年〜	実母とあり	
								d6	女児	小学校高学年	乳幼児〜	なし	
E	2009年	2人	30代	女性	専業主婦	会社員	なし	e1	男児	小学校低学年	乳幼児〜	なし	
								e2	女児	乳幼児	乳幼児〜		
F	2013年	1人	40代後半	女性	自由業	会社員	なし	f	女児	乳幼児	乳幼児〜	なし	
G	2013年	1人	40代半ば	女性	専業主婦	会社員	なし	g	男児	小学校中学年	乳幼児〜	なし	
H	2013年	1人	40代前半	女性	専業主婦	会社員	あり/未成年/同居	h	女児	乳幼児	乳幼児〜	なし	
I	2012年	2人	30代半ば	男性	会社員(調査時は出向により公務員)	専業主婦	なし	i1	女児	乳幼児	乳幼児〜	なし	
								i2	男児	乳幼児	乳幼児〜	なし	
J	2012年	1人	40代前半	男性	会社員	専業主婦	あり/未成年/同居	j	男児	小学校低学年	乳幼児〜	実母から1度接触あり	
K	2012年	1人	50代前半	男性	自由業	専業主婦	なし	k	女児	乳幼児	乳幼児〜	なし	
L	2012年	3人	50代半ば	男性	公務員	専業主婦	あり/成人/別居	l	男児	高校生	高校生〜	実母と定期的な交流あり	里親登録国際に転勤。単身

第3章　里親たちの語り

ID	登録年	里子の人数	里母年齢	里母性別	里母職業	里父職業	実子	里子ID	里子性別	里子年齢	委託期間	実親との交流	同居/別居
M	2012年	1人	50代半ば	女性	専業主婦	―	あり/成人1人同居	m	女児	中学生	小学校中学年～	なし	赴任ののち、2012年春から同居、正式に里親登録。
N	2012年	2人	60代半ば	男性	社会福祉事業従事者	公務員	あり/成人別居	n1	女児	大学生	乳幼児～満期解除	委託終了後あり	同居
								n2	女児	小学校低学年	小学校低学年～	なし	
O	2010年	3人	50代半ば	女性	専業主婦	会社員	あり/成人別居	o1	男児	20代後半	乳幼児～満期解除	なし	同居
								o2	女性	20代半ば	乳幼児～満期解除	なし	同居
P	2010年	1人	50代	女性	団体職員		なし	p	男性	20代半ば	乳幼児～満期解除	委託終了後あり	別居
Q	2010年	4人	60代前半	女性	専業主婦	―	なし	q1	男児	20代後半	乳幼児～養子縁組解除（3歳）	なし	別居、既婚
								q2	女性	20代半ば	乳幼児～満期解除	なし	別居
R	2011年	2人	70代前半	女性	元組合職員	元会社員	あり/成人同居	r1	男性	40代前半	小学校中学年の2年間	r1さんの実親とあり	別居
								r2	女性	20代半ば	乳幼児～養子縁組解除（15歳）	r2さんの実親、親族とあり	別居、既婚
S	2011年	1人	70代前半	女性	専業主婦	会社員	あり/成人別居	s	男性	30代前半	小学校低学年～満期解除	なし	別居
T	2011年	2人	60代半ば	女性	専業主婦	自営業	なし	t1	女性	30代半ば	乳幼児～満期解除	なし	別居

	年	人数	年齢	性別	職業		あり成人/別居	t2	性別	年齢	乳幼児〜満期解除	委託	別居
U	2011年	2人	70代前半	女性	専業主婦	会社員	あり/成人別居	u	男性	30代半ば	小学校6年間	なし	別居
V	2013年	15人	60代	男性	元教員	—	なし	v1	女性	20代	乳幼児〜満期解除	なし	別居
			60代	女性	元教員			v2	男児	小学校低学年	小学校低学年〜	なし	
W	2013年	4人	70代	女性	専業主婦	元会社員	なし	w1	男性	40代後半	乳幼児〜	なし	別居
								w2	女性	40代前半	乳幼児〜	なし	別居
								w3	男性	30代前半	乳幼児〜	委託終了後あり	別居
								w4	男性	30代前半	乳幼児〜	委託終了後あり	別居

(注）対象者、並びに分析対象児童の年齢はそれぞれの調査時の年齢である。また職業の分類は、児童養護施設入所児童等調査の「里親の仕事の種類」を参考にしつつ、雇用労働者でない者の種類が同調査にはなかったため、自営業、自由業などとしている。
また、Cさん家庭、Dさん家庭は2010年、Aさんは2013年のプロフィールである。Dさん夫妻は、小規模型児童養育事業（ファミリーホーム）である。

本研究での長期とは，具体的な里親委託期間の目処がたたないまま，1年以上委託を続けることを目安としている。これは，里親子関係構築や里親であることの解釈は，日常的に時間をかけ，一人ひとりの子どもと向き合う中でより深められていくことが多いと考えたためである。さらに，かつて短期里親という種別があった際などは，おおよそ1年くらいまでを短期としていたからでもある。

そして，本研究で養育里親に対象を絞ったのは，養子縁組を前提とせずに子どもを育てる養育里親は，そうでない里親よりも，里親子の関係のあり方に裁量があると考えたからである。養育里親の場合，親であるのか，児童福祉の担い手であるのか，といった家族的文脈と福祉的文脈とのせめぎあいが，養子縁組を前提とする里親などよりも大きいと考えたためである。

ちなみに，第1回調査当時（2008年），里親の種類は「養育里親，親族里親，短期里親，専門里親」の4種類であった。2009年改正児童福祉法の施行により，養育里親は養子縁組を前提とするか否かを区別することとなり，改めて協力者たちは基本的に養子縁組を前提としない養育里親であることを確認済みである。なお，東京都では独自に両者をわけ，養子縁組を前提としない「養育家庭制度」を1973年から実施している。また，従来ファミリーホームと呼ばれ各地で制度化されていたものが，小規模住居型児童養育事業として新たに国の制度となり，調査対協力者のうちではDさん夫妻がこれに該当する。しかし，あずかる子どもたちは養子縁組を目的とした委託ではないことを確認している。

（2）属性の整理：年齢，実子の有無等

表3-1には，調査協力者及び受託児童の基本属性などの一覧を示した。協力者の年齢は30～70代である。里親のうち女性18名，男性8名で，分析の対象となった児童は43名である。図3-1は協力者の年齢と性別の分布図，表3-2は実子の有無の表である。50代，60代が中心で，実子の有無はちょうど半分でわかれた。

また，調査協力者たちの居住地は首都圏で，東京都，神奈川県，埼玉県，千葉県である。全国的にみて里親制度の運用が進んでいる地域環境にあり，かつ対象者は，里親であることを子ども自身にも周囲にも公にし，自らも肯定的に

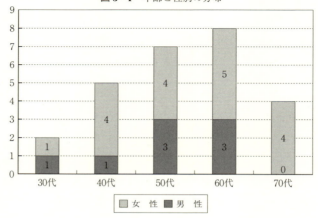

図3-1 年齢と性別の分布

表3-2 実子の有無

実子あり	実子と里子ほぼ同時期に養育	5
	実子養育一段落後に里子養育	8
実子なし	実子なし	13

受け止めている点でも里親一般を代表するものではない点は充分に留意したい。

第3節　分析手続き

（1）分析の具体的手法

　まず，録音したデータを文字に起こす作業を行った。業者等への依頼はしなかった。また，聞き取りのデータのほか，インタビュー場所でつけたメモ，インタビュー終了後調査地を離れてからつけた調査時の様子のメモ，及び協力者との電話のやりとりなどを，調査協力者に関するデータとして扱った。

　次に，文字化したデータに細目ごとの見出しをつけていった。そうした小見出しは，見出し間の連関や相違からさらなる上位カテゴリーを作成していった。その際，インタビューの相互行為の中で気づいたメモや協力者のことばをもとにした帰納的なものと，調査に出向く前に先行研究から検討した演繹的なもの

と両方から，カテゴリーの作成を行った。章ごとに，その目的に応えるよう，何度も語りに目を通し新しいカテゴリーを作りかえながら，分析のストーリーを作っていった。

　佐藤郁也（2008）は，分厚い記述をするための1つの方法として，問題設定，データ収集，データ分析，民族誌の執筆という4つの作業を同時進行的に進めていき，問題と仮説を徐々に構造化していくだけでなく，民族誌自体も次第に完成させていくアプローチを「漸次構造化法」として提示した。本研究もまた，コーディング，演繹的・帰納的アプローチ，概念モデルの生成，これらの循環作業を意識しつつ行ってきた。本調査の中で2008年の調査データは，修士論文執筆時に里親経験を全般的に聞き取った内容であり，ほぼどの分析章にもその語りを用いている。このときの調査によって，第6章や第7章で取り上げる実親や措置委託終了後の自立の問題と里親であることの意味づけとの関連を深める必要性を感じ，2009年以降インタビューを追加してきた経緯がある。本研究の構想を立ち上げデータの再分析を行う中で，第5章にかかわるデータの不足などから，2012，2013年度の調査では当該箇所にかかわる項目を追加して調査を行った。

　すでに本研究執筆前に得られ，個別の学会等投稿論文として発表したデータについては，改めてコーディングをし直し，本研究の趣旨に合わせて概念を生成しつつ，目的にあたって足りないデータを補うため追加調査を2013年春に行っている。

（2）インタビュー調査協力者，子どもへの倫理的配慮

　調査協力者の募集にあたり，調査の趣旨，得られた個人情報の保管や公表などの扱いについて文書で説明をし，実際の調査時にも今一度承諾を得るようにした。2010年度は，お茶の水女子大学グローバルCOEプログラム「格差センシティブな人間発達科学」の公募研究に採択され，調査の倫理審査を受けこれにパスした。これ以降の調査研究は，すべて2010年の倫理審査の研究倫理にもとづいて調査を行った。本研究のもととなる既出論文公表の際には，調査協力者に原稿を送付し了解を得，要望による修正を加えたうえで公表した。本研究についても，第1稿を仕上げたところで送付し，意見をもらうかたちにしている。

第4章
共存する「社会的養護としての養育」と「ふつうの子育て」

　本章から第7章は，インタビュー調査によって得られた語りの分析を行う。分析は，序章から述べてきたように，2つの文脈の交錯とこれを捉える手がかりとして2つの限定性をもとに行う。まず本章は，福祉的文脈に由来する「時間的限定性」に力点をおく。里親委託以前の子どもとの共有しない「過去」や，子どもが長くとも18歳を迎えると措置委託解除となる里親子関係の期限は，里親養育の特徴である。しかし，里親たちは継続した親子関係といった期待を内面化していることもある。本章では，「時間的限定性」のうちでも，子どもとの共有しない「過去」に主な関心をおいて，それが，里親たちに葛藤をもたらすのか，そうだとすればこれにいかにして対処されているのかを記述してゆく。

第1節　本章の課題：子どもをあずかれば親子になるのか

　実証分析をはじめるにあたり，まず第2節では，調査協力者たちの多様な里親意識を紹介する。そのうえで，里親たちがいくつもの役割を場面によって使い分けるものとみなして後の項に続けていく。第3節では，子どもを受託してからしばらくの時期を中心に，子どもとは共有していない過去の時間があることに気づき，過去に由来する様々な影響に対処していく過程を紹介する。これは，「時間的限定性」のうち過去の非共有がいかに問題化し経験されるのかという問いとつながっている。一方で，年齢相応の子ども像や血縁のある親子，家族イメージを資源として里親子を説明した文脈も存在する。それを第4節では「実子と同じ／違う」にまつわる語りを中心に取り上げつつ，「実子と同じ」といった実子の子育てとの共通点の強調はいかなる意味をもつのかを考察する。第5節では，「時間的限定性」のうちでも「将来的な関係継続の曖昧さ」を前にどのような経験を里親たちはするのかを述べる。

第2節　多様な里親像

　本書の調査協力者たちは，23家庭26人と限られた人数であり，長期養育里親という共通項をもつものの，その中でも様々なタイプの人びとがいる。そこでまず，先行研究でも里親の自己意識をいくつかのタイプに分類しその意識の差異に着目した研究（御園生 2008）を参考にしつつ，調査協力者たちについて，里親としての自己意識を確認しておく。里親の自己意識は一様ではないが，とくにあずかった子どもの年齢によって大きく異なることがあるため，第1項では子どもが幼少の場合について，第2項では子どもが学齢期より大きい場合にわける。

（1）子どもが幼少の場合

　子どもの委託時期が乳幼児期の場合，子ども自身は里子であることを充分に理解していないことがある。また，実親との生活経験が乏しく，お父さん，お母さん，パパ，ママなどの呼称で呼ばれる人が自分にとってどのような関係にある人なのか，明確に認識できない場合もある。そのような事例では，里親は望めば障壁なく「パパ」や「ママ」として子どもに接することが可能である。

---

(1) 御園生（2008：70-1）は，里親の親意識を4つに分類した。「実子養育型」「社会福祉型」「中間型」「模索・未消化型」である。「実子養育型」は，「里親としての養育であっても，養育スタイルは実子養育とほぼ変わらないものであり，里親はわが子として子どもに接し，自分は子どもの親であるというアイデンティティをしっかりと形成」するタイプである。「社会福祉型」は，「社会的養護としての里親を意識しており，子どもはあくまで社会の子であるという意識を持ち続けている里親であり，たとえ日常における営みや暮らしが実子養育と変わらないものであっても，親意識としては，実子とは明らかに異なる意識を持っていると自覚している」グループである。「中間型」は，「上記の2グループのように明確に分かれることなく，双方の要素を行ったり来たりする」グループである。「模索・未消化型」は，「子どもとの間に安定した関係性をみいだすことができずにいまだ子どもとの関係を模索している，または子どもとの関係に苦悩し，その葛藤をまだ解決できていない」グループである。

　ほかにも，深谷昌志・深谷和子・青葉紘宇（2013：210-11）では，養育里親を対象とした質問紙調査から，里親には「実親志向型」「シェルター志向型」「養育職志向型」の大きく3種類があると見出している。

御園生（2008）のいうところの「実子養育型」に近いといえる。本調査実施時点で受託中である子どものうち，就学前に委託となっているのは，aちゃん（2008年調査時），bちゃん，c2くん，d3ちゃん，e1くん，e2くん，fちゃん，gくん，hちゃん，i1ちゃん・i2くんきょうだい，kちゃんである。ここではKさん，Jさん，Hさんの事例を紹介しよう。この3人が受託した子どもは，受託当初2歳であり，KさんとJさんについては，調査時に真実告知もまだきちんとなされていない。

　Kさんは，「最初呼ばせるために，…略…3人でいると，パパ，ママ，kちゃんって，いい続けた，俺たちがパパとママっていうのを認識させるために」と，家族内の子どもの位置関係を認識させるために，意識的に日頃からスキンシップや言葉かけをしていたという。

　また，調査当時小学校に上がっていた，養育歴4年ほどのjくんについて，Jさんは以下のように語った。

J：jなんかは，うちの子だと思ってるし，実際にそうじゃないと，子育てというかね，家族の間でもてるわけはないと思うし。

J：実際に，ここでは家族って関係ができてるから，認識の中では彼は（里子だということを）わかっているけれども，われわれのように，本当，実親と里親というのを，われわれのレベルほどはわかってないから。

　Jさんは当初，里親には親権がなく，子どもを実親に引き取られてしまう可能性があるため，養子縁組を検討していたという。しかし，現実的な委託可能性の高さや子どものアイデンティティへの配慮から，養育里親を選択することにした。ただしJさんは，j君を里子としてあずかることになり，そこできわめて血縁親子に近い関係を築くことで，子どもとの距離を縮めようと努めている。
　一方で，子どもが幼少期の委託でも，血縁のある親子や家族関係を擬制して関係を築くとは限らない里親もいる。Hさんは，40代前半の比較的若い里親で

---

(2) Hさんは，里親登録し，里子が委託されることになってから実子の妊娠がわかった方である。

ある。里親登録時には実子はおらず、社会福祉的な動機で里親になったことをはっきりと口にし、子ども本人や周囲への真実告知もオープンであるといえる。日常的には実母や名字の話を頻繁にするものの、Hさんからすれば子どもととことん話しあえる関係であり「ほとんど養子縁組みたいな感じ」で子どもは育っているという。御園生（2008）に従えば、Kさん、Jさんは「実子養育型」に、Hさんは「社会福祉型」に近いといえそうである。

　委託年齢が5、6歳になっていると、乳児期のそれと違い、子どもの生い立ちへの理解度は個人差があるものの深まっている。そこでは、子どもがどのような関係を里親に望むのかや、また里親になった動機などによって、それぞれの里親子の関係が模索されるようである。Aさんの場合、aちゃんを6歳のときに受託した。実親への思いを口にすることはほとんどなかったaちゃんは、Aさんを「お母さん」としていたという。Aさんは「実子養育型」に近い里親意識をもっていたと推測される。他方、30代半ば、社会福祉的な動機で里親になったというIさんの場合、5歳のi1ちゃんと3歳のi2くんが、幼いながらもIさんとの関係を実親子とは違うとわかっていると感じていた。そこで、子どもの名字も戸籍名のまま通し、里親であることをわりとオープンにしてきている。里親に実際になってから、ますます「世の中の分業の中で、里親っていう役割があるって僕は思ってます。…略…（里親になったときから）変わらないですね、でやっててとくにそう思いますね」という感覚がある。ただIさんは、今は実親子のようには思えないが、今後そのような気持ちをもつようになるのかもしれないという、変化の可能性も否定してはいない。里子の委託年齢が乳児期を超していても、子どもの里親への思いや里親になる動機などによって、実子養育に近い意識であったり、社会福祉的意識に近かったりと違いが生じる。

（2）子どもが学齢期以降の場合

　d1ちゃん、d4くん、lくん、mちゃんは、学齢期になってから現在の里親のもとに委託になった子どもたちである。lくんは、高校生の期間をLさんの家庭で過ごしているが、高齢児でも、里親家庭を離れ自立していくことを想定するとまた状況が変わってくる。

　lくんは実親との定期的な交流がある。lくんがLさん家庭にいるのは18歳

第4章　共存する「社会的養護としての養育」と「ふつうの子育て」

までだろうと，Lさんは思っている。Ｉくんとの15年間の関係の不在から，3年間で新たに関係を築くのは葛藤含みのものにならざるをえない。それゆえＩくんとの関係構築の準拠枠は，さしあたり「ふつう」の親子よりも自立に比重をおきつつ構築されることになる。

　L：里親と里子の関係ってかなり親子に近いんだけど，でもなんぼかは施設の職員と子どもの関係に拠ってないといけない，ちょっと距離をおいた関係から入らないといけないのかなって今は思います。…略…とくに生育歴の難しい子どもが多いですから。…略…ちょっと距離をおいて少し客観的に向き合った方が，またね，周囲からの助言も受け入れやすいと思うしな。…略…信頼関係ができてくれば，（親子に）近づいてくる，ここでこう関係を固定する必要は全然ないわけじゃないですか。

　Lさんは，現段階では親子のような関係ではないことを認めつつ，将来的に親子に近づくことを想定したいと主張している。
　第1項，第2項でみたように，子どもとの関係構築にあたって，血縁のある親子・家族を代替するあり方も，距離を取るやり方もあった。先行研究（御園生 2008 ほか）の指摘にもあったように，子どもの委託年齢や里親の動機は，疑似的な親子関係を築くか否かに大きく関係している。血縁のある親子関係に近似することを子どもが望む場合や子どもが幼い場合は，擬制的な親子関係に近い「実子養育型」（御園生 2008）の達成も容易である。一方，一定程度長期的に子どもをあずかるつもりの里親であっても，委託時に子どもが高齢児であったり，実親との交流，また里親になった動機によって，かならずしも皆が実親がわりになることをめざしているとは限らないことが，本研究でも確認された。また幼児期の委託であっても，子ども自身が里子であることをよく認識していたり，里親に親であることを求めない場合などは，子どもの思いに応じた対応もされている。

（3）動機をめぐるジレンマ
　血縁親子に限りなく近似した関係の形成は，ときに里親に社会的養護の担い

手としてあるべき姿と実親子のような感覚との間で，葛藤をもたらす場合もあった。Gさん宅には，2歳半で委託となり調査当時小学校中学年であったgくんがいる。gくんとの間で，生い立ちや交流のない実親の話について，必要に迫られたとき以外することはほとんどなく，地域にも里親であることをあまり公表しないで過ごしてきた。Gさんがgくんを受託したのが30代だったこともあり，傍からみても実親子のような年齢構成にみえる。実子を授からなかったことや，家族の死がきっかけで子どものいる人生の選択肢に里親を選んだGさんであるが，その動機や，なるべく実親のもとに帰る可能性の低い子どもの受託を希望したことに対して，罪悪感のようなものを感じていたようだ。

　　G：皆さんは，社会的養護という立場で，里親さんされているんだろうなって。施設で過ごして社会にでるよりも，家庭で過ごして（というように）。
　　〈二人少し笑う〉
　　著者（以降，＊と示す）：それを意識してってことですか？
　　G：意識して，社会的な，貢献として，されてるんだろうなって。私のような身勝手な，場当たり的に，里親になるなんて……。

　Gさんの語りからは，子どもとの関係が血縁親子とほとんど変わらなくても，子どもの福祉のために里親という選択をしたのだと明言できないようなとき，里親の自己評価には否定的な部分が残ることもあることがわかる。とりわけ近年は，子どものための福祉的動機により里親になることを望ましいものとして強調される。こうした動向も，Gさんの罪悪感のような感覚を生む背景として福祉的文脈の一部をなしていると考えられる。
　これと反対に，IさんとHさんには，子どもを幼児期からあずかっても社会的養護としての意識，信念を強くもっている。しかし，そのことを地域のほかの多数の里親には共感されない点が共通しており，Hさんなどは自身の考えを里親会などの集まりで自由に話すことは控えているという。「案外この，考え方合う人って，あんまりいないんですよね」（Iさん），「（里親会では共感は）されないね〈笑〉。だから夫婦だけでそういう会話してるけど。うーん。…略…あたしがそういう話を（地域のほかの里親に）投げかけちゃうと，波紋ていうか，

第4章　共存する「社会的養護としての養育」と「ふつうの子育て」

動揺広げるだけっていうか。だからなるべくひかえて」（Hさん）いるという。

　いわゆる社会福祉的な動機を強くもっていても，そのことを地域のほかの里親となかなか共有できないことも少なくない。多くの里親は，社会福祉的な存在としての側面を少なくとも表現しない場合があることが垣間みえた。

　本節では，本研究の調査対象である里親たちは限られた人びとではありながら，その非常に多様なありようをおおまかながら示してきた。先行研究（御園生 2008）にもあるように，実子養育とかわらない親子関係を築く場合もあれば，社会福祉的な存在であることを強く意識する場合もある。里親になった動機についても，実子をもちつつさらに子どもにかかわりたかった人，配偶者や実子のすすめで福祉的な動機からはじめた人，不妊治療の末に子どもをもつ選択の1つとして里親を選んだ人など多岐にわたり，里親をはじめた年齢幅も30代から50代と広く分布している。

　しかし興味深いことに，「実子養育型」に近くても，子どもを実子同様と認識することに罪悪感を覚える場合があり，一方で「社会福祉型」に近くてもそのことを公言しづらい経験をしたり「実子養育型」に移行する可能性を大切にしたいと表現する場合があった。それぞれの型と型の境界線は曖昧なものであり，また「実子養育型」と「社会福祉型」が同一軸の対極に位置づく関係にあるとも一概にはいいがたい。そこで本章では，「家族的文脈」「福祉的文脈」を背景とした家族的な役割期待，福祉的な役割期待を，その程度の差はあれ里親たちは了解しており，場面によって使い分ける(3)という見方をすることで，里親のおかれている公私の狭間にある立場性の揺れを捉えることができると考える。福祉的な期待や言説を用いる場面，家族的な期待や言説を用いる場面とはどのようなときなのか，それらは対立したり葛藤を生じさせうるのか。まず第3節では，福祉的な期待や言説について，第4節では家族的な期待や言説について，それぞれ用いられ方があることを示す。

---

(3)　里親家庭の実子であり，自身も里親である渡邊守（2008）は，両親（里親）が里子について，自分の都合のよいときには「いいの，この子は私の子どもなんだから」といい，都合が悪くなると「いいの。この子は里子なんだから」というような矛盾があり，都合によって使い分けていることに腹が立ったという経験を述べている。

第3節　「里子」としての理解：委託以前の非共有時間に向きあって

（1）年齢相応の子どもイメージの相対化
（1）-①試し行動への対処

　里親養育では一般に，子どもが里親家庭に来た当初，不安な気持ちを示したり良い子を演じる時期があるといわれている。その後，子どもは徐々に心を開き甘えるといった態度を示していく。しかし，それまで里親養育についての知識が十分ではなかった里親たちは，子どもの赤ちゃん返りや不可解な行動，あるいは問題行動に直面し戸惑うことになる。まず，Bさん，Cさんの事例をみてみよう。

　bちゃんは，1歳で乳児院からBさん宅へと委託になった。調査当時保育園児であった。Bさんの場合，bちゃんが保育園でみせる，「この人は大丈夫って思うと，許していって，その人になんでもしてもらいたがる」行動を，最初は「なんかこの子おもしろいなって感じではいた」という。しかし，「やっぱりこの子のこういうところ何かなって，私も思って，私との関係の中で，何かこう合わないとかあったりするとよくないし」と気にするようになっていく。そしてその後Bさんは，里親研修で専門家からの助言を受け，次のような認識に至ったという。

B：里親研修っていうのを新たに受けなくちゃいけなくて，そのときに愛着関係の話を先生がしてくれて。その先生の話を聞いたときにね，やっぱり施設で育った子はね，大人との別れを，どんなにちっちゃくても経験してると，それで，自分で落ち着ける環境を，…略…自分でこう養っていく力をすごくもってると。…略…たかが1歳4か月されど1歳4か月で…略…，心理士さんに話したら，まさにそういうことで，三つ子の魂百までって。小さいから何にもないんじゃなくて，…略…私をいつまで見捨てないでいてくれるかってbちゃんも試してるのかもしれない（と気づいた），「あ，そういうことねー」って。

第4章　共存する「社会的養護としての養育」と「ふつうの子育て」

　Bさんはそれまでの実子の子育てや保育士，保育ママ経験から，「子どもの姿ってみんなこんなもん」という思い込みがあったという。bちゃんが「すごくスムーズに慣れてくれて…略…夜泣きするとか，うちに慣れるのにすごく苦労するとかっていうことはなんかなくって」とすんなりとBさん家庭に馴染んだこともあり，bちゃんを「自分の娘みたいな感じで」受け止めようとしてきた。しかし，里親研修や心理士の助言に触れることで，bちゃんの実親家庭でのネグレクト，愛着関係形成が充分とはいいがたかった乳児院の影響に思いが至り，はじめて自分とbちゃんとの関係における過去の「空白」の時間に気づいた。Bさんはこのことを契機に，子どもの不可解だった行動の動機について専門知をふまえて理解することができた。今は，「自然に長い目で見ていくしかないのかな」と思っている。

　一方，17歳で受託したc1ちゃんのような年長児の場合は，里親の思い込みやイメージに子ども自身が反発してくることがある。Cさんははじめての里子としてc1ちゃんをあずかるにあたり，担当の児童福祉司からは何の問題もない子どもだと聞いていた。しかし実際にc1ちゃんが来てみると「いろーんな試し行動があった」，「いうこともはんぱじゃない」。これに対しCさんも，当初は福祉的な関心も薄かったため，とにかく「こうもしなきゃ，ああもしなきゃ」「ふつうの高校生は」という一般的なイメージをあてはめてc1ちゃんに接していた。だが，c1ちゃんが昼夜逆転生活をしていることについて子どもと2人で話しているとき，彼女から激しい反発を受けることになった。

C（2008）：（夜起きていて昼間寝ているのは）えーふつうは違うよねって，ふつうってたぶんいってたんだと思うんだよね，無意識に，うん。したらば，（c1ちゃんに）「今までの私の生活ってふつうじゃないの，全部変えろっていうの，私の17年は何だったの」っていわれたときに，えーここまでいっちゃいけないんだなって，踏み込む所ではないんだなって（思った）。

　当座は「うわーと思った」というCさんも，この出来事を契機に里子についての専門的な勉強をはじめたといい，「17歳の女の子はこういうもんだ」という子どもイメージをc1ちゃんに押し付けていたかもしれないと気づいていく。

105

C（2008）：本人（c1ちゃん）にしてみれば，そんな全部さぁ，できもしないこと，それこそ絵に描いたようなことしろっていうのかって思ったのかもしれないよね。…略…（Cさんは）そのときは，もうその子の意見なんてぜんぜん聞く耳ももってなかったし，私はこういうふうにしてほしいのよってことしか（子どもに）いってなかったんじゃないの。

C（2008）：ねえ，（c1ちゃんの方から）「夜どうしても寝れないんだ」って素直にいってくれればよかったんだけど。いえるような状態を私がつくってなかったのかもしれないし，だと思うし。で，ちゃんと話したらそういうケアもできたかもしれないし。…略…とにかく最初は私が我慢できなかったっていうか，まあ私の定義がありすぎたのかもしれない，型にはめようと，こうあるべきだ，…略…こうあってほしいのだっていう。

　c1ちゃんの養育をきっかけに，Cさんは子どもの見方を変化させていく。今あずかっている子どもたちには，c1ちゃんのときのように「ふつうに」ということを期待しなくなったという。

　（1）-②退行行動，気になる行動への対処
　また，試し行動のほかにも，退行行動や気になる行動がみられることがある。AさんやDさん夫妻は，学齢期を迎えても子どもの夜尿やおもらしが続くことに悩んでいた。Aさんは，学校での遠足や宿泊学習などもひかえているため，なんとか夜尿をやめさせようとしていた。

A：ひどいときだともう一晩に，2回，1回じゃなくって。…略…最初はね，私も何とかしてあげようと思って何度も起こすんですよ。そうするとこっちがぼーっとしちゃうんですよ，寝不足して，寝不足になっちゃって。それであーこりゃまずいなあって。で，そしたら娘（成人した実子）が，「もういいんじゃない，したらしたで」って〈笑〉，みたいな感じで，じゃあオムツしようかなって。

第4章　共存する「社会的養護としての養育」と「ふつうの子育て」

　一般的に，小学生になっても夜尿が続くのは「ふつう」ではないとみなされる。しかし，同居している娘の「もういいんじゃない，したらしたで」という一言で力を抜いて対応できるようになった。小学校に上がるまでは寝るときにオムツをつけさせるなどして対応し，その後夜尿は数年のうちに大分改善した。このような経験を経て，Aさんは，まずは子どもをありのままに受容するという里親に求められる姿勢（湯沢 2005）を学んだのである。
　Cさんもまた，家族のことばによって，c1ちゃんの盗癖という問題行動に対する認識を変化させている。

　C（2008）：主人は，（c1ちゃんの盗み等について）疑うとか，いやなことやったのやらないのってとき，たとえばお金とったのとらないのってとき，「そこにお金をおくからだ」っていう。それも考え方の違い。とったかとらないか，ではなくお金をおかなければいいと。それに対しては，うーん，ま，それも一理あるかな，でも腹はたつけど。

　子どもの受託に際してCさんは，「施設からくる大きい子は，施設のほうからもそういうの（盗み）に心がけてください」といわれていた。また，家庭における盗みという行為はある程度の年齢の子どもであれば稀なことではなく，Cさん自身も実子が高校生だった頃に経験しており，「ふつうの子でもある」とも語っている。しかし，実際にそのような場面に遭遇すると，同じ盗みという行為でも里子の場合はどうしても見過ごすことはできなかった。そんな折の夫の一言であった。Cさんは夫の助言に疑問を抱きながらも，子どもが盗んでしまう状況を自分が作り出していたのかもしれないと思うようになった。すなわち，子どもが問題行動を起こして里親を試しているのではなく，里親である自分たちの方が子どもを「ある面では試した」と考え，里親として日頃から子どもを加害者にしないよう「注意しなきゃいけないなって」気づいていくのである。
　この出来事は，Cさんにとって，子どもをありのままに受け止めるという姿勢の重要性だけではなく，子どもの行動には里親が無意識のうちにとっていた態度が影響し，反映されていると気づくきっかけともなった。

C：それは最初から出す子もいるし，じわじわ出てくる子もいる。問題行動，試し行動は誰でもある。そうだと思えば，「ああ，やってんだな」って思うし。…略…問題行動っていうのは無意識にやってるものだと思う。だから腹もたたない。

　Cさんは里親登録から5年が経過し，短期養育や受託中の子どもも含めれば延べ16人の子どもをあずかってきた。そして現在では，その種の問題行動は「例外なくある」と思えるようになった。

（1）-③子育て経験がもたらす固定観念
　前述したCさんのような反省を伴う振り返りは，自分の考えに固執しているときは行えないものである。Aさん，Bさん，Cさん，Dさん夫妻は実子がおり，ある程度成長したり成人してから里親になった人びとだ。とくに実子の子育て経験や保育士経験のある者は，子どもへの接し方も慣れ，子どもは大体このようなものだ，というイメージをもちやすいであろう。実子のいるLさんは，主たる養育者である妻の子どもへの接し方の変化について次のように語った。

　L：(妻は)頭ではわかってたと思うんですけど，でもね，やっぱりね，行動っていうかね〈笑〉，自分の行動には反映できなくて，やっぱり自分の子どもを育てるのと同じような目線と，距離感で接していたと思いますね。そこがだから難しいところでね。…略…今の子どもが比較的うまくいって，やっとなんかね，自分が（養育している子どもが），生まれてからずっと育てている子どもじゃないって，ところの距離感が，やっとわかってきたんじゃないかなって。…略…やっぱりね人間っていうのは，成功体験にしばられますよね。女房も自分の子ども3人育てて，しかもあの，男の子3人でしょ，だいたいお父さん（＝Lさん。仕事で家に）いないでしょ，ひとりでちゃんと3人育てたからね。

　Lさんは妻について，知識としては赤ちゃん返りや愛着障害，被虐待児の反応をわかっていたとしても，どうしても実子のときと同じやり方で接し，「自

第4章 共存する「社会的養護としての養育」と「ふつうの子育て」

分の子」という距離感で接してきたのではないかと考えている。「自分の子」として里子をみると，「自分がこうやって子どもたちはこうやった，だからこういうやりかたをやって（子どもが想定通りに）ならないはずがない。でも（里子は）こう全然ベースが違うわけだから」ともどかしい思いをすることになる。しかしIくんの養育の中で，妻は子どもとの距離感をつかみはじめたのではないかと，Lさんは感じている。

　里親は，総じて子どもが好きで，そのイメージも良い場合が多い。実子の子育て経験があればなお，ある程度良く育ったと思う人も多いのだ。そのため，里子が常識を超える言動をすると，それまでの一般的な「子ども」イメージと現実とが相容れず，混乱が生じる。年齢に応じたイメージ，実子と同じイメージなどの「子ども」イメージは変更を迫られるのだ。しかし，このような経験の蓄積と試行錯誤を経て，そうした問題が里子にはしばしばみられることを理解し，自分の抱いていた子どもイメージを転換すること，周囲の言葉を受け入れる柔軟さをもつことが，重要であると学んでいた。

　もちろん，知識を得たからといって，子どもの気がかりな行動の理由が明確になるとは限らない。得られた知識が，その子どもにあてはまるのかわからないこともある。ここで重要なのは，子どもを固定化した年齢相応のイメージや実子イメージの眼鏡を通して捉えるのではなく，見方を豊かにするということだ。Cさん（2008）のことばをかりれば，「専門的な勉強をしてそれこそ発想の転換じゃないけども，…略…ぶつかったりするのが大変だったとか，苦労したっていうのは，その子を理解，理解ってできないと思うけど，こういうふうに考えたらって思えなくなる」ということである。

　本項では，子どもを受託してからしばらくの時期を中心に，問題行動や気がかりな言動をきっかけに，子どもとは共有していない過去の時間があることに気づき，過去に由来する様々な影響に対処していく様子をよみとってきた。里親が子どもとは「過去」を共有しておらず，かつその過去は不適切な養育環境におかれていたことを実感をもって理解する。そこで，自らの子ども観の変更をし，年齢相応の一般的な子どもイメージを押し付けるのではなく，相対化してゆく様子を記述してきた。すなわち，自分の生んだ子どもと同じように接すればいいだけではなく，生育歴による影響を理解しそれに対応するような，里

親への福祉的期待を受け入れてゆくのである。その際、研修で習うような里子に関する知識は、子どもの理解に役立つことがある。また、自分の子どもに対する固定的な見方を変更するのみならず、生育歴をふまえてその子どもを理解する必要性が生じる。

（2）子どもに対する理解の希求

前項でみたように、子どもたちそれぞれの生育歴に鑑みながら、里親は実子養育での常識にとわられず、個々の子どもにとって適切な里親であろうと試行錯誤する。「個々の」というのは、子どもの里子としての側面は非常に個別的なものであり、同じ里親があずかる子どもであっても同じような理解の仕方が適切とはいえないためである。たとえば、愛着障害に注目するとしても、里親養育のもとにいる子どもは愛着障害のほかにも様々な精神的障害や行動上の問題をもつことに目を向ける必要があり、ときに子どものあらゆる問題が反応性愛着障害とみなされるのは適切でないといった指摘があったように（養育里親研修テキスト編集委員 2010；金井 2012）、子どもの個別性に配慮した理解が福祉的役割として課されるわけである。しかし、ともに歩んでいない子どもの生育歴については情報が充分あるわけではなく、推測の域を出ないことも多い。ゆえに、子どもを完全に理解すること自体がきわめて難しい。そこで本項では、子どもの気になる言動の背景事情を把握してその意味を理解し、声にならない要求自体を顕在化させようとする過程を跡づけてゆく。里親は、子どもを理解しそれに応えるということを、いかに捉えているのか。以下で、1）子どもの里親に対する要求の汲みとりとこれへの対処、2）、子どもの言動の原因探しから離れること、3）子どもの成長の評価基準、という3点にわけて考察する。

（2）-①子どもの潜在的ニーズの顕在化とその対応

子どもの気がかりな言動は、子ども自身が意図的に行っているわけではなく、その真意は潜在的なものとなる。また、子どもがうまく自分の要求を言語化できない段階もあるだろう。Bさんは子どもの様子を注意深くみながら、その潜在的ニーズに気づこうとしていた。

第4章　共存する「社会的養護としての養育」と「ふつうの子育て」

B：（bちゃんが暮らしていた乳児院の保育士に）「bをどうやって寝かしつけたんですか」って聞いたら，bちゃんはとんとんすると寝ないから，タオルあげてミルクでも寝るって。あ，そうなんだって。慣らし（受託前の交流）のときはそうだったんだけど，実際問題私がとんとんするとすぐに寝たのね。だから求めてるものって，bが求めてるものって，とんとんして寝かしてもらうとか，そういうことなのかなって。

また，d2くんは委託以前よりあったおもらしが，委託後も1年以上にわたり継続した。Dさん夫妻は根気よく下着の取替えを促しながら応対するが，小学校中学年になってもなお大便をしてもそのことを言い出せない状況であり，汚れ物の洗濯の負担も大きかった。さらにd2くんには，近しい人との関係構築に時間がかかるという問題があり，それは現在も続いている。

Df：なかなか慣れなくてね…略…教会(4)のときなんかには，僕たちにいちばん慣れてないんですよね。で，うちの息子たち，娘たちには僕たちより慣れてるんですよね。で，教会にくる大学生とか若い人には，もっと慣れてるんですよね，ふふっ。
＊：近い人ほど時間かかってる？
Df：そうですね。
Dm：怖いんですかね，また離れるの，何度も何度も，慣れたと思ったら変わってって。だからこう，信頼関係結ぶこと自体できない，そういうふうに過去に（専門家に）いわれてきた。

Dさん夫妻の目には，乳児院，児童養護施設，ほかの里親家庭・養護施設と転々とさせられてきたd2くんは，「気がちいちゃいっていうか」「自信がないっていうか」というように映る。

Df：そういうものはたぶんね，愛着とかそういう問題と関係あるんだと思

---
(4) Dさん夫妻はファミリーホームを運営し，6人の子どもを受託している。教会を営んでもおり，自宅に併設されている。

いますね。…略…あるいは自分の，生活の目標とか，自分で立てられないって。…略…d2なんかはね，だから結局，愛情，愛着っていうかね，小さい頃の愛情の不足なんでしょうね，きっとね。

　Dfさんは，d2くんだけでなく，里子一般の傾向について，その生育歴と関連づけて理解している。そのため，d2くんの気がかりな点，おもらしや信頼関係の築きにくさなどの様子を一続きのものと捉えているのである。そこで，おもらしなどの具体的な問題をどうにかできればそこで終わりではなく，トータルにd2くんの抱えてこざるをえなかった複雑な生育歴に鑑み，里親である自分たちがd2くんにとって「何でもいえる，甘えられる存在でありたい」と願い，接するようにしている。おおよそ７年間のDさん宅での暮らしで，ようやく「最近ですよね，けっこうd2くんがよくしゃべったり，いってきたりね，変わって来たとは思うんですね」（Dmさん2008年）と変化を感じられるようになった。「何でもいえる，甘えられる存在」になるために「毎日食事をして休んでっていう，…略…日常的な生活を通して，やっぱり子どもたちが安心して生活できるんじゃないかな」と，色々なかたちの問題行動として表れた根本にあるd2くんの心の傷を，何気ない日常生活の中のかかわりによって少しずつ癒そうと心がけているという。

　Dm（2008）：d1ちゃんとかd2くんとかd3ちゃんは，ちょっと，愛着障害っていうか，そういう問題があるかな。d4くんはまたd4くんで別の問題が。
　Df（2008）：違うよね，愛着っていうのとも違うよね。
　Dm：（実親が複数回結婚・離婚を繰り返してきた経緯から）すごく大人の顔をうかがってる，表と裏がある，すごく，かわいくていい子で，でもすごく裏ではね，弱い者いじめしたり，d6ちゃんにも最初すごいひどいこといったりしてたし，そういうところをね，なおっていってくれないと，安心して親元返せないって気がするんだけど〈笑〉。だからまあ，あの，あたしたちもほんと完璧な親じゃないと思うし，怒るときは怒るし。でも毎日の生活の中で，そうして生活することで，やっぱり癒されてほしいなって。

第4章　共存する「社会的養護としての養育」と「ふつうの子育て」

　子どもたちに何かしらの気になる行動がみられても，たとえば愛着関係の形成の問題として一括りにすることなく，一人ひとりの子どもの生育歴から原因と対処法を見出そうとしている様子がわかる。子どもの個性や背景に注目することで，同じ里親があずかる子どもであっても，それぞれに異なるサインに気づくよう努め，そのサインの意味を読み取ろうとしているのである。あずかる子どもが1人の場合は，施設にいた頃の様子と比較したり，子どもと接してきた経験との比較から，当該児童の求めをくみ取ろうとしていた。

（2）-②原因探しからの離脱
　和泉（2003：190）も指摘するように，子どもの過去についての解釈の仕方は，現在の養育を考えるうえで避けて通ることができない。「『本当の親子でないこと』は，子どもが，里親（と子ども自身）の知らない過去を持つということを意味する。そして，過去は単なる過去ではなく，現在の子どもの行為にも関連する」（和泉 2003：190）。そして，現在の養育と子どもの「過去」の関係について，幼いうちから育てていれば自分の育て方による責任として子どもの状態を理解できたり，「子どもの『過去』を『遺伝』という解釈によって受け入れようとする里親もいることがわかっている」（和泉 2003：190-3）という。
　たしかに，子どもの過去についての解釈は，現在の子どもに対する理解を助ける。しかし実際，子どもについて気がかりや心配事があっても，それが生育歴に由来するのか自分の育て方に問題があるのか等を，正確につきとめることは困難である。ここでgくんとn2ちゃんの事例から，里親が子どもの発達や子どもにかかわる大変さを，過去の生育環境に遡って原因を探すやり方から一歩離れた見方をするようになった事例を紹介する。
　Gさんは2歳になる前から交流し，受託したgくんを育てる中で，それまで採用してきた「困ったことがあったら原因を見つけ出して，ここに問題があるんだからこう解決しようっていう解決方法」を用いても子どもに対応できないことに気が付いた。そして，「すっごい考えた〈笑〉そう，もうずっとずうっと考えて」きた後，そうした思考法に見切りをつけることにしていた。[5]

---

[5]　2016年10月，出版に際してGさんに連絡をとったところ，Gさんはインタビュー当時の「大変」さを振りかえってコメントをくれた。子どもが里子であることに↗

G：（たとえば，子どもが幼稚園で引き起こす様々な事柄について）毎日謝ってばかりで，とても大変でした。なんでこんなに大変なんだろうと思うと，いつも私の育て方が悪いのかなぁとか，生まれてから乳児院にいたことでこんな風になっちゃったのか，それとも遺伝子的なものなのか（と考えてしまう）。考えても，原因は分からないし。それまでは，原因をみつけ出して，ここに問題があるんだからこう解決しようっていう解決方法をしてきたのに，まったくそれができない。何が悪いのかもわからないし，どうしたらよくなるのかもわからないし，もう大変で大変で，…略…とても大変だったんです。どうしてだろう，どうしてだろう，どうしてだろうからもう，考えがとんじゃって。ああ，私と旦那の子だったらこうじゃなかったのかなって〈苦笑〉，思っちゃって。…略…多分，原因がわかったとしても，それを戻って取り戻すとかやり直すってことはできないんですよね。…略…（乳児院の職員もよくやってくれていたことに触れて）誰かが責任とってくれるわけじゃないし，目の前にいるgをみて，何とかしていくしかないんだって思って。あきらめたのかもしれない，考えるのを。
＊原因を探すのを？
G：原因を探して，その原因をなんとかするっていうのがもう無理。gを生まれたての赤ちゃんに戻して，生まれた病院に行ってあたしが抱っこするなんてもうできないじゃないですか。だからそこは考えても，仕方ない。考えて考えて考えて，今，出来ることをするしかないと思えるようになったと思います。

またNさんは，6歳からあずかったばかりで小学校の障害児学級に通うn2ちゃんについて「不思議だな」と語るのは，彼女の乳幼児期のネグレクトと障害児学級に通う現状の関係である。原因は特定できるものではなく，今後もどのくらい発達するかはわからないと感じている。

N：小さいときにネグレクトだったからなのか，器質的なものなのか，わか

↘よる大変さだけでなく，発達上の課題による大変さもあるのではないかと，今は考えているという。

第4章 共存する「社会的養護としての養育」と「ふつうの子育て」

らないけど。だから三つ子の魂なんとかとか，いうじゃないですか。だからそこまで放置しちゃうと脳の発達って，いびつっていうのも変だけど，海馬と前頭葉の関係がおかしくなるとかね。…略…もちろん器質的なものもなきにしもあらずかなと思うんだけど。…略…わかんないですけどね，（様々な面での発達が今後）追いつくのか追いつかないのか。

　最初の里子であるn1ちゃんの場合には，3歳からあずかり，学齢期の途中から「施設にずっといたんで，経験不足っていうか，勉強はずっと不得意だったですよ小中は。でも高校くらいからぐーんと伸びてきたから，いま追いついてるから充分に」と伸びを感じられるのに比べ，6歳であずかったn2ちゃんのこれからの伸び方はNさんにとってまだ未知数として捉えられている。Nさんは，器質的な素養が成長に影響することを認めている反面，n1ちゃんがそうであったように，施設生活を経ていたとしても幼い頃からあずかれば子どもの成長は一般的な子どもに追いつくとも考えている。
　子どもの行動，現状のすべてを因果関係で説明することは困難であるし，そもそも子どもを完全に理解すること自体がきわめて難しい。しかし，その理解の困難さの原因を里子だから，「ふつう」の親子ではないからという点に求めるかどうかは一様ではない。Gさんのように，子どもの委託以前の約2年の時間を埋められないものとあきらめ発想の転換をはかったり，Nさんのように過去からの影響を適切な養育により乗り越え可能と思いつつ器質の影響も認めるような両義的な見方もあるが，いずれにしても子どもの現状に向き合おうとしている。
　QさんやTさんなどは，すでに里子が成人し家を離れているが，子どもたちのことをすべて理解してはいなかったと振り返る。Qさんは自身が子どもの頃のことを思い出し，「あの子（里子たち）の全部をみえているわけではない。…略…私だって（かつて子どもの頃）親に全部みえて（いたわけでは）ない」と述べる。Tさんもまた，インタビューとは別の場であるが，里親の育ってきた環境と子どもの生育歴は離れていることも多く，子どもの生きてきた世界を「すべてを理解はできない」とある意味で開き直ることも必要であると話している。このような開き直りともみえる姿勢は，あきらめているのではなく，わかり合

いきることが不可能であると認めた上で，今の子どもと向き合おうとしているのではないだろうか。

（2）-③個別の達成度評価

前項で触れたＣさん（2008年）は，年齢相応の子ども像を押し付けるのをやめ，子どもを理解するということについても，個々の子どもの達成度を評価するようになったと語っている。

Ｃ（2008）：頑張ったっていうか，努力できたっていうか，できないことができるようになったことに喜べる。
＊：うん，それは実子のときもそうでしたか？
Ｃ：実子もそうだよね…略…それを，はきちがえて，標準レベルってあるじゃない，自分も含めて，世間一般の常識の世間レベルって，なんていうのかな〈笑〉，それこそ絵に描いたような，生活の，それで大体，育児ノイローゼなんていうのもそうなんだけども，育児書どおりにいかない，養育どおりにいかない。その，一般レベルで，そんなの個人差あるの知ってるくせに，ね，気にしますね。じゃ，ほんとに全部がそうなのって。でこっちが伸びてるけどこっちはちょっとって，でもその子が伸びてることをしっかり把握するっていうのが，その子を理解するってことかな。
＊：いまはじゃあ最初の子みたいに，ふつうにとかは，
Ｃ：なんない，思わない，あとは，その子がどのレベルまでいくかはその子次第だよ。
＊：でも期待も応援もするっていう。
Ｃ：もちろんそれよりは上をあれ（期待）するんだけども，…略…
＊：その子なりに頑張れば，いいんじゃないかと？
Ｃ：としか思えないよ，でも，あの，人生も含めてそうだと思うけど，大変なことをするほど，ふつうのことを喜べる，うん，同じことをして喜ぶことができるにしても，1上がった喜びとマイナスから3上がった喜びの違い。

また，ｂちゃんは乳児院にいた頃から言葉が遅く，発語を促すために里子に

第4章　共存する「社会的養護としての養育」と「ふつうの子育て」

出すことになったという経緯がある。その原因として，「乳児院の生活って無機質なの」「とても家庭とは程遠い無機質なところで過ごしてる」という"無機質"な乳児院での生活と一対一の関係の築ける家庭とが対比して語られ，Bさん自身も特定の大人との密な関係の必要性を意識して，発語を促すよう心がけていた。しかし実際にあずかって接するうちに，育児経験の豊富なBさんは，ｂちゃんには発語の遅れだけでなく，非常に落ち着きがないという発達の遅れがあることに気づいた。

　　B：ふつうの年齢から比べるとやっぱちょっとｂは遅れてるなっていうのがあったから，（これまでの育児経験の）勘ていうのか。言葉の発達もそうだし，友達とのかかわりっていうのも，よくわかってないみたいな。（日中の学童保育のクラブに連れて行っても）ｂちゃんてとくに落ち着かなくって，１つ遊んでてもすぐ飽きちゃって，けたたましい女っていわれて。

　このようにBさんは，ｂちゃんに落ち着きがなく，ほかの子どもより言葉や友達関係の認識も遅れていると感じていた。ｂちゃんの実親家族の遺伝的な素養の影響は推測するも，発達障害などについていろいろと調べていくうちに，「ｂって言葉は発しないけど理解力はあったのね」と認識するようになる。そこで，「もう１つなんか伸ばさなくちゃいけないな」「一対一の関係はこれから私と家族で過ごせるけど，そういう友達どうしの社会的な関係っていうのは，家の中ではちょっと足りない」と，夫や福祉司と相談して保育園に入園させることにした。ｂちゃんの落ち着きのない状態は，「ちっちゃいから未分化のところもある」「修正きく段階じゃん…略…まだ赤ちゃん」であり，ｂちゃんの可能性を信じている。今では「すごい，彼女は彼女で発達して」いると，ｂちゃんの着実な発達を確信できるようになった。

　本節でみてきたように，里親たちは複数の子どもやほかの里子との比較，同一児童でも施設時代の様子と現在との比較，将来の実親子関係の回復の見込みを考慮することで，今この子どもに必要なことは何かを考えるようになっていた。子どもにとって必要なこと，子どもが求めていることを考えるにあたって，発達障害に関する知識や被虐待経験の及ぼす影響をふまえ，子どもを何とか理

解し，何が子どもに良いかを試行錯誤する。ただし，それでも2点において困難がある。1つには，その思いやはたらきかけの結果が見出しにくいという点である。そしていま1つに，子どもの過去を正確にさかのぼり，現在の子どもに影響を及ぼした「原因」を特定することの困難さである。

　1つ目の困難について，受託後ほどなく結果がついてくる種類のものと，ある程度の年数がたたねばその判断がどうであったかわからない種類のものとがある。前者にあたるのは，受託前と比べて子どもの笑顔や表情が豊かになったり，発語が増えたりするといった変化であり，程度の差こそあれ受託後しばらくの間で多くの子どもにみられる変化であろう。後者は，生い立ちの伝え方や，甘えさせ方，しつけの仕方など，成長した子どもの状況から振り返ってみないとわからないもので，これについては第7章で取り上げたい。

　そして2つ目の困難については，里親たちは，子どもの状態の原因を決めつけたり突き詰めようとするのではなく，今の子どもと向き合い，子どもによって異なる個々の歩みをその達成度による評価で認めようとしていた。

　ここまで第2節，第3節と，里親には多様なタイプが存在するが，子どもに対する福祉的な理解と実子と同じという理解の2つの意味づけの仕方があり，両者を場面によって使い分けつつ（第2節），里親としての自己の役割を意味あるものにしようとする過程を描いてきた。そこでまず第3節では，子どもを実子や一般的な子どもイメージの枠にはめるのではなく，里子とならざるをえなかった生育環境に配慮し，虐待や喪失経験等をもつ子どもに対する知識や専門家の助言等を用いて子どもを理解しようとする様子を記述してきた。こうした，里子としての理解を要すると認知する過程は，福祉的役割の取得過程ともいえる。子どもと共有していない過去の不適切な養育環境に由来する様々な影響に対し，専門的知識をもって対処しようとする過程にそれを見出すことができる。

第4節　「実子と同じ」という理解

　さて，前節でみてきたような，子どもの求めへの応答や今の子どもとの対峙，そして子どもの成長の個別評価は，子どもとはこうであるという一般的な「子ども」イメージを相対化したうえでなされているようである。ただし，里親た

第4章　共存する「社会的養護としての養育」と「ふつうの子育て」

ちは時折、里子の養育を「実子と同じ」といった表現であらわす。「実子と同じ」という表現は、実子に対しては使われない表現である。実子とは何か違うが、しかし同じであると主張したい内容や理由、文脈がある。本節ではそれにどのような意味が込められているのかに着目する。具体的には、「実子と同じ」というような表現の意味するところに着目したところ、1）日常生活で里親—里子であることが潜在化する点、2）「実子と同じ」と判断する基準、3）子どもが社会的養護下にあるのはその子のせいではないと含意したい点、があることが見出されてきた。以下で順に述べていく。

（1）日常生活上潜在化する里親・里子意識

多くの里親たちは、日常の家庭生活を送るうえで、自らが里親であること、子どもが里子であることをつねに意識しているわけではない。第2節で挙げたような問題行動等が落ち着きをみせたりすればなおのことである。

たとえばKさんは、「いろんな人がいていいと思う、たとえばよく社会的養護として社会的に子どもを育てるとか、よく（いわれるが）、もちろん大前提」としつつ、「とりあえず家庭の中で、ふつうの家庭と同じように、別に、里親里子だからって、…略…ふつうの家庭の状態であればいいな」と考えている。

K：いちいちね、普段からそんな（里親である）こと考えてね（いない）〈笑〉。
＊何か決めるときとかですよね？
K：そうですそうです。だから制度的にわかんないこととか、たとえば、心理的にこれから先に相談したいことがでてきたとか、今のところはそういうのない。ただ日々で（児相などと）付き合いはあるし、そういう安心感はある。

同様にBさんやQさんも、何か決め事をする際や、里親の集まりの場で、里親であることを自覚していた。

Q：何かを書くときに、書類上（目をとめるくらい）。ふつうの生活の中で、いちいち里親里子って（思わない）。

B：(里子の養育は）やっぱ責任あることなんだけど，あんま気にしながら生活してない，そういうこと。実際に子どもといると，ほんとに自分の娘と思ってるし。(でも）やっぱりなんか色々違うわけだし，保育園の決定にしても児相がかかわってくるし。そういったところでは，やっぱり自分の子だったらこういうのないしって勉強になるし，そういった勉強会に行っては自分が里親だってことを知らしめられるし，やっぱりまだ経験がないから，日々暮らしながら，日々体験しながら，なんかこう自分は里親なんだなって思いながら。でももううちの娘ってうちの主人も思ってるし，いざとなったらいろいろ周りの人も助けてくれるし。で，明らかにさ，おなかを大きくして産んだ子じゃないからさ，近所でも有名でしょ。

　三者三様の表現ながら，子どもに相対しつつ過ごす日常において，制度としての里親―里子関係を意識することはまれであることが語られた。日常生活においては，「朝ごはんつくらなきゃいけないとか，夕飯つくらなきゃいけないとか，寝かさなきゃいけないとか，いうことでいっぱい」（Kさん）なのである。
　ただし，子どもたちをあずかって3年目のIさんは「自分の子のように思ってくるんでしょうけど，そんなすぐ思えないですよね」といい，里親というのは「社会の中で，役割を担っている」と表現する。これはIさんいわく，「社会的養護っていうのがピンとこないっていう，感覚がわからないっていう人がいて，(でも）僕はピンときてて」「世の中の分業の中で，里親っていう役割があるって僕は思ってます。…略…（最初から）変わらないですね，でやっててとくにそう思いますね」というように，児童福祉制度としての里親制度の担い手である側面を意識してのことである。そのような意味で，日常生活で子どもといるときは，里子であるかどうかは潜在化されていることが多いようだが，里親になる動機や子どもが自分の生い立ちをどの程度理解しているか等によっては，程度の差があるのである。

（2）「実子と同じ」の判断基準
　さらに，「実子と同じ」「ふつう」の子どもという文脈には，いくつかの判断

基準が存在する。その点では，同じ里子という立場の子どもたちであっても，その基準から照らした場合は「実子と同じ」「ふつう」の子どもとそうでない子どもがいることになる。

（2）-①幼少期の愛された経験の有無

里親たちが「実子と同じ」と語るときとは，たとえば愛着障害のように生育歴に起因すると思われる問題が見受けられないことや，言葉かけなどのはたらきかけを経験してきたかどうかといった基準が含まれていた。子どもが愛された経験をもつかどうかも，「実子と同じ」と思うかどうかとかかわっている。これについて，Dmさん（2008）は以下のように語っている。

Dm（2008）：d5ちゃんはね，この子は，けっこう頭もいいししっかりしてるんですよ，あの子はお母さんが入院してて，ずっとd5ちゃんは交流あるんです。…略…乳児院の頃は，（実母はd5ちゃんに）ほとんど毎日のように面接行ってたんですって，（住まいが）近所で。だから多分d5ちゃんには，愛情注がれたっていうのがあるんでしょうね，ふつう。
Df（2008）：ふつう，のふつうの実子と同じ〈笑〉。勉強もよくできるしね。
Dm（2008）：自分でしっかり自分のことやるし，学校でも，頼られて，先生にまで頼られてるし，…略…d5ちゃんはあんまり心配いらない。で，そうね，やさしいとこもあるし，人のこと考えてあげられるいい子だよね。

この愛情を注いでくれた人というのは，実親に限定されるものではない。施設においても，特定の職員による愛情が評価される。

Dm（2008）：d6ちゃんもね，乳児院で，すごーくかわいがってくださった担当さんがいて，だからそういう意味ですごいふつうの子で，いまはもう反抗期でおねえちゃん（Dさん宅の上の里子）たちにちょっかいだしたりして色々巻き起こしてるんですけどね〈笑〉。注意されても，すねたり無視したりね，怒られたり〈笑〉，そういうかわいい子で，ふつう，ほんとにふつうの，子と同じですね，そういう意味では。

このように，子どもが幼い頃に，実親でも施設職員でも，特定の大人から愛情を注がれた過去があるか否かが「実子と同じ」といえる1つのメルクマールになっている。現在の子どもが年齢相応の発達をしており，愛着関係に由来する問題行動をとることがなければ，そのような意味で「ふつう」であり，違和感なく「実子と同じ」と捉えることができる。つまり，愛着経験の欠如という論理による解釈である。
　また，愛情ともかかわるが，「実子と同じ」と思えるかどうかには，言葉かけなどの適切なはたらきかけの程度も関係している。
　Qさんが話してくれたのは，知人（実子あり）に里親になろうという気持ちがある人がいるが，その人が社会福祉の勉強をしているにもかかわらず，里親になるならば「ふつうの子を育てたい」といったことがあり，それに対し憤りを覚えたという経験である。

　Q：里子にきた子で，ふつうの子いませんよね，で（里親になることを考えている知人が）「なんかの障害があるとか，言葉が遅れた（子どもはいや）」とか，私も何にもいえなくなって。だって，親と接触なくて，乳児院で育って，言葉遅いの当たり前じゃないですか。だから私ひとこといって，「何にもない子はいないと思うよ」って。
　＊そうとしかいえないですよね。
　Q：みんなありますよね，それをいかにふつうの子に育てていくかが里親さんに問われているんですよね，いい子までは無理ですけど…なんかの理由のある子をふつうの子に近づけていくのが，里親さんの力だと思うけど。そんなね，言葉が遅いとかいわれると，本心はなんだと思う。

　「本来あるべき家庭における愛情に満ちた養育がなかったイコールふつうではない」，という発想は，里親家庭で愛情をかければ子どもは変わり，いずれ「実子と同じ」に近づくのではないかという期待と表裏一体の関係にある。逆に，愛情面やはたらきかけがうまく満たされていた，つまり「ふつう」の場合は，なんなく「実子と同じ」と思えるともいえよう。
　そして，愛情やはたらきかけがない生育環境で育ったとしても，子どもには

第4章 共存する「社会的養護としての養育」と「ふつうの子育て」

責任がない。そのような論理で，葛藤含みながらも子どもを「実子と同じ」とはっきりと述べたのがGさんである。Gさんは，対外的にも里子が里子であることを知られないように，「ふつう」の生みの親が継続的に育てる姿勢について話してくれた。以下は，自分が里親であることを外部にあまり公表していないGさんに，今後それをオープンにしていくのかどうかたずねた際の語りである。

G：私が，里親をしてるってことは，大人になった私が自分から手をあげて里親になったので，私が自分のことを話すことはできるんです。けど，うちの子や里子ちゃんは，里子になりたくて里子になった子はいないと思うんです。だから私が手を挙げて里親ですっていったら，この子が里子だってわかっちゃうこと。里子だとわかっちゃうことがこの子にとっていいことかっていったら，多分本人があなたが里子ですってほかの子に思われることがいいなんて，ことはないと思うし。いうかいわないかは本人が決めればいいと思うけど，今は子どもが決められるときじゃないし。それをあたしが勝手に決めちゃうのは，ちょっと違うかなって思うので。
＊ああなるほど。
G：いろんな考えがあると思うし，里子だってことが真実なんだから，っていうのも本当かもしれないけど…でも私はなんか違うと思う。だから，ふつうに，なるべくふつうに。
＊里子だってふうにみられることは，Gさんは，子どもにとっては良くないと思う？　良くないっていうか，なんていうかな，あまりいい影響はないと思います？
G：ないと思いますよ。
＊うん。
G：…何か大人の事情に巻き込まれちゃった子どもじゃないですか，…略…ほんとに，個人情報ですよね，個人情報をさらすのがいいことだとは思えない。とってもとっても大事な個人情報だと思うんですよ。
＊あえてそれを，
G：それをいう必要はないと思います。特別扱いされたいわけじゃないし，

ふつうでいい，なるべくふつうにするのがいいんじゃないかなぁ。

　QさんやGさんの事例からみえてくるのは，「里子」という立場におかれることとなった子どもたちは，本人の意思にかかわらず実親や大人の事情に巻き込まれたものであって，本人たちには何の責任もないことだ。
　そして，DmさんやQさんの場合，親の愛情や言葉かけに満たされた養育環境を「ふつう」と称していたが，Gさんの場合，子どもが大人の事情に巻き込まれ里子にならざるをえなかった事情をさらすのは避けられるべきという意味で，「ふつう」の家族の状態であろうとしている。里親たちが用いる「ふつう」にも位相があることがわかる。
　以上のように，あるべき家庭で愛されたり，言葉かけを充分にしてもらうことなく育った子どもにとって，発語の遅れや発達上の障害など年齢相応の発達段階をふめなかったことは致し方なく，子どもの責任でもないと考えられている。そのために，「ふつう」の家庭や「実子と同じ」ような状況を用意すること，里親家庭での養育を通して本来あるべき家庭で育ったような望ましい発達状態に近づけることが，里親の力量であるとも認識されているのである。だからこそ，子どもへの姿勢や具体的な子どもへの接しかたに実子との区別があることを疑問に思うのである。

（2）-②問われる子育てへの姿勢
　Fさんによれば，知り合いの里親の○○さんは，あずかっている里子を海外にホームステイさせた経験があるという。そのことを○○さんが里親仲間に話した際，それを聞いた里親仲間に「里子にそんな経験はいらない，そんな贅沢，身の丈に合った以上のことをするのはよくない」といわれて，○○さんは怒ったという。Fさん自身もこのエピソードを語ってくれた知人に共感し，里子ゆえの「身の丈」という感覚に馴染めないでいる。

　F：(たとえば里子を海外にホームステイさせることも，里親家庭が) 経済的に無理だっていうなら別だけど，身の丈ってどこなんだろうなって〈苦笑〉。で○○さんも激怒してた。…略…うちの夫がいってるのは，例を挙げると，養

第4章 共存する「社会的養護としての養育」と「ふつうの子育て」

護施設出身の政治家がほとんどいないんですよ。で、東北の方の市長が養護施設出身だと聞いて、夫が、「親元で育たなくても、本人がなりたかったら、何にでもなれる機会が与えられるといいよね」って…略…。
＊ああ。留学させるとか、いろんな可能性とか、出来る範囲でやってあげるのは、そうかなと思ってらっしゃる？
F：そう、我が家の里子ちゃんは、小学校は本人が地元の小学校で友達つくりたいっていってるんで公立の小学校へあがりました。今後、中学校・高校のときに、本人が希望すれば、日本の中、あるいは外国の希望の学校に、行かさせたいかな。

ここでいう「身の丈」とは、里子にはそこまで金銭や手をかける必要はないという、暗に「実子」と相対するような「里子」という集合カテゴリーに差別的な意味を感じとったために、Fさんや知り合いはおかしいと感じたのだった。出来る範囲であれば、子どもが望むことをかなえたり、選択肢を広げるような機会を提供するべきであり、里子かそうでないかによって区別されてはならないという考えである。Fさんのように具体的な実践レベルにとどまらず、見返りを求めないなどの理念上の子育てに対する自分の姿勢を「実子と同じ」と表現したのはTさんである。

T：何も見返りは求めるつもりはない、はじめた以上は、全部その子に捧げる、けど〈笑〉。それは実子に対してと同じようにね。まあ押しつけの部分もあったと思うから子どもは迷惑だったと思うけどね〈笑〉。

子育てに対して自分がどのように向き合うのかを、実子がいる場合はその経験にもとづき、実子がいない場合は、実子がいたらこうするだろうというイメージにもとづいて、「実子と同じ」ように接している、と語るのである。
目の前の里子に対し、自分の子どもだったらどうしたかを考えるのは、子育てをする者として自分の信条やあり方に立ち戻ることでもある。「実子と同じ」といった表現の意味の1つは、この子にとって何がいいのかを考え労力を傾け、日常生活や仕事のやりくりをつけることは、子どもが里子か実子かで区別せず、

子育てであるかぎり同じという自らの子育てへの姿勢，及び具体的実践の意味である。

（3）里親家庭への子どもの愛着
　第1項，第2項と，里親たちが家族カテゴリーや実子カテゴリーに子どもを含めようとする意味を述べてきたが，これにはもう1つの意味も考えうる。それは，子どもが里親家庭に対して，ほかの人々と区別した愛着関係を築いたことを評価するものである。幼少期に充分に適切なかかわりを保障されなかったため愛着に問題をもつ子どもが，里親家庭をほかと区別し「好き」と表現するまでになることは，里親養育の1つの大きな成果である。つまり，子どもによる里親家庭内外を隔てる認知的な境界は，里親家庭という空間，子どもにとっての信頼や愛情の基盤になりえたか否かの境界でもあるのだ。このことを端的に語ったのはDさん夫妻である。

　Df（2008）：けっこうこういう子どもって，ひとなつっこい子って多いんですよ，誰にでもなついちゃう，d1ちゃんもそうなんだけど，でも一応（Dさん家庭のことは特別なものとして）うちは区別している，昔も今も，やっぱり，あの子はこのおうちのことは好きなんじゃないかな，そういうことがすごく，大事。
　Dm（2008）：よくわかる…「ここがほんとのおうちで，お父さんとお母さん（里親夫婦）がほんとのお父さんとお母さんなんだよ」って，いったんですよ。オオとか思って〈笑〉。それはすごいうれしかったですよ。

　だからこそ，居場所が見出せずにいる子どもについては，里親であることをまっとうしきれていないようなもどかしさがある。

　Df（2010）：なんで学べられないのかね。みんな（ほかの里子たちはDさん家庭で）自分の居場所みつけてるのに。
　Dm（2010）：このうちで？　やっぱり，（実の）お母さんとの，こうやっぱり，中途半端なのもあるかもしれないよね，関係が。（里親家庭にも実親家庭にも）

第4章 共存する「社会的養護としての養育」と「ふつうの子育て」

どっちにも,足をしっかりつけることができない。

　このように,里子が里親家庭内外を分ける境界をひくことは,里親養育にとって1つの評価になる。子どもと里親家庭の成員との間に愛着関係が築かれたと捉えることもできるだろう。だからこそ,子どもが実子と同じような子どもらしい年齢相応の発達をし,里親家庭での人間関係をほかの関係と区別することは,里親制度を代表とした家庭養護の強みと認識される。

第5節　「社会的養護としての養育」と「ふつうの子育て」との葛藤

(1) 将来的な時間共有の曖昧さ

　第3節,第4節では,里親たちが子どもの里子としての側面を理解すると同時に,実子と同じとみなしたい,みなすべきであるという思いとが存在する場面が,それぞれにあることを示してきた。どちらの理解の仕方も里親にとっては必要なものであるとして,そのような独特の二重規範構造下におかれることによる葛藤は生じないのだろうか。本節では,将来的な時間共有の曖昧さゆえの「時間的限定性」から葛藤が生じたケースを紹介する。

　実親のもとに帰る可能性が高い子どもの場合,里親が「実子と同じ」ように子どもに家庭の良さを味わってもらおうとしても,家庭復帰まで時間が足りなかったり,第3節第2項のように子どものニーズを顕在化させたとしても充分に応えてやれないことによる葛藤が生じる。ここではCさん,Lさんをみてみよう。c3・c4ちゃん姉妹とlくんは,思春期以降にCさんとLさんの家庭に委託となり,実親との電話や面会交流も盛んである。

　2008年当時,Cさんが2年ほど養育していた小学校高学年と中学生の姉妹c3・c4ちゃんの場合は,実親との交流があり,家庭復帰をめざしてはいるものの,実親の事情のためその時期は「あるようでない,ないようである」という曖昧なものとなっていた。Cさんは,短期養育を含めれば10人以上の子どもをあずかってきたという経験に根ざし,子どもの甘えや要求にそのまま応えるのではなく,「これをやらせなきゃいけない」という判断をしている。なぜならCさんは,様々な子どもとのかかわりの中で,「1人の里親が育てる里子で

127

も，ほんとにその子その子全然背景が違うし，帰るときも全然違うものをもって帰っていく」と考えるようになったからである．

C（2008）：今いる子も，塾に行きたいとか，習い事したいとか，あれがほしいとか，やっぱり，（里親が）このくらいっていえば（子どもは）それ以上をいってくるのね．遠慮もしないでいってくるというのは，それも考え方しだい．…略…はたしてどこまでこの子にやってあげればいいのか．なにがこの子に必要なのか考えると，気持ちとしては全部やってあげたいけど，でもこれをやらせなきゃいけないなっていうのもあるんですよね．たとえばいまの（c3・c4）姉妹たちは料理や洗濯や掃除，お手伝いをやらせてる．私がいうからやらなきゃいけないんです，でお手伝いのつもりでやってるのかもしれないけど，自分たちの仕事なんです．おばちゃんが手伝ってあげようかーみたいな感じでやらせてる〈笑〉．一番最初にきたときに仕事を与えるっていうのは，自分の居場所作り．でも今いる子にはちょこっとしたことじゃないこともやらせてる，たとえば皿を片付けるとか以上のことを．多分（実親家庭に復帰しても）お父さんは（子どもたちの）面倒みきれない．

　塾や習い事など，実子であれば，また18歳まで委託する可能性の高い子どもであれば応じたかもしれない里子の要求でも，将来起こりうる実親家庭への復帰を意識すると，Cさんは生活の自立に向けての準備を優先せざるをえないと考えていた．里親としてのかかわりは時間的に限られているがゆえに，いっそう今どのように接するかに心を砕くCさんの様子がみてとれる．
　またLさんは，高校生の里子Iくんにみられる，大人を信頼できない様子に気が付いていた．しかし，「自立に向けた一種トレーニング的なところと，愛着関係っていうか信頼関係を作っていかないといけないっていう2つの要請につねに挟まれているような感じ」という葛藤があったという．そして2年間の受託期間を顧みると，どうしても自立の方向に偏っている気もするそうだ．

L：あのくらいの年齢でも，愛着関係っていうのは難しくても，まあ自分たち，私でも女房でも，一番信頼できる大人にならないといけない，一番何で

第4章　共存する「社会的養護としての養育」と「ふつうの子育て」

も話せる大人にならないといけない。そうすると，甘えさせてやらなきゃいけない…略…ある程度わがままを聞いてやるということとかね，そういうことなのかもしれないね。

　Lさんは，実際にどう甘えさせてやればいいのかは難しいとしつつ，「一緒に楽しかったねって時間が，何年たっても後から思い出しては笑えるような，そういう積み重ねがたくさんあればあるほど，いろんなコンフリクションがあっても耐えられるんじゃないか」と，楽しい時間の共有が，里親家庭を出た後も困難を乗り越える際の糧になるという考えから，食事はもとよりカラオケやゲーム等の時間の共有を大切にしていると述べている。一方，金銭管理感覚を身に付けさせるために，昼食代を手渡し，自己管理と報告をするように促しており，Lさんがこの役割を担当している。
　また，自分のあずかる子どもではないが，知り合いの里親の話をしてくれたのはMさんである。

　M：やっぱり実親さんがいるようなお子さんを受託されてると，ほんとは大学にもいかせてやりたいけれど，実親もいるし，18になるのを実親も待っているし，大学にいかせるってことは全部里親さんの負担になるわけだよね。だから里親さんもそれなりに経済的な負担もしたうえでだから，やってあげたい気持ちがないわけじゃないけれど，実親さんがこの子が18になって戻ってくるのを待っているから，この子が高校でたら就職できるような高校を選ぶ。だから子どもの方が「何でこの高校なんだ」って，葛藤もあったみたいだけどって里親さんのお話も聞きますよね。

　子どもの希望と実親の希望が一致しない場合，Mさんが仲間から聞いたと話すように，里親として実親のもとに帰すことを尊重せねばならない。以上の事例からは，里親は措置委託解除後もできるかぎりのことを子どもにしてやりたい思いや親子に近い関係性を望む思いと，実親のもとに帰すために習い事よりも家事の手伝いを優先したり，大学進学よりも就職を見据えた高校選択を考えねばならない思いなどとの板挟みになっていた。結果的に実親家庭への復帰が

129

優先されることから，子どもの望む進学支援ができなかったり，家庭生活を存分に楽しませるに至らないという苦悩を抱えることになる。

　一方で，子どもが幼く，実親家庭への復帰可能性も現状想定されていない場合はというと，子どもには「ずうっと一緒」「産んでくれた人は別にいるんだよっていうのはちゃんと（伝える）。…略…（でも）われわれがお父さんお母さん」（Kさん）というように，児童福祉制度の枠組みや「時間的限定性」は考慮しないこともできていた。ただし，それまで交流がなくとも，実親が子どもの引き取りを願いでてくる場合もある（Jさんなど）。実親子関係再構築や家庭復帰の可能性自体が見通しをもちにくいともいえる。

　このように，子どもの年齢と実親家庭への復帰可能性に左右される「将来的な時間共有の曖昧さ」が，諸役割間の葛藤をもたらすかどうかの分かれ目となっていた。

（2）想定外の措置委託解除

　なお，18歳まで育てる意向をもっていたにもかかわらず，急に里親委託が解除となり，子どもが里親から児童養護施設に措置変更になってしまった場合もある。

　本調査協力者の中で想定外の措置解除を経験した人はそれほどいなかったが，とくに急な措置解除により何年も悲しみをひきずったという。UさんがuさんをあずかっていたのはUさんがuさんをあずかっていたのは小学校時代の6年間であったが，里親家庭への反発などの理由から，中学進学の際にもといた児童養護施設へ措置変更になってしまった。当時は「もうただ，悲しいのと，ねえ，どうしてそうなっちゃったんだろう，なにが不満だったんだろうって，苦しんで，悲しんでましたね」という。18歳まで育ててやりたかった思いを多分に残しながら，あのまま受託していたら自分の手には負えなかっただろうと想像することで，措置変更を納得しようとしていた。ちなみにuさんは，30歳を過ぎて一度だけUさん宅をたずねてきたことがある。Uさんは，そのときの経験について以下のように語っている。

　U：突然ね，私にすれば，高校まではってつもりでしたからね。でもあの大変だったことを思えばね，（措置解除になったのが）あのときでよかったのか

第4章　共存する「社会的養護としての養育」と「ふつうの子育て」

もしれない。あの態度が，…略…（子どもがこの家に）いてやってるって態度になったときにね，（Uさんが）行かないでって止めたときにね。（uさんが）「ほんとは○○（もといた施設）にいきたいのに，お母さん（Uさん）が止めたんだ」ってなったときにね，娘（Uさんの実子）に（ものをつかんでふりあげて）ウーってなってましたからね，はさみとか。もしそこに包丁とかあったら，何があったかわからない，けがでもして娘にね，傷でもついたときにね，それこそ取り返しつかないことになっちゃうでしょ…略…警察沙汰になったりね。そういうときに，なんのためにこの子をあずかったのか，わかんなくなっちゃってね。（でも）もう，うん，そういうのをこう，それは考え過ぎかもしれないって，思うのね。いまのあの子（約20年ぶりに訪ねてきた姿）をみれば，おとなしく落ち着いてるからね。でもそれは何もないからであって，何かがこう，あの子に不利なことをいわれたり何かされたときに，カーっとならないか，それはわからないですよね…略…そうなったときのことを考えたときに，やっぱりあのときに別れて，よかった，私の能力の，私の負える範囲で，（仮にずっとあずかっていたら）ちゃんとやってける範囲だったか（と思うと心もとない），今思うとね。

　高校を終えるまでは面倒をみたかったにもかかわらず，子ども自身が里親家庭での生活を拒否し，やりきれない思いが残るUさんの場合は，突然関係が終了となったことへの悲しみが強かった。想定外の措置委託解除は，里親にも里子にも大きな悲しみや苦悩をもたらす。だからこそ，養育の不調をいかに防ぐかという課題がつきまとうのである。Uさんの場合，里親としての養育責任が自分の養育能力を大きく超え，措置委託解除は致し方のないことであったと，なんとか自分を納得させようとしていることが読み取れる。Uさんはuさんをあずかる間も，措置解除のあとも，「家族」「（自分の）子ども」として認識してきた。
　一方，Rさんはr1さんを2年間養育し，実母のもとへ帰した当時を振り返った。

＊すごくお子さんを帰すっていうのが，すごく，ショックっていうか？
　R：ショックっていうか，あのときは大変だったから，ショックっていうの

はないわね…略…（子どもに）「ああ悪かったな」って感じかな，せっかくあずかるっていってね，帰さなきゃならないっていうのは，申し訳ない気持ちはあったけどね。でもあの子に未練は，ないって感じね，あまりにもすごかったから〈苦笑〉。
＊家の中が？
R：めちゃめちゃだったから。…略…もうしょうがないですもんね，自分のうちを壊してまでも，家族をこわしてまでも，あずかる必要はないと思うのね。お母さん（子どもの実母）も元気だし。一時危ないときあったのね，会いに行かせたこともあったの（子どもを），だけど元気になって。

　Rさんの語りからは，里子の委託は，里親家庭がこわれたり家族成員が傷ついてまでなされることではない，という考えがわかる。
　想定外の措置委託解除は，「時間的限定性」といっても突然子どもとの関係を断ち切られてしまうため，前項でみたような「将来的な時間共有の曖昧さ」とは性質の異なるものである。このような里親の苦しみは，家族的文脈と福祉的文脈の交錯した位置にあるという里親の立場を前提に捉えるならば，二重の苦しみともいえるかもしれない。つまり，里親家庭で子どもとの間に家族的な関係を築けない，子どもと里親家庭の相性が合わない，子どもの要求を受け止めきれないなど，子どもを育み特定の関係を築く家族的役割をまっとうできなかったという側面がある。同時に，自ら里親として子どもをあずかる生き方を選んだにもかかわらず，育てきれず申し訳なかったというような，福祉的役割をまっとうできなかった側面もあり，いずれも果たすことができなかったという苦しみである。[6]養育の不調を防ぐ試みは国内外の先行研究（Oosterman et al. 2007；森 2011）等により，委託年齢の高さや問題行動の多さと養育不調との関

---

[6] 森（2008）は，やむなく措置委託解除になり施設での生活を余儀なくされた子どもと19年後に再会した里母の語りを分析している。里親にとってつらい時期であった子どもの受託期間は，子どもにとっては最良の時間であったと知ることができ，施設に措置委託変更になった後も里親養育の経験が子どもの心に根付いていたことを知ったことで，措置委託解除は当該里親と子どもの関係を断絶していたわけではなく，子どもの心に継続し子どもの人生を支えたという意味があったことを明らかにしている。

第4章　共存する「社会的養護としての養育」と「ふつうの子育て」

連や，不調に伴う支援の必要性が指摘されていたが，とりわけUさんの場合は支援も少なく，長い間心の傷をひきずったようであった。uさん，r1さんとも委託年齢が学齢期であるなど，その年齢の高さも不調の要因の1つであった可能性もあるだろう。

　UさんとRさんの事例は，現在の子どもへの思いに相違はあるが，突然生じた措置変更の受けとめ方には共通の見方がある。それは，もともとの里親家庭の枠組みや家族関係が，子どもをあずかることで変容していくことは当然了解しているものの，そこにはおのずから里親家庭自体が維持できるという前提，閾値のようなものが存在するということである。かれらは，たとえ満期措置委託終了まで育てられなかったとしても，家庭ですごした時間があったことが，子どもに何かしらの影響を残したと思うことで納得しようとしていた。[7]

（3）葛藤を生む背景

　さらに，前述のように里子であることを自覚しながら実子のようにも思う，つまり「社会的養護としての養育」を行うという福祉的役割と「ふつうの子育て」をするという家族的役割とのあいだで，そのどちらかのみに偏った意味づけでは葛藤が生まれることも明らかになった。すなわち，家族的役割と福祉的役割にはそれぞれ期待される子どもへの感情規則があり，動機の段階と子どもに接する場面とで異なるのである。里親になる動機のレベルでは「子どものため」の社会福祉制度の担い手という自覚が望まれる一方，子どもと接する中では，里子であることを前提としつつ実子としての接し方が望まれ，里親自らもそれを望もうとする。しかし，かならずしもつねにそれらの感情の管理がうまくできるわけではない。

　里親になる動機のレベルでは，第2節第3項のGさんのように，「（ほかの里親は）社会的な，貢献として，なさってるんだろうなって。私のような身勝手

---

(7)　r1さんは，現在でもRさんにお歳暮など送ってきて，Rさんはr1さんと実親や親族との関係を取り持とうとしている。uさんも，措置委託解除後20年近くたってからUさん宅を訪ね，委託中の思いをUさんにようやく伝えることができている。このように突然の措置委託解除後の子どもとの関係は，解除当時のものとその後の長期的な関係で見出されるものとで異なっており，後から「家族」として意味づけ直され納得できる場合もある。

な，場当たり的に，里親になるなんて…」(Gさん)と自身の動機はあるべき動機と異なっていたことへ罪悪感のような感情を抱いたことが語られる。「児童福祉制度の担い手としてあらねばならない」ことをわかりつつ，しかしそれだけでは「わりきれない」からである。そのため，Sさんのように，「児童福祉制度の養育としてあらねばならない」ことを了解していると表明することもある。

詳しくは第7章で紹介する，Sさんとs2さんは，良好で親密な関係の結果としてのちに養子縁組に至った経緯がある。Sさんとのインタビュー調査の翌朝，言い忘れたことがあったからと，わざわざSさんは筆者に電話をくれた。その内容は，「いつでも子どもを（実親の親族に）帰しても大丈夫という気持ちで育ててきた。かわいがってはいたけれど，高校を卒業したらいつでも。この子はうちの子じゃないんだから，よその子だから，おあずかりしている子どもなのだ。そういう制度なんだからと，当初からおあずかりしている」という気持ちをもっていた，とのことだった。「いつも，帰せるって気持ちでいようと，そこはわりきっていた。そうでないと，正しい愛情をもてない」と考えていたからだという。「正しい」とは，間違ってべたべたしすぎないということだそうで，子どもとの距離感のようである。徐々に里親も子どもの将来を考え，子どもからもSさん宅の子どもになりたいという表明があったから養子縁組に踏み切ったのであり，あらかじめ養子縁組を前提にしていたわけではないという。前日の語りとは正反対の内容であった。これは，あまりにs2さんのことを実子とかわらず育ったように語ったと振り返ったSさんは，「福祉制度の養育としてあらねばならない」ことを一方では承知していたのだと，筆者に伝えようとしたと考えることができるのではないか。もしこの電話がなければ，筆者がSさんとs2さんを実親とかわらない親意識で養育してきたとみなしたであろうことは，Sさんにも想像がついただろう。

子どもと接する場面では，里親には子どもに対する感情に，たとえば「子どもは皆かわいい，好き」といった，里親養育関係者間で共有される感情規則がある。Aさん（2008）は，はじめて子どもに面会したとき，第一印象の段階ではあまりいい印象をもてなかった。そのことを，調査者である筆者が訪ねるまで，誰にも話したことがなかったという。

第4章 共存する「社会的養護としての養育」と「ふつうの子育て」

A（2008）：最初，あーこの子，この子ーみたいな感じで，aにはいったことないけど，あのー，なんていうの，初対面の印象としては，好きなタイプの子ではなかった，あの，あるじゃない，こう見た目の，印象っていうか，あるでしょ〈笑いながら〉。
＊：話す前とかですね〈笑いながら〉。
A：うんうんうん，まあそれは，いまはじめていった，誰にもいったことない，それは，誰にもいったことないですけど〈笑いながら〉。
＊：たしかに身近な人にはちょっといえないかもしれない〈笑〉。
A：うんそうそうそう〈笑〉。いえあの，どうしてかって思うと，あのー，保育園に勤めてたじゃないですか，…略…ちょっと（aちゃんに）似た感じの子がいて，ちょっと手のかかる子だったんですよ〈笑〉。…略…女の子で，その子は○○ちゃんていう子なんですけど，「えーなんか○○みたいな感じの子だな」って思ったんですよ。それがまず，（aちゃんの）最初の印象で，そう結びつけちゃったかもしれない，自分の，気持ちを分析すれば，うん。

　Aさんはaちゃんと非常に良好な関係を築いてきたことを改めて述べておく。Aさんの場合は，子どもを「好き」なタイプではないと思った瞬間があったことを，とりわけ身近な人にはいうことはなかった。もちろん，里親の仲間内だからわかる感覚があり，子どものことを相談したり，養育のぐちをこぼすことはあるだろう。しかし，仲間だからこそ，あずかる子どものマイナスに感じた部分を表現することは，その子どもを晒しているようではばかられることもあるだろう。また，子どもに対して負の感情を感じてしまったことは，里親として不適切な感情と捉えたものと考えられる。
　以上のように，「子どもは皆かわいい，好き」（Aさん），とくに家族の一員として「子どもは皆実子と同じ」といったきわめて家族的な側面と，「退行行動や問題行動をとる子どもにいちいちイライラしない」（Fさん），「子どもは社会的な養育としてあずかる」（Gさん）などの福祉制度的な要請があり，これに対して不適切な感情を抱いた自己にうしろめたさを感じたり，不適切と感じた感情は仲間にいわない，不適切であることを自覚しているとあえて表現する，などの対処がとられていた。そして，そのような対処が必要なのは，家族のよ

うでありながら，あくまで児童福祉制度としての養育者であることに由来するのである。その双方から要請される適切な感情は異なっているものの，双方を重視しなければならないのである。
(8)

第6節　本章のまとめ：「養育」と「子育て」の関係

　本章は，「時間的限定性」に軸足をおき，受託に伴って制度的な里親子関係の期限等に直面し対応しつつも，里親が子育てをめぐる様々な家族的文脈——年齢相応の子どもの発達，実子養育のように将来的にも時間を共有する前提があることなど——を意識する狭間で，どのような葛藤が生起し，これにいかに対処しているのかを明らかにすることを目的とした。
　子どもを受託してからしばらくの時期を中心に，里親たちが子どもとは共有していない過去の時間があることに気づき，過去に由来する様々な影響に対処していくような福祉的役割の取得の様子を紹介した。具体的には，子どもの生育歴，子どもの希望や里親になった動機などをすりあわせて「その子どもにとって適切な里親」であることを模索しつつ，個々の子どもの生育歴や個別性を重視した「理解」を試みようとしていた。和泉（2003）も述べるように，社会的養護としての養育であることは，自分の知らない子どもの過去とむきあわねばならないことを意味する。これは，「時間的限定性」のうち過去の非共有がいかに経験されるのかという問いとつながっている。
　一方で，年齢相応の子ども像や血縁のある親子，家族イメージを資源として里親子を説明したいという文脈も存在する。それを第4節では「実子と同じ／違う」にまつわる語りを中心に取り上げつつ，実子の子育てとの共通点の強調はいかなる意味をもつのか考察した。「実子と同じ」などの語彙の使われ方は

---

(8)　ちなみに崎山治男（2005）は著書の第5章で，看護職の感情労働の実証分析から，感情語をめぐる解釈実践を通して，「感情性」を重視すべきとする感情規則と，「合理性」を重視すべきという感情規則が併存した形で現象するという視座を提示し，患者の入院から退院へと至る過程の感情労働を分析した結果，入院当初と患者との関係が親密になる頃とでは「合理性」「感情性」にもとづく感情管理の内実が異なり，重層化した規則が相反する命題を課すことが感情労働における「合理性」と「感情性」の困難であることを示している。

第4章　共存する「社会的養護としての養育」と「ふつうの子育て」

1つではなく，場面によって，生活の中で実子と差別しない，出来る限りのことをする，かかわる里子と実子とは時期が違っていただけ，などの意味が込められていた。子どもが里子となったのはその子どものせいではなく生育環境の問題ゆえであり，里親の営みも特別なものではないと解釈することで，より「実子と同じ」子どもとして捉え，血縁親子とかわらない家庭を提供することに価値がおかれるようになることがわかった。子どもに社会的養護のもとで暮らすことになった責任はなく，年齢相応の子どもと比べ成長がゆっくりであるとすれば，それまで不充分だった適切な家族，親子関係を築くことによって，本来の子どもの発達に近づく，という考えに至ると考えられる。

　このように，福祉的文脈において「里子としての理解」が必要となり，子どもの気になる行動や「過去」に対する解釈を行う一方で，家族的文脈において日常的に里親里子意識が潜在化し「実子と同じ」などとみなしたい場面がそれぞれあることを確認してきた。第5節では，「将来的な関係継続の曖昧さ」を前にしたとき，家族的な役割期待と福祉的な役割期待は対立する要請としてあらわれる場合があることを述べた。

　こうした対立が生じうる背景であり，第2節でみたような「罪悪感やためらい」を生む背景に，里親に対する規範的期待の構造特性があると思われた。つまり，動機・意識のレベルでの要請と，実際の行為レベルでの要請にずれがあり，あくまでも「福祉的な動機」を有しつつ，日常の対面状況では家族的なふるまいが求められ，里親自身もそれを望むような規範構造があるのではないかと考えられたのである。

第5章

家庭であること／仕事であることをめぐって
――関係機関と比較した里親家庭の意味づけ――

　第5章と6章は,「関係的限定性」に重きをおいた構成となっている。本章では,養育技術の向上や関係機関の専門職との連携が重要視される昨今の時代的要請に配慮しつつ,それら関係機関との比較や相互作用において,里親が自身の役割をいかなるものとして解釈していくのかに着目している。

第1節　本章の課題：里親養育はなぜ「仕事」と距離化されがちなのか

　第1章第3節でも紹介したように,関係諸機関との協働は里親にとって重要なものとなっている。里親及びファミリーホーム養育指針には,「里親やファミリーホームが,課題の多い子どもを受託し,専門的な支援を行う場合には,地域にある社会資源を活用し,また,支援を得るため,関係機関等と特に密接に連携することが必要」であることが述べられている。
　さらに近年,「虐待を受けた経験などにより,心に傷を持つ子どもが多く,様々な形で育てづらさが出る場合が多い」(2012年 第14回社会保障審議会児童部会社会的養護専門委員会)という指摘や,発達障害への注目から,社会的養護のもとにおかれた子どもたちへの専門的ケア,心理的ケアが求められるようになっている。これは里親も例外ではない。「養育者らは,子どもの養育・支援及び保護者に対する養育に関する助言や支援が適切に行われるように,研修等を通じて,必要な知識及び技術の習得,維持及び向上に努める」ことなどが謳われる(里親及びファミリーホーム養育指針)。海外では,ソーシャルワーカーや心理職,教育関係者などの専門職が,その支援に協力できる知識と技術をもった里親とともに行う「治療的フォスターケア」が実績をあげている(渡邊 2010)。たとえば,日本でも治療的里親としてファミリーホームを運営している土井高

徳（2008）の実践は，治療に力点をおいている意味で先駆例であろう。このように，里親には養育力を高めつつ，関係機関と協働して，多様なニーズをもつ子どもを育てることが要請されている。

しかし，実際に里親たちの語りに耳を傾けてみると，自身の養育についての専門的な知識の修得や，公的存在として関係機関との協働を重視する意識はそれほど強くは感じられなかった。その理由について，語りから里親であることと専門性との関係を読み解いたうえで（第2節），里親たちが関係諸機関とのかかわりや対比などから自身の立場性を意味づけるやり方（第3節以降）へと，論をすすめていく。

第2節　専門性との距離化

（1）認定基準と養育の範囲

里親になる道筋は一般にひらかれたものであるとはいえ，誰でもなれるというわけではない。里親になるためには，児童福祉法における基準をパスし，児童相談所や児童福祉審議会といった行政機関を通じた認定が要件となる。ただし，そこでスクリーニングされるものの，特定の資格は必要とされないのも事実である。[1] これに対して，児童養護施設職員は，基礎資格として保育士や児童指導員，教員免許，社会福祉士などのいずれかを必要とする。また児童相談所の児童福祉司になるには，児童福祉司任用資格を満たすことが求められる。[2] このように，資格の有無から判断すると，里親になるためには一定の認定基準が設けられる一方，保育や福祉の知識に裏付けられた専門性は必須とはされてい

---

(1) 養育里親については，児童福祉法第34条の20に定める欠格事由に該当しないことや，児童福祉法施行規則第1条の35の要件を満たすこと，年齢や子育てへの熱意などが要件審査の際に検討基準となっている。

(2) 養成校等（児童福祉司養成校卒業，講習会受講），専門資格（医師，社会福祉士，精神保健福祉士），心理学等専攻出身で指定施設での実務経験1年以上，関連資格（保健師，助産師など）それぞれの実務経験のうえで指定施設での実務経験1～2年，などのルートがある。詳しくは厚生労働省HP「市町村・児童相談所における相談援助活動系統図」別添2（http://www.mhlw.go.jp/bunya/kodomo/dv-soudanjo-sisin-betten.html　2016年11月4日アクセス）。里親を専任で担当する職員には，養育家庭専門員や，里親支援機関の里親専門相談員等が配置されている。

ないことがわかる。そのかわりに，発達障害といった子どもの背景理解などに対応するため，研修によるフォローアップが行われている。2009年4月より，養育里親にも認定前研修と更新研修が義務付けられ，国の方針のもと，各自治体によって設定された内容で研修が行われるようになっている。

したがって，里親の認定基準は，子どもの福祉に資する人物であるかを確認する基準であると考えられよう。里親も自身に専門性が備わっているとはあまり思っていないように思われる。これについて端的に語っていたのはCさんである。Cさんは，受託当初から実親と交流のある子どもをあずかっている。里親が里子のケアのみならずその実親のケアも担う必要性を感じる，という話の流れの中で，里親の養育範囲と里親になる人の資質について以下のように語った。

C（2008）：（実）親のケアっていうのは必要性があると思うけど，その（実）親のケアねえ。どこまでできるかって，それこそ若いお母さんたちっていうのは，年齢的に（里親である自分の方が年長なので）サポートできる面もあるかもしれないけど，あとは里親の人間性っていうか。試験して受けた訳じゃないし，やりたいっていう人がやってるだけだから，人間性も含めて里親さんのレベルっていったらいいのか，専門的知識，常識的知識，こうやってみると，意外と「えっ」ていう里親さんもいて。里親さんていうのは，こうあらねばならぬっていうのはまず考えられない。

C（2008）：だって，なんの免許もなく，ふつうの人が，「子どもが好きであずかってもいいよ」って，その程度だと思うのね里親さんていうのは。ただそれがそれだけじゃすまなくなって，いろんな勉強もしなくちゃいけないってなって，研修を受けたりなんかして（いるけれども），専門的な知識はないっていったほうが（いいのではないか）。そういう中で（実）親のケアもできるかっていうと，子どものことだけでも精一杯なのに，でも，（実）親のところに帰すっていうんであれば，ケアするところがないならどこかがしなきゃいけないっていうと…

Cさんの場合，たとえば「子どもの実親にどこまでかかわるのか」という養育の範囲は，「子ども好き」といった特性で対応できるものではないものの，専門性の保持というにはためらいを覚えているために，悩みとして問題化していた。

　一方で里親たちは，児童相談所の児童福祉司などに対しては，勉強し専門性を備えていることを期待している。Aさんのケースでは，子どもの担当児童福祉司が新しく若い職員に変わった際，その職員が子どもと実親との交流の橋渡し役をうまく出来なかったことがあった。そのためAさん，aちゃんとも動揺させられた時期があったことに触れて，その職員を「勉強不足」と評した。

　A（2013）：（児童福祉司の対応がまずく）遅い遅い，何かあってからじゃ遅いの。だから，ちょっと甘いんじゃないかなって，勉強不足の子担（子ども担当の児童福祉司）じゃないかなって，思ったんです〈苦笑〉。私はそのときはね。そのときは一番子担に腹が立った。

　里親養育には，児童養護施設や乳児院での家族再統合の取り組みや，施設養護の理論にもとづく養護実践と比較すると，一見いわゆる専門性は乏しいようにも思われるかもしれない。里親たち自身も，自分たちを専門職と捉える者はあまりない。養育里親に登録や更新の研修が義務付けられたとはいえ，専門性を身に付けたと感じるとは限らない。そもそも，専門職に近づくことを当事者らが望んでいるわけでもないようである。しかし，里親たちは単に児童福祉司に求めるような専門性を備えることをもって，子育てができるとは考えてはいない。むしろ，里親たちが主張する養育者の適格性は，里親になる動機としての自発性や子育て経験といった，養育に関する当事者性の強さとでもいうようなものである。次項で詳しくみていこう。

（2）里親の適格性
（2）-①動機の自発性
　Fさんに，児童相談所の担当児童福祉司がどのような存在かたずねたところ，当該職員がその職に希望して就いたかどうかを1つの基準にして話してくれた。

第5章 家庭であること／仕事であることをめぐって

F：(非常勤の職員は) 多分転勤とかもないと思います。だからとても，熱心にやってくださって，頭がさがります。やっぱり正職員の人も，この仕事を希望した人は熱心なんですけど，こうたまたま来ちゃった人は，戸惑っている人も多いというか。絶対，向き不向きありますよね。

児童相談所の児童福祉司には定期的な異動があり，継続的に同一児童の担当としてかかわるのは困難な現状がある。中には，福祉関連の職に配置されることを希望していなかった者も含まれる。しかし，非常勤で雇用される職員[3]はその職に応募し採用されるうえ，更新すれば同一児相での継続勤務が可能である。里親との関係もそれだけ長くなり，里親の目に熱心さが映るようである。こうした職に就く動機の自発性は，里親になることの自発性とも通ずるようだ。

Q：一番ね，だから（里親をするのは）良いわよやってみてとはいえないところがある。ほんとに自発的じゃないとやれない部分（がある）。

Qさんのような，「里親をやりたい人がやるのであればよいが，ひとに勧めることはできない」というような言葉は，里親たちからよく聞かれるものである。里親とは自発的に里親になる選択を行う過程がなければなれない。自発的に選択したのであれば，養育でつらいときも誰かを責めることなく「自分の選択の結果」として乗り越えていけるはずだと考えられている。たとえ児童相談所の職員であっても，異動によってはからずも福祉司職に就く者に対しては覚悟不足を感じる反面，希望して非常勤職を更新し熱心にかかわってくれる非常勤職員は評価されるのである。もちろん，児童相談所の職員はプライマリーなケアラーではなく，自発的か偶然かという位相以前に違いがある。里親と児童相談所職員は役割が異なるが，Fさんの語りにあるように，動機の自発性は仕事への取り組みかたやその評価に影響するものとして認識されている。こうし

---

(3) 役職名でいうと「養育家庭専門員」などがそれにあたる。児童福祉司も正規職員と非正規職員がいる。里親担当の養育家庭専門員や里親委託等推進員は厳密には児童福祉司ではなく，たとえば東京都の場合，専務的非常勤という扱いで，月16日勤務の非常勤職になる。

た動機の自発性や長期的なかかわりは，いわゆる専門職に期待される専門性とは異なる位相のものであるが，里親にとっては一定の意味をもつのである。

(2)-② 人生経験，子育て経験による裏付け

また，年齢層が高く実子の子育て経験や保育士など子どもにかかわる職業歴をもつ者は，人生経験や子育て経験に依拠した子どもへの接し方の習得を，専門職にも望むことがある。これをもっとも端的なかたちで語ったのはCfさんである。

Cf（2010）：担当者がある程度の年輩のひとが話すなら意味があると思う。でも親のすねをかじって施設とかで配属されて，「たいへんだよねそうだよね」って（子どもに適当にいうだけ）。なーんも，ただ子どもたちと里親とひきはなすだけ。要は，ふつうの子どもたち（と接するよりも）の2倍も3倍も努力しないと，仕事としてね（強調）。ほとんどだめ，自分のまわりをみたかぎりでは，そこまで教育しきれないと思う。…略…一生懸命里子をいい子いい子ってやってハイさよなら，そのくらいならできるよね。…略…（実際子育ての場では里親子の）感情のぶつかりあいになるから，だからきつい言い方になったりするけど。それ（その意味）が結局「なるほどな」って，自分が40，50歳になって，子ども作って，経験してああなるほどなって（わかる）。いいたいのはね，担当者は実地（自分の子育て）を経験して50歳とかになったら，子どもも癒せるよ。ただ担当になってきただけ，子どもたちが甘えるだけ，…略…おばちゃん（里母）のいうこときけとか，（＊甘やかすだけじゃなくて？）そう，そういうことを徹底的に話してくれる担当者なら大歓迎。

若い児相職員がたとえ知識を身に付けたとしても，子どもとの日々の生活を理解しきれるはずがない，という当事者性にもとづく主張がつよくなされることがある。子育て経験を経ることなく知識を仕入れたとしても，実際の子育ての場で生じる里親子間の感情のぶつかりあいは理解できないと，Cfさんは考えているのである。実子の子育てに限定せず，AさんやBさんのように保育士経験やVさん，Mさんのように教員としての経歴をもつ者も少なくない。Vさ

第5章　家庭であること／仕事であることをめぐって

んなども，教師としてある学年を担当したときに，子どもの発言の奥にある気持ちを子どもたちと考えたり，「子どもたちに考えさせる，子どもたちに答えをださせる，そしてそれをどう実行させるか」にこころをくだいてきたというエピソードに触れて，次のように語った。

Ⅴ：そういうようなところの（学校）集団にいて，色々熱心にやってきたから，こういう（里子の）問題行動に関しても，なんていうのかな，少し，対応できたんだと思う。…略…教師やってきたらあるわけ。じゃなきゃまったくできなかったと思う。

Ⅴさんは，その学年を担当したときに培った子どもに接する感覚を，里親であることと接続するものとして捉えていた。子どもに関する経験知は，現場感覚が養われているという意味で，福祉専門職のような専門性とは別の重みを与えられているのである。

一方，子育て経験のない人からは，経験知による適性の主張はなされない。里親でも，実子の子育て経験や子どもとかかわる職業を経ず，30代や40代で里親になる者もいる。本調査で最年少の30代のⅠさんは，里親の中ではかなり若い層である。実子はおらず，Cfさんのように子育て経験知を主張することはない。Ⅰさんの場合は，社会的養護としてお金をもらって養育していることを実子の子育てとの1つの相違点として挙げ，そこに里親としての専門性を感じるという。

Ⅰ：そうですね，専門性は求められると思いますよ。プロの里親とか，いいですよね。専門職だと思いますよね。
…略…
＊子育てのプロ？
Ⅰ：子育てのプロではなくていいんじゃないですか。…略…難しいですね。でも，自分がいった答えもいまいち説明が難しいですね。いやだから，お金もらってるからやっぱりっていうのはある。ふつうの子育ては，子ども産んで育ててるだけでしょ。

Iさん自身うまく説明できないというが、子育ての知識や経験というよりも、里親の福祉的・社会的な存在の部分を、その専門性ではないかと語っていた。とりわけIさんの場合、実子の子育てとの違いを社会的養護として費用が支弁される点に重くみて、里親というものを位置づけているのである。
　本節で「認定基準と養育の範囲」、「里親の適格性」として取り上げてきたように、里親たちは自らに基礎資格がないことなどから、専門性が備わっているとは考えにくいとみなしているようである。そのことは、養育の範囲が子どもの実親の支援などへと拡張してゆくことに対する、不安や疑問にもつながっていた。しかし、里親たちは同時に、専門的知識のみでは養育はなしえないと実感している。それは、児童養護施設職員や保育の専門職の職務内容ともまた異なり、たとえていうならば、素人としての専門性ともいえようものである。(4)子育て経験や人生経験を経て培われる子どもに対する感覚であったり、実子の子育てと異なり養育費用の支弁があることなどから、「ふつうの子育て」と異なる何かを感じとる場合もあった。つまり、施設職員や児童福祉司、ときに実子の子育てと比較したときに、そうした人びととは別の意味で、里親であることの適格性を主張していると考えられるのである。
　そこで、里親たちが関係機関と自らの行う養育を比較した際に、里親としての立場の適格性を意味づけてゆく論理を語りから帰納的に抽出したところ、2点が見出された。第一には、施設における生活と比べた家庭生活の有意義性を解釈資源として用いることである。第二には、仕事として要保護児童のケアにあたることとの違いを強調することである。これらの論理は、家族的役割を重んじた解釈にもみえるのだが、詳しく第3節、第4節で述べていこう。

---

(4) 松木洋人（2012）は、ひろば型子育て支援で働く支援者の語りの分析から、支援者たちは通ってくる母親たちと同じだという「当事者」であることと結びついた一定の専門性を備えていると認識しているものの、母親たちとの対称な関係性を確保するために、あえて「専門家」から離れた「素人」であることを利用して自己を意味づける過程を明らかにしている。

第5章　家庭であること／仕事であることをめぐって

第3節　施設生活との対比で語られる家庭らしさの価値

（1）将来のモデル

　Kさんはじめ里親たちは，「施設の保護員の方も難しいし，でもちゃんとやってるし，比較できるものじゃないけど」（Kさん）など言葉を選びつつ，子どもが施設で育つのではなく自分の家庭で育つことの良さを肯定的に語った。またIさんは，将来子どもが築くであろう家庭の一モデルとして，自分と妻の家庭での様子を子どもにみせることに意味を見出していた。

　I：僕らも親，とか，大人になってわかるんですけど，自分の家しか知らないじゃないですか。ほかのけっこう，いつも仲良しそうな子の親がいつもはどうかなんて知らないじゃないですか。だからそういうのを（子どもに）みせてあげる。だから施設で育ってるとそれがわかんないから。たとえば恋愛とか結婚したときに，（里親養育と施設養育では）違う出方をするんじゃないかと。里親里子で育った方が，一応家の中で，僕と奥さんが家でどんな話をしてるとか，仲いいときもあれば仲悪いときがあるとか〈笑〉，けんかすることもあるとか，わかるじゃないですか。ふつうにみせておけばいいんじゃないかなって。
　＊ああ，いつもの自分たちの姿を？
　I：とか，うちのパパはなんか家の中でこんなだらしないことしてるって幼稚園でいえるとかね。

　このようにIさんの場合，子どもたちの将来のパートナー関係や家族を築く際の一モデルとして，自分たち夫婦の家庭生活をみせる意味を感じていた。
　またMさんは，直接施設と対比していないものの，mちゃんにとって，家族成員が結婚や出産などのライフイベントを経ていく姿を身近にみられたことが喜ばしいと語っていた。

　M：彼女（mちゃん）にとって良かったなと思うのは，4年生の秋に，（実子

の息子が婚約し）かたちとしては結納というかたちで，(mちゃんも一緒に) 連れて行ったのね，それが4年生の11月で。そのときね，向こうのご家族にも，うちの娘ですっていって（紹介して），で結婚式にも妹として出るじゃない。で，嫁が妊娠して子ども産んだりするのをみてるから，そういうことがすごくこの子にとって，いい影響になってる，大きくなるとこういうふうになるんだなって。

＊モデル？

M：そう人生のモデルを，直接みることができたっていう。ふつう思春期くらいの年頃で，20代の（女性のライフイベントを間近でみるというのは），ないよね。だから，一番難しい年頃で，このあと自分がどうなるんだろうって悩むときに，なんかこう身近に幸せになっていくモデルがあったってことが，お嫁さんになるとか，ママになるとか，ママになると赤ちゃんはこんなにかわいいとか，こうやってあやすとか。あの子（mちゃん）は，自分もこうやってかわいがってもらったのかなって思ったみたい。だから「私もああやって抱っこされたのかな」とかいってきましたよ。だからそういうのをみていたのが，彼女が大人になっていくうえですごく良かった気がする。だから，うちの年齢構成が彼女にとってはよかった気がするね。

　mちゃんは，思春期を迎えた悩み多い時期に，Mさん家族の一員として親族に紹介され，結婚式に参加し，妊娠・出産・赤ちゃんのかわいらしさやそれを囲む家族の姿を間近で体感できた。そのことは，単に施設での生活から里親委託になっただけではなく，ほかでもないMさんの家庭にそのタイミングで委託となったからであると，Mさんには理解されている。

　Iさん，Mさんは，受託した子どもにとって，当該里親家庭での生活経験が将来の家族形成やライフモデルの1つの参考になると考えている点で，里親養育を評価している。

（2）模範的な生活

（2）-①適度な生活らしい「生活」経験

　また，家庭にいれば，適度な生活らしい「生活」経験ができるという語りも

第5章　家庭であること／仕事であることをめぐって

みられる。適度な「生活」とは，家庭で暮らす同世代の子どもたちは経験すると想定される基準にもとづいており，それは施設よりも里親のもとにいた方が得られると考えられている。この点は里親など家庭養護の利点として政策的にうたわれている点であり，里親たちもまたその利点を感じていた。

　Bさんは，bちゃんが暮らしていた施設を，雑多なもののある家庭での生活と比較して「無機質」だと表現した。

　B：乳児院の生活って無機質なの。でも家庭はさ，台所もあるし階段もあるし引き出しもあるしさ，（bちゃんにとっては）なんかそういうことが珍しい。今までbがやってきた，病院系列の乳児院だからさ，やっぱりちょっと障がいもった子どもたちも（いた）。今は建て替えてすごくきれいになって，ちょっと家庭的な雰囲気になったのね。でもbがいた頃の１年間ていうのは，とても家庭とは程遠い，病院チックな広い部屋にベッドがどんどんておいてあって，真ん中で遊ぶ，施設みたいな，そこにいる子たちは暮らしてるんだけど，家庭とはちがう無機質なところで過ごしてる。…略…（Bさん宅に来たbちゃんは）うちの中の引き出しという引き出しは全部あけて，危ないものはうえにおいて。でもさ今となれば今までの生活の中では経験できないことだから，bにとっちゃそれが物珍しくて。

　Bさんは，施設でも様々な生活経験をさせる工夫をしていると知っているものの，それでも依然として何かが足りないと感じていた。Bさんは，週末のみあずかったことのある，施設で暮らす子どものことを思い出して話してくれた。

　B：「ポケモンの映画観たい」っていうから，じゃ（行こう）っていったら，「これはなに」って（子どもが聞いてくるので），映画館だよって。「学園（施設）で映画会っていうのはあったけど，映画館っていうのはないんだ」って，びっくりしてて。ポップコーンとか食べるって聞くと，「食べる」って。ポップコーンとジュースと食べてすごい喜んで。なんかね，ふつうにしていることがふつうに経験できないんだよね，施設の子は。
　＊：よくバスとか電車ののりかたがわかんないとか。

B：でもそういうのってさ，施設でもさ，やってるんだけど，限界あるじゃん絶対…。

Bさんにとって，同世代の子どもたちと同じ経験は，施設生活よりも里親宅でより多く可能になると実感されているのである。

もちろん，施設でも日常的な生活は営まれている。しかし，里親たちが口にするのは，生活らしい「生活」というイメージである。施設によってはユニットケアや小規模グループホームの形式をとり，子どもを買い出しにつれて行き一緒に調理をしたり，お出かけに連れていくこともある。とはいえ，家庭であれば，日常の「生活」経験がより保障されており，その「生活」を提供することが里親の重要な役割だと考えられている。

ちなみに，この生活らしい「生活」経験は，あくまでその子どもの年相応であるべきだともみなされている。たとえば，aちゃんは6歳で里親委託になるまでの施設生活で，お風呂に入ったときに靴下を上手に部分洗いしたり，鏡をみながら長い髪の毛を器用に洗うといった生活習慣が身に付いていたという。Aさんの言葉でいうと「生活力のある子」であった。

A（2013）：（Aさん宅に来た頃のaちゃんは）何でも自分でやろうとしてたね。寝る前も自分で洋服たたんで。靴を洗うのも自分で。（施設では）そうしなきゃ生きていけませんって方針だった。でもね，6歳の子が自分の靴一生懸命洗ってるのみると可哀そうになって，「そんなしなくてもいいから」っていったら，しなくなるのは早かった〈笑〉。「しなくていいんだー」って。ほんとにね，しなくてね，そんな感じだったよ。しなくなるのは早い，できてたことをしなくなるのは早い，でもそれでいいと思ってますよ。

このように，里親家庭での生活らしい「生活」経験は，それぞれの里親が抱く，子どもの年齢に見合った経験の基準を適度に満たすことがめざされている。その基準に満たなくても，またその月齢の子どもにしては生活習慣がつきすぎていても，適切ではないと考えられているのである。同様の語りは，Rさんによるr2さんの受託当初の語りにもみられる。施設では1人の職員が複数の子

どもに対応せねばならないし，退所後の自立などを見据えて自分のことを自分でできるよう教えられることがあるが，里親としてはもっと甘えても良いと受け取る場合がある。適度な「生活」，子どもの年相応の「生活」は，「ふつう」の家庭であれば当たり前になされているはずのものとして価値づけられているのである。

（２）-② あずかった子どもが仮に施設での暮らしを継続していたら
　また，里親家庭に来たことの良さは，子どもがもしあのまま施設で暮らしていたらどうであったかという仮定と比較して，語られることもある。
　Hさんは，生まれてからおおよそ２年間乳児院で過ごしたのちに里親委託となった幼稚園児のhちゃんについて，もともとの落ち着いた性格が里親に似て変わってきたと感じているという。

＊来た頃と大分違うんでしょうね。
H：違うね，もともとの性格はクールなんだよね。…略…でもうちの夫婦はわりと感情的というか，うるさいというかこの通りこんな感じなので〈笑〉，冷静に，「ママうるさいよ」とか，「パパもっと落ち着いて」とか（hちゃんにいわれる）〈笑〉…略…，（hちゃんは）もっとクールだったんだけど，だんだんこっちになじんできてるんだよね，わかる〈笑〉？　明るくて，けっこうおしゃべりになってきて。そういうのをみると，ああやっぱり環境って大っきいかなって。多分あのまま乳児院とか施設で育ってたら，絶対違ってたなとは思う。もっとクールで斜に構えてみるタイプだから。
＊そうか，そのへんの出方がちがったかも。
H：そう，ちょっとこっちによってきた〈笑〉。

　こうした子どもの明るさや表情の豊かさが増してきたというエピソードは，Bさん，Iさん，Kさんなど多くの里親たちも口にする。自分たちとの暮らしが子どもに良い影響を及ぼしたと実感し，子どもとの相性の良さや，「もし施設にそのままいたとしたら」という仮定とともに語られる。
　また６歳から委託となっていたaちゃんが18歳で満期措置解除になって以降,

Aさんはaちゃんが里親委託になるまで暮らした施設の元職員と話す機会を偶然得た。aちゃんの成長をその職員に話すと，その方はaちゃんが里親のもとで育ってよかったといってくれたのだという。

A（2013）：aって，最初ちょっとくせのある子だったの。で「あのまま（施設に）いたらきっとちょっといじわるな子になってたと思う」って。
＊その先生（aちゃんのいた施設の元職員）が？
A：うん，くせがあるっていうかね，ちょっと最初は私も感じましたよって。ちょっとくせのある子だなって。それはあの，いい感じではなくて，なん，なんだろう，うーん。でもかわいいことはかわいかったわよ。（元職員が）「そこ（施設）にいたらね，あの子（aちゃん）ダメになってたと思うから，養育家庭に行ってよかったわ」みたいにいってくださったのね。それはまあわからないですよ，園（その施設）でうまくいく子もいるだろうし。やっぱり愛情っていうかな，独占したいってのはみんなあるじゃないですか，そういうのがもしかしたらちょっと，…略…もっと自分だけをみて欲しいっていうのが（aちゃんにも）あったと思うのね。だからそれがかなえられないと，やっぱりいじわるしたくなったり，おねしょが多くなって注目浴びたり，そういうのはよくあるじゃないですか。…略…だからうちにきてそれがよくなったのかどうかはそこはわからないですよ，園にいたってもしかしたら，色々ね，相手していただいて，良くなったかもしれないけど，それはわかんないことだけど。ま，先生はそういってくださったのでそうですかっていったんだけど。うん，だからまあうちにとっては相性が良かったのかなと思う。

里親たちは，謙遜や施設への配慮もあり，子どもが素直に甘えを表現できるようになったり順調に成長したことを，あからさまに自分たちの家庭に来たことと結び付けて語ることはしない。それでもなお，子どもと里親家庭の「相性」がよかったという語りの中に，里親としての実践に対する自負心をみてとることができる。

第5章　家庭であること／仕事であることをめぐって

（3）里親への関係機関のまなざし
（3）-①子どもの養育に専念する里親像：保育園利用をめぐって

　第1項，第2項では，里親たちが施設養育との対比で里親養育のもつ家庭的な価値を高く評価する様子を描いてきた。本項では，児童相談所や児童養護施設の職員らによる里親への期待像やまなざしを取り上げ，里親たちがこれをどのように受けとめて自身の役割を意味づけるのかをみていく。まず，児童相談所の児童福祉司による里親への役割期待についてである。里親には里親担当の児童福祉司（通称 親担），子ども担当の児童福祉司（通称 子担）がそれぞれついている。里親は，こうした里親制度の運用場面において，しばしば「社会的養護」としての望ましい期待像を向けられることがあり，その内容は里親たちの考える役割との間で齟齬をきたすこともある。

　日頃の児童相談所からの連絡程度はケースによるが，対象者たちの場合は年に1～3回程度が多かった。児童相談所が関与するのは，主に子どもの進路選択や心理的な治療等，子どもに関する物事を決めるときである。

　児童相談所とのやり取りにおいては，子育てというケア役割に専念するという想定が見受けられることがあるということを述べていく。その1つが，里親は夫婦どちらか（結果多くは妻）が専業で養育にあたるべきという考え方である。子どもが里親家庭に慣れ愛着関係がある程度築けるまでは，特定の養育者によるケアがなされるべきというのがその理由であり，保育園通園や共働き自体を否定する意図ではない。ただ結果的にこうした考えは，里親登録時に共働き夫婦を排除したり，受託児童の保育園利用への批判的まなざしといった問題として，里親に経験される。これを経験したのはBさん，Hさん，Fさんである。

　Bさんは，bちゃんを受託して，「1対1の関係はこれから私と家族で過ごせるけど，そういう友達どうしの社会的な関係っていうのは，家の中では

---

(5)　里親の担当福祉司は，里親登録した自治体の設置する児童相談所の福祉司がつく。子どもには，その子が最初に要保護児童として受理された児童相談所の福祉司が担当につく。里親と里子が同一の児童相談所の管轄内でマッチングされるわけではなく，また児童福祉司が児童相談所間を異動することもあるため，里親を担当する児童相談所と子どもを担当する児童相談所が異なることはよく起こる。

ちょっと足りないなって、いうのがあって、普通の年齢から比べるとやっぱちょっとbは遅れてるなっていうのがあったから、勘ていうのか」と感じた。そこでBさんは、bちゃんの保育園利用を検討する。その頃Bさんの親の介護がはじまったことも保育園利用を考える理由の1つであった。その際Bさんは「（bちゃんの担当福祉司は賛成してくれたが）私の担当の福祉司さんは、養育家庭なのに、そういうところにいれるのか」といわれ、「それがすごく私のなかでこう、ショックじゃないけど、何で」と思ったという。

B：研修のときに、里親になるから働いちゃいけないってこともなかったし、みんな働きながら、やってますって、血縁関係ある人たちも働きながらやってるし、なんで養育家庭だからやっちゃいけないっていうのはないのに、なんでそこでこだわるんだろうっていうのは、やっぱり養育家庭なのにどうしてそういうところにあずけるのかっていわれたときは腹が立って〈笑〉、とりあえず保育園に申し込みに行ったときももう一度いわれたの、あの、その（里親）担当の福祉司さんに、「Bさん養育家庭なのでね」って、もう私いたたまれなくなって〈笑〉。だけど、だからといって、娘に愛情をかけないってなってるわけじゃないし、よりいい方向に向けたいから保育園に入れたいのであって、だから手抜きをするとかね、楽したいからじゃないっていうのをね、泣きの涙しながらね、いったのね。

Bさんは、保育士経験や保育ママ経験から、「子育てなんかは親と長い時間いりゃあいいかっていうと全然そんなことない」と思っており、短い時間でもそれなりにめいっぱい接すればよいと考えていた。

B：なんていうのか、昔の人の考え、今の人はみんなやっぱり仕事もってるじゃない、ましてやその人（Bさんの担当福祉司）なんかは、そういうほうの、保育園はかわいそうっていう、なんかそういう括りの中の1つだったみたい。でも、保育園は全然かわいそうじゃないし、子育てなんかは親と長い時間いりゃあいいかっていうと全然そんなことないと思うのね。いる時間が短くても、いる時間でこう、だから私、日常子どもあずかったりするおかあさんか

ら相談受けたりするけど，一緒にいる時間が長ければいいってもんじゃないよ。短くてもそれなりにいっぱい接すればそれはそれなりの子どもとほら，親も思うものあるから，経験してきたから。なんかいっしょにいることだけがすごいいいことで，いないことがすごい悪いことっていうふうな彼女（Bさんの担当福祉司）の考え方にどうしても賛成できなかったんだよね。

この保育園に対する児童福祉司の考えは，単に「特別なニーズをもつ子どもの養育に専念すべき」というだけではなく，Bさんの介護負担などに対してもあまり考慮されていないことがわかる。Bさんは「福祉司さんにもいわれて，悩んでたのね，親の負担しながらもつれていけないことはないし，できないことはないかも，でも実際問題大変だし，bにとっちゃ私と離れることの時間少なくなることはあるけどメリットはあるなって」と悩み，最終的には保育園を利用することにした。

里親制度の実質的な運用は，国内でも地域によってかなり異なる。里親と児童相談所とのやり取りの中で，児童福祉司の里親への規範が表出される場合もある。児童福祉司の発言の正確な意図は不明だが，Bさんが経験した「子どもの養育になるべく専念する」など，「一般家庭」以上に里親家庭には家族的規範の順守が求められることがある。

Nさん夫妻は結婚当初から共働きである。約20年前，Nさんが里親登録した頃は，共働き夫婦は制度運用上里親になれず，里子を保育園にあずけることは二重措置とみなされ認められない時代であった。Nさんは児童相談所から妻に仕事をやめるよういわれ，「実子が育てられてなんで里子が育てられない」「ふざけるな」といったという。

N：私，（元職場が公務員の中でも）福祉関係だったから，後ろからどんどん手まわしちゃったの。いっぱい知ってる人にどんどん電話かけて，一言いってくれっていって，共働きでもちゃんと育てられるって，里親登録認めろっていって，働きかけてくれって○○（地方自治体名）に。○○も知ってる人いっぱいいたから〈笑〉…略…そういうありとあらゆる手を使って，風穴あけてって感じです。

Nさんは，保育園の利用においても壁に阻まれたが，Nさんは再び各方面に働きかけて根回しをしたという。一方，Kさんの妻は，施設で暮らしていた子どもとの交流等のため，施設の都合にいつでも合わせられるよう，自分から仕事をやめている。

　第1章第2節で確認したように，現在，制度上共働きであることを理由に里親登録が不可とはされておらず，子どもの保育園利用も可能となった。しかし，児童福祉司の考え方には個人差があり，たまたま担当した福祉司がそれらを積極的には認めたくない場合もありうるし，明示されずともKさんの妻のように自発的にやめる場合もある。現在でも共働きの場合，運用場面では妻が仕事をやめない限り子どもを委託しないという考えの自治体があることは知られている。

F：反対はされないんですけど，でも，あの，結構一部その，〈苦笑いしながら〉ネガティブなこといわれたこともあるけど〈笑〉，そうだなぁみたいな。
＊親担とか子担とか？
F：親担です，とにかく，「(里親になるということは)自分で選んだことなんだから，片手間でやらないで」みたいな。…略…幸い，同期じゃないんですけど，同じくらいのときに，何組かいらした方（里親になった人）がいて，その人たちがみんな仕事してたんですよ。…略…だからまあ，じゃあお互いに，そういう人がいるから，自分もいいんだなみたいな。
＊じゃあなんか，最終的に決めるのは，里親の方針ていう感じではあるんですか。
F：うん，そうそう。で，こういったことをはじめとして主人といってたのは，いろんな研修が平日なんですよ。この頃は，土曜日とか日曜日もありえるんですけど，でも平日だとそういった仕事を続けるのも難しくなるじゃないですか。だから，で，やっぱりほら，働く，姿をみて育つのもいいかなっていうのもあるので，なんかもうちょっと，行政側にも間口をひろくしてほしいかなっていうのもあるんですけど。なんか2年前くらいに，亡くなった事故（里子の虐待死事件）があったじゃない，うん，私も新聞報道くらいしか知らないんですけど，それ以来結構，厳しくなったんですね。

国レベルでは共働き里親容認の姿勢をとられていても，運用レベルで児童福祉司の意見や，義務付けられた研修がほとんど平日であるなどの事情から，実際は仕事を続けることは困難になっている。また，里子が里親によって殺害された事件の背景要因として，里親が働くなど多忙であったことが一因とされる中で，仕事をしながら里子の養育をすることは片手間である，手抜きであるようにまなざされることになる。本来，里親が養育に専念するという役割期待は，子どもが里親家庭に落ち着くまでの期間は養育に専念できる環境であってほしいという意味で寄せられていると思われる。そのような場合，児童福祉司の意図と里親の受け止め方との間で誤解が生じている場合もあるかもしれない。しかしながら，児童福祉司によっては「子どもが里親家庭に落ち着くまでは」といった意味合いを超えて「保育園はかわいそう」という発想をもつ者，「自分で里親になると決めたのに片手間に育てるな」というニュアンスをもたせる者もいる。そのような場合，「子どもが里親家庭に落ち着くまでは養育に専念」すべきだという里親への規範的期待と「保育園は全然かわいそうじゃない」（Ｂさん），「共働きでも育てられる」（Ｎさん）といった主張は，平行線のまま双方の歩み寄りを困難なものとする。そして，この種の児童福祉司の言説は，里親がおかれた家族的文脈のあり方を左右するものであることにも留意する必要がある。

（３）-②「専門家じゃない」里親
　児童相談所のほかにも，子どもが以前いた施設や，居住地近隣の施設との接点も多い。Ａさんは，近隣の児童養護施設に見学に訪れた機会を振り返った。

　Ａ（2013）：悪いイメージはなかったんだけど，養護施設に関しては。（ある□□という施設に関しては）何回行っても線があるような気がしたの，なんか隔たりが。…略…なんか□□はね，（里親に施設の見学の機会が）あるから来てくださいとはいうけど，そんな（里子に）出してない，出したけどうまくいきませんでしたっていうこと，だからちょっと（里親に対して）ランクを下げてみてるんじゃないかな。
　＊養育家庭を？

A：どうせ専門家じゃないみたいな。ふふ〈笑〉でもそういうのがあると，どうしてもほら，自然にやれないじゃない，おりてきてくれないと，ほんとにそういう意見をもってるかわからないけど。だからあんまりいいイメージはなかった。…略…

＊けっこう施設と里親の協働みたいな，最近はいうけど。

A：最近いうけど，受け入れ態勢がないのにそういう言葉だけいわれても，やっぱり伝わらないし成果は出ないよね。…略…最初からわからないけど，□□がどう思ってるのかわからないけど，そういう（里親を下にみているような）印象与えていること自体問題でしょ。

＊あーそっか。理想としては，なんかこう，子どもを育ててる…

A：同じ，対等のあれで，アドバイスでもなんでも，こうだったらこうですよとかいってくださればきけるけど。最初っからこう隔たりがあるような，規則だからきましたみたいな態度だと，出なきゃいけないって，私はなんか□□に対しては私はそう思った。

Aさんは児童養護施設全体に良い印象を抱いていないのではない。別の施設では，職員向けの研修に里親も誘ってくれるなど里親に対してオープンな姿勢であるといい，そうした施設は少ないこともあって，Aさんはとてもうれしかったという。そこで，お手伝いできることはしようと，Aさんはその施設でボランティアを続けている。

施設職員にとっては，里親に対する印象が良くない場合もある。里親と接する機会は里子に出すときと里親委託の不調ケースとして施設に戻ってくるときでもあるからだ。里親に対する温度差は，自治体によっても各施設によっても随分と異なるようである。

本項では，行政側のもつ里親への期待像や，施設職員の一部は里親を対等にみてくれないことへの不快感，抵抗を示すことを述べてきた。とりわけ保育園利用や共働きに関しては，Nさんのように人的資源などを駆使して抵抗できる場合もあるが，そうした資源をもたない場合，主要役割の選択として仕事をやめる結果につながりやすいことがうかがえる。

本節では，里親が外部の公的なエージェントと相対したときに，施設におけ

る生活と比べた家庭生活の有意義性を解釈資源として自身の役割の意味づけを行うことを示してきた。将来の家庭のモデル提供や，生活らしい「生活」経験がかなうこと，明るい子どもらしさを育むような愛情に満ちた状態といった「家庭らしさ」の意義を，実際にあずかった子どもの成長において実感できると，施設ではなく家庭で，そして我が家でこの子を育てることができてよかったと思うのである。里子と里親の関係がある程度落ち着き，子どもが安定している場合，「施設よりも家庭で育つ方が良い」という言説は効力を発揮しているといえる。

　本研究の調査協力者たちは，調査当時，少なくとも時間や気持ちの面でインタビューを受けるだけのある程度の余裕をもっていたことも，上述のような語りが見られた背景にあると考えられる。また，多くの場合筆者を自分より年下で経験の浅い女性，あるいは学生とみなしてインタビューに応じている様子がうかがえ，自らの行う養育の正当性の根拠を語る語彙として，「施設よりも家庭で育つ方が子どもによい」といった表現は，仮に筆者が施設職員経験や児童養護関係の経験の厚い研究者である場合よりも，容易に用いやすいものであった可能性も推測される。

第4節　仕事としての要保護児童ケアとの異同

　里親たちの中には，里親養育を仕事として捉えることをめぐって対立的な考え方が存在する。それらを紐解きながら，本節では，仕事あるいは職業としての子どものケアと里親養育との比較を通じ，里親が自身の役割をどのように意味づけるのかに焦点を移していく。

(1) ケアの無限定性の担保
(1)-① わりきりと責任の所在

　Cfさん（2010年）は，施設職員が仕事として行う養育と里親による養育とを弁別して表現する際に「経営」という言葉を使い，個別的な関係性を内包するものとしての家庭や，それを24時間休みなく運営していく責任を指摘している。これは，Cさん夫婦が家族で商店を営んでいることにも由来しているようだ。

Cf：なんで施設の子がだめになるかって，…略…俺からみると，十把一絡げだから，担当者も（子ども）何人かに１人だから。自分の担当の時間無事に過ごせればいいんですから，そうだよねそうだよねって（適当に子どもの機嫌をとって）次の人にバトンタッチしちゃえばいいんだよね，気持ちのはいった子どもは育たないよね。言い方わるいけどサラリーマンですもん，サラリーですもん。でも家庭は経営ですからね，夫婦の経営なんですよ。

家族によるケアの継続性の想定，代替不可能性についてはＫさんやＢさんによる言及もある。

Ｋ：3歳4歳って親を知らないで育つっていうのは，気持ちがすさむのはわかります。…略…そんな小さいときに，なんていうか，信用できる大人がいないっていうか，なんでもいえる人が，つねに一緒にいる人がいないのは。…略…（自分は子どもにとっては）何があっても，絶対おまえを守ってやるっていう（存在でありたい），…略…18歳で解除になるかもしれないけど，それは終わりじゃない。…略…つねに同じ人がいないと，小さい頃から，のべつまくなし職員がかわったりとか，担当がかわったりとか。…略…親は変わんないですから，絶対，親は。

Ｂ：それに時間になれば先生かわるじゃない，乳児院みたいなとこは。

こうした仕事としての養育との比較は，里親どうしの間で互いを比較しながらなされる場合もある。引き続きＢさんと，Ｆさん，Ａさんを取り上げよう。
　Ｂさんは里親関係の研修大会に行った際，質疑の時間でのある里親の発した内容に反発を覚えたという。そのとある里親の発言とは，「うちの子高校１年生の子が今までになくできる子で，大学行きたいと。でも自分のやるべきことは措置解除でおわり」という内容であったそうだ。これについて，「その場の彼女の言い方ではね，１つの仕事としてやってるように聞こえたのね」という。

---

(6) Ｃさんとのインタビューはｃさんの自宅で行っていたため，自宅にいたＣさんの夫が時折会話をともにする場面があった。この語りはその際のものである。

第5章　家庭であること／仕事であることをめぐって

B：(子どもが18歳になれば)たしかに制度的な終わりだけど，今まで暮らした時間があるんだから，それで終わりっていうのがあり得ないって思う。自分の子，血のつながり別にして，18歳なんかで，うちの息子（Bさんの実子）は働きはじめてるけど，でもありえないなって，思ってるわけ．…略…それでそのおばさんは，「18歳になったら終わり」っていいきってしまうってことは，なんだろうなって，ガーンときて。…略…たしかに18歳になったら措置解除になるけど，…略…じゃあなんのために里親さんやってるんだろうって，なんか仕事として，仕事じゃないけど仕事として割り切ってやってんのかなって。

　Bさんのように，対象者たちの中には，地域の里親会や様々な場で出会う里親たちの中で，自分がどのようなタイプであるか分類しながら話す人もいる。その基準の1つとなるのは，委託にかかる費用の解釈や養育に対するわりきり方をめぐる「仕事」「職業」的な部分の可否なのである。
　つづいてFさん，Aさんを紹介しよう。Fさんの見方によれば，里親をする人は大きく2タイプあるといい，自分自身は「けっこうはずれたほう」とそのいずれとも異なるという。

F：里親やる人って，大きくわけて2タイプあって，私はけっこうはずれたほうですね。けっこう，まじめな方が主流で，冗談もいっちゃいけないみたいな〈笑〉。私は，ま，そんなに，一筋になりたくないですね。人生ほら，自分の子どもだって離れていくじゃないですか，で逆に離れてくれないと，その子の人生もはじまらないので。…略…
＊その，まじめなタイプと，もう1つっていうのは？
F：これは私の意見なんだけど…略…里親を職業みたいに考えてる人。養育里親をやって，○○（都道府県）から生活費とかの一部が出てるんですよ。…略…その職業みたいに考えてる人は，これは自分のさいた時間に対する対価だからっていうか，生活費をそう捉えている人。口に出してってわけじゃないけどそう感じます。

都道府県，また里子の年齢等により養育費の支給額は異なる[(7)]。Fさん自身は，「まじめな方」のタイプにも「職業みたい」なタイプにもどちらにも属さないとし，どちらの考えの人の話も耳にはいるが，あまり巻き込まれたくはないという。同様にAさんも，いくつかのタイプを示して自分の立ち位置を語っている。

A（2013）：色々でしょう，養育家庭も〈笑〉，千差万別，私たちちょっと集まってもそう思うから。若い方はだんだんこう，私なんかの考えとこう，違ってきてるかなみたいな。
＊なんか感じます？
A：まあほかの方も，どなたがどうってことはないけど，やっぱりわりきり方が違うかなって。たとえば経済的なあれでも，養育費とかいただくわけじゃない，行政から。そういうのも，少しは，ありがたいって気持ちがあるのかもしれないけど，もらって当たり前みたいな。だから仕事ではないかもしれないけど，こんだけやってるんだから当たり前みたいな，あとこんだけいいことやっていますよみたいな，自分のステータスにするみたいなのもあるのかなって。わかんないですよそれは，でもそういうのもあるのかなって（感じることがある）。

FさんやAさんのことばによれば，里親による養育は，「本来対価を得てわりきって行うものではない」という命題が読み取れる。しかし実際には，語りの中で自身とは対照的に，仕事のようにわりきる里親が存在しているのもまた事実である。調査協力者たちの多くは，なぜわりきるタイプの里親と距離化したかたちで自身を主張しようとするのか。こうした認識の相違は，里親の責任をどう捉えるのかということに由来すると思われる。

筆者が，気持ちのもち方として仕事とみなし養育する里親もいるが，これをどう思うかたずねたところ，Kさんは次のように語った。

---

(7) 詳しくは次節を参照のこと。

第5章　家庭であること／仕事であることをめぐって

K：多分それは何か問題がおきたとき，…略…ちょっとわかんないけど，高校生とか，中学生とか，すごく問題ある子をお願いするときに，愛情だけでは，補いきれないものがあって，仕事としてわりきるしかないのかなっていう意味ではわかる気がする。

K：こんなに大変なのにやってるとしたら，仕事として捉えるっていう。…略…多分それは，いつ帰してもいいとか，その子を責任もって，へんなはなし，その子を大人になるまで育てなくてもいいとか，大変だったら帰しちゃってもいいとか，…略…こんな大変な子だけでいいですかって，でまあいいかって，で仕事として割り切るっていうのは，わからなくもない。

Kさんの語る「責任」は，子どもが大人になるまで人生を引き受ける意味合いであり，その点Aさんも共通している。

A（2013）：次から次からあずかってたら，子どもとの関係が深くならないでしょう，相談くらいはのれるかもしれないけど，まあ1つの施設みたいな感じで。私はそういうのはいやだったの，かかわり合いになるならずっと，責任をもちたかった，育てることに関しては。だからその子の生きる道筋じゃないけど，ある程度大学も行きたいっていったら行かせたかったし。…略…だから，ほかの子は受けなかったの，私は。

たびたび聞かれるこうしたわりきりや仕事といった表現は，「わりきり」が可能——不可能というカテゴリー対と，「仕事」であるか——否かというカテゴリー対から，「わりきり可能」と「仕事であること」を結び付け，それから距離をとるかたちで自身の営為を位置づける際に用いられる。そして，仕事とわりきることは，子どもの面倒をみきれなかったり，責任をもてないものとみなされる。そのため，わりきれるという立場を理解できる条件としては，問題行動などの大変な子どもであるかどうかなどが挙がり（Kさん），責任をもつために受託人数を制限するやり方がとられるケースもある（Aさん）。施設職員であっても，かならずしもわりきっているとは限らないものだ。しかし，わり

163

きっていると，ここまで取り上げてきたケースではみなす傾向があった。ほかの調査協力者も含め，それぞれの語り方は異なるものの，施設職員などの仕事との違いを示すことで，ケアのもつ無限定性を認識し，自らをそれを保証するための担い手と位置づける様子がうかがえる。

しかし，仕事として責任をもって養育を行うと考えることも可能なはずである。Ｉさんは，里親であることを「社会的な分業，役割」として捉えている人であり，本調査協力者の中では社会福祉的な動機が強く，比較的福祉的役割の認知にもとづき養育にあたる方である。

Ｉ：究極的には，里親里子の制度で，子どもあずかった場合に，どこまで，責任もつっていうか，影響がでるかっていうと，その，さっきいったみたいに，里子が恋愛したり結婚したり，男選び女選びとか，その，どんな女の人とつきあってどんな男の人とつきあって結婚するとか，そういうのをちゃんと見届けるみたいな仕事。

Ｉさんは，ある程度子どもを長期的に育てる意向をもち，わりきったり大人になるまで面倒をみないともいっていない。この語りは，上述のＫさんやＡさんのいう「責任」となんらかわりがないようにもみえる。「仕事」の捉えかたによっては，責任をもつことに重きをおいていないとは限らないのである。

本調査協力者たちは，施設職員のような仕事としての養育と里親養育とを差異化するケースも，社会的な役割として里親養育を仕事と捉えるケースのいずれもが，第４章でみたような「時間的限定性」を超え，程度の差はあれ何らかの責任をもち続ける意向を示していた。

（１）-②子どもを見立てる視点の相違

とりわけ，施設職員のような仕事としての養育と里親養育との間に距離をとる里親たちは，仕事としてわりきって養育にかかわる専門職らにとっては，子どもが長じた先までの長期的・包括的視点をもちにくいと考えている。「わりきる」「仕事」と差異化された関係の継続性や代替不可能性は，とりわけ児童相談所の福祉司などとは子どもをみる視点において大きな差異があるという認

識につながる。立場の違いによって，子どものリアリティを捉える観点が異なっているのである。以下では，勉強ができないという状況を素材に，子どもに対する里親と児童相談所や専門家などとの見方が異なっているために，何が問題となったのかを，AさんとMさんの事例からみてみよう。

A：たまたまなんかの研修のときに，××先生が講師で，…略…それでちょっと（aちゃんが勉強ができないことを）話ししてたら，「もういいじゃなーい，なんかみんな勉強以外のとこで悩んでるんだから，勉強ができないくらいどうってことじゃないわよ」なんて，（先生に）いわれちゃいましたけど，はっはっは〈苦笑〉。

M：乳児院で育って，言葉かけが少なくて4歳を迎えた子は，残念ながらそこまでで獲得できなかったことを，倍で与えたとしたって，3年が必要になる，0～3歳で足りなかった分を与える。でも倍で与え続けることってそうそうできることじゃないとすれば，取り返せることじゃないのね。だから勉強なんてできなくてもいいじゃないかっていう人もいるけど，でも，やっぱりそれは困ることには違いないんですよ。だから，苦労している養育家庭さんってほんとに多いだろうなって思う，だからそこはどうやってケアしてあげなきゃいけないのかっていうのは，これからの課題だと思う。でも児相とかは，命の安全が最優先だから，勉強なんかできなくても健康ならって，なりがちなんですよね〈笑〉。だからあんまりこう，勉強ができなくても，そうだね心配だねなんとかしましょうってはならないのね…略…でもね，それでいいのかなって思うんだよね。
＊勉強も，それまで獲得できなかった分がでる，一分野であって，（M：そうそう），それは気持ちの発達とか，表現できないとか，色んなところにでてるんだろうなって思うんだよね。
M：人とのコミュニケーションが積み重なってないから，コミュニケーションがうまくできなかったりとか，わからないことをわからないと表現できなかったりとか，わからないっていったらいけないって思ったりとか。

勉強ができないということは，ただ勉強ができない以上の意味があるものだ。里子の場合，高校に進学できなければ措置変更につながる可能性があるからである。勉強についていけず学校に行けなくなった場合など，別のより適した学校を探したり，その後の進路選択及び自立のための方向性検討も修正を要する。
　さらにいえば，勉強ができないこと自体が問題であるというよりも，Mさんの語りにもあるように，学力不振の根底に，コミュニケーションの蓄積不足などの問題があるという共通理解が福祉専門職との間でとれていないのである。つまり，1人の子どもをみているときでも，里親と児相などの立場とでは，当然ながら優先事項や見方が異なっている。それは単純に見方が異なるだけではなく，たとえば目の前の「勉強ができない」問題をどのようなものとして認識するかといった，事実認識の違いを顕在化させる。こうした状況下では，それぞれの子どもをどう捉え何をめざして養育するかという方針を共有できていないことが問題化されているのである。そうすると，里親はわかってもらえない感覚をもったり，自分なりの対応をそれでよいとしてさしあたり続けるしかなくなってくる。このように，児童相談所との立場の違いが子どもをみる視点の違いとしてあらわれるとき，自分であれば子どものリアリティがわかるという自負にもつながっていくのではないだろうか。
　さらに，Fさんが強調したのは，子育てというケアの評価基準のあいまいさである。Fさんは，夢中になったというガーデニングの植木を子どもの成長にたとえつつ話した。

　F：よく新聞とかでもいわれてることですけど，子育てってすごいことなんだと思います。やってみて，仕事のほうがよっぽど楽なんですよ。楽で評価ももらえる…略…仕事のほうが自分がやったことをそのまま評価されるじゃないですか。
　＊ああ，ほかの人からも？
　F：うん，たとえば車の営業して100台売れば，100台売ったあの人みたいなね，お金ももらえるし。それが子どもって，どんなに頑張って育てても子ども自身の苗木の性質もあるから，育て方がその苗木と合わないと，曲がっちゃったりとか，倒れちゃったりとかする可能性もある。評価ももらえない

第5章　家庭であること／仕事であることをめぐって

し，立派に育って当たり前と周りの人は捉えるよね。
＊ああそうですね。
F：うん，育って当たり前。だから，世の中のお母さんは全員すごいなって，お父さんもすごいけど，近頃。

ちなみにFさんは，子育ての自己評価基準について続いて述べている。

F：ちょっと一世代前の，昭和の時代だと，子どもが東大行ったとか，東証一部上場企業に入ったとかね〈笑〉，それなんでしょうけど。今は，まあそういうのももちろん1つの評価なんだろうけど，ちょっとちがうのかもしれないね，だから，けっこう子育ても悩みの時代なのかも。

Fさんが語るように，子どもは「育って当たり前」であるため，仕事とは異なり養育評価がなされにくい。むろん里親たちは，自らを評価してほしいと主張しているわけではない。里親たちは，福祉専門職らと対比したときに，養育における期間や内容，視点に少なからず無限定性を感じ，その点に自らの役割を見出していくのであった。

（2）子どもにとって第一義的養育者である／ありたい：施設職員は「永遠のライバル」？

前項でみたように，里親たちは，福祉専門職らと子どもを捉える視点を同じくしているとは限らず，自分の見立てを信じて養育したとしても，その評価基準自体あいまいなものである。そうした状況のもとでは，子どもをとりまく関係者間において自身の位置づけは，自分が第一義的養育者である，またはそうありたいという自負のようなものであるのかもしれない。

Hさんによれば，里親委託以前の子どもの過去の愛着対象を，「なかったことにしたい」「永遠のライバル」とみなす里親がいるという。そうした前提には，自分が子どもにとって唯一性をもつ存在であるということに加え，第一義的養育者である／ありたい思いが埋め込まれていると考えられる。Hさんは，そうした施設職員をライバル視する見方と一線を画し，hちゃんの乳児院時代

167

の担当保育士と現在も半年に一度は泊まりがけで交流をしている。その担当者はhちゃんを大変かわいがっていたという。そのおかげで，Hさんにはhちゃんが「すごい溺愛されて育ってる」「愛情面でわりとこう上手に埋まってたのかもしれない」と思えている。

H：ちょっとずつ慣らして離していくっていう。(ぱっと) 離すんじゃなくて。ずっと半年に1回▽▽（もとの乳児院担当者のいる地域）に行って，今も〈笑〉。そうするとhも，ちっちゃいときにかわいがってくれたおねえさんに会えるし，徐々に。
…略…
＊いいですね，なんかそこまでっていうのはあんま（聞いたことがない）。年賀状くらいとか。
H：なんかね，永遠のライバルって，担当の人が〈笑〉，養子縁組の里親さんにすると，結局かなわないみたいな。
＊そこは空いてる，空白というか？
H：そう，そこ（委託前の愛着対象）を想ってる子がいたりして，「永遠のライバル」って〈笑〉。
＊敵なんですね〈笑〉。
H：敵になっちゃう，でもそうすると子どもがかわいそうだから，皆で仲よくなっちゃおうみたいな。
＊そこは競合する相手ではないっていう感じですか？
H：はじめはちょっとね，軽くあったの，こういう私でも，こういうひらけた私でも〈笑〉。ちょっとね，嫉妬心が軽くあったんだけど，それ時間も問題で。(乳児院で）2年過ごしたんだからもう仕方ない。そこを否定するんじゃなくて，そうよね，会いたいよねっていいながら，徐々に徐々に（離していく）。
＊hちゃんも会いたいっていいますか？
H：うん，いってた，だから次のお休みに会いにいこうねって。だから離れても，最初は2か月に一遍会いに行ってたの。…略…徐々に離していく戦法っていうかね。だから，うん，ぶちって切ると，大人でもつらいじゃない。

＊そうですね。生活のすべてですもんね。
H：そうそうそう，そこは主人と話してて，2か月に一遍で，▽▽から離れたら半年に一遍って，…略…すごくみんなうまく，仲良く。
＊すごいですね。
H：うん，だからこう，そのほうが結果的にみんなが幸せになる方法だと思うんだけど，なかなかね，そこまではできないみたいで。
＊ああ，ほかの方が？
H：うん，たとえば，もう乳児院とは切りたいしぶちっと，なかったことにしたいしとか。

　とりわけ里親制度の場合，公的機関の介入は必須であり，実親や施設職員などの複数の養育者がともにかかわっている場合もある。その中でも，自分が子どもにとって一番の養育者である／ありたいという思いを抱きがちになる。こうした思いは，第1項で述べたような子育ての評価のあいまいさや，ケアの無限定性に対応できる自分たちこそが子どものことをわかっており責任もってみているのだ，というような自負を根拠にして支持されている。第一義的養育者は，仕事として断片的にしか子どもをみられない児童福祉司などよりも，子どものニーズや最善の利益を考えられるとみなされている。
　ただ，子どもを第一として子どもの最善の利益を考えるのは，里親も児童福祉司も同じはずだ。ところが，子どもが第一であるという理念の解釈が，関係者間で共通しておらず，対立しあうことがある。Cさん（2010）をみてみよう。

C（2010）：ね，子どもには子どもの言い分もあるだろうけれど，上の子のとき，もう無理だって思ったときに，児相に，「里親のためにやってるんじゃない，子どものためにやってるんだ」っていわれたのがすごい印象的だったんだけど。それはわかる，わかってんだけども，一番何がって，でも里親がいやいややっていえばあれだけど，無理してやって子どもにいいわけはないって，私の言い分としてはって思うんですけれどもって，いったら，「それはわかるけど，でも里親のためにやってるわけじゃないから，子ども優先」みたいな，言い方してたんだけど。うんたしかに，理屈はそうなんだけども，

だからって児相が里親の支援をどこまでできるかっていう…略…でもやっぱり，私はそこまでいわなかったけど，里親が楽しんでやらないかぎり子どもも楽しくやれないと思いますよ。…略…無理してやったって，ストレスたまると思うのね。それがどこにぶつかるかって，子どもにぶつかる。
＊それは子どもにとっても負担ですよね
C：子どものために，里親支援が必要なんだよって（いいたい）。里親のためじゃないよって〈笑〉。だって里親（は，どうしても無理ならば）やめればいいじゃん，やっぱりだめって。

　Cさんは，子どものために里親支援をしてくれるのでなければ，結局は子どものためにならないと考えるものの，当時の児童相談所側はそう考えてはいなかったようである。児童相談所側の子ども第一という考えと，里親の考える子ども第一とは，正確には同義ではない。前項②視点の相違とも通ずるが，同じ事柄を捉えるにしても，立場によって優先事項や捉え方が異なるからだ。里親を第一義的な養育者としてみなし，子どものために第一義的養育者を支援する発想を，Cさんは児童相談所に求めているのである。
　HさんやCさんの語りからは，里親と関係機関の間で，子どもについて自分が第一義的な養育者として子どもを育てていることを認めてほしいという意識がうかがえる。第一義的養育者としての思いは，責任を負いつつも評価が困難な里親養育の固有性に対する自負のようなものではないだろうか。
　本章を振り返ると，第2節では，里親としての適格性は資格や知識に裏付けられたような専門性を得ることのみでは埋まらない"何か"が存在すると考えられていることを，動機等をきっかけにまず示した。そこで，第3節，第4節では児童養護施設職員等との対比，また仕事として子どもにかかわる者との対比から，家庭らしさやケア責任を保証するものとして自らを主張する過程を取り上げてきた。本節ではとくに，仕事として養育するということを「わりきっている」ものとみなして距離をおく調査協力者が多いものの，一方で「社会的な役割」として肯定的に引き受ける者がいることも確認できた。こうした「仕事」との距離化の程度は，次節で取り上げる，養育費に対する考え方にも差異を生じさせるものと推測される。

第5章 家庭であること／仕事であることをめぐって

第5節 養育費，里親手当の解釈：報酬受取・賃労働化の回避

　家庭でのケアや「わりきらない」ケアという意味づけが重んじられると，里親養育に公費で養育費が支給されるというしくみ[8]との間に，矛盾が生じる。その理由には，一般家庭で行われる子育てに養育費は支払われないこと[9]が挙がる。家庭でのケアと有償性をめぐって，里親はいかに対処するのか。そこで，まず1）養育費，里親手当の解釈，そして 2）それらのお金の使い方に着目して分析をすすめていく。

（1）有償性の解釈
（1）-①「仕事」とのかかわり
　里親手当や養育費に対して，「対価」のような捉え方は避けられる傾向がみられた。その理由の1つには「（自分がしているのは）ふつうの子育て」（Bさん），「楽しませてもらって，お金まで。もらいすぎなくらい」（Hさん）といった，日常的には血縁親子に近い感覚があるからであろう。さらに，本章冒頭で紹介したAさんは，「（お金は）もらって当たり前みたいな，だから仕事ではないかもしれないけど，こんだけやってるんだから当たり前みたいな，あとこんだけいいことやっていますよみたいな，自分のステータスにするみたいなのもあるのかなって」と述べ，有償性を里親自身の報酬のように捉えることに抵抗感を示していた。この抵抗感はほかの調査協力者にも共有されていた。一方Iさんは，少し異なる意味づけをしている。

---

[8] 子どもをあずかることによってかかる経費のうちの一部は「養育委託費」として里親に支弁される。この養育委託費には，里親手当や一般生活費等の請求が不要な経費と，学校給食費や教科書教材費のように請求が必要な経費とがある。また，里子の月齢に応じてかかる場合のある幼稚園費の一部や，学習塾費，各種学校就学金などが請求できるが，自治体や各里子の状況によって支給額は異なる。

[9] 児童手当制度のように，「家庭等の生活の安定に寄与する」「次代の社会を担う児童の健やかな成長に資する」目的のもと，養育者に手当が支給される制度もあるが，社会的養護としてあずかる子どもの養育にかかる費用を支弁するのとでは，意味が異なるものであろう。

Ｉ：(一般的に子どもが) 自分の分身みたいな感覚ってあるっていうじゃないですか。その感覚はないし，全然似てないし，似てるとこもないし (中身)。うん，ま，ある (程度)，似てくるとは思いますけど。あとだからお金もらってるって感覚でやってるから，最初から。
＊お金が出るってどう思いますか？
Ｉ：ええと，僕はお金出ていいと思う。養子縁組と里親をわけて，今まで分けなかったのが不思議。で○○ (都道府県) から仕事委託されてお金もらってるので，個人施設長みたいな感覚はありますね…略…いま僕公務員ですけど，○○ (都道府県) から税金でこの子をあずかってくれっていわれてて，でそれをちゃんとやるっていう (こと)。で，僕もあずかりたいですって。…略…それ以上でもそれ以下でもないんだけど，(いざあずかると) いろんな情が出てくるっていう (こと)。

　里親であることについて，お金をあてにしていると思っても，また他人から思われても嫌だという思いは，多くの里親に共通するだろう。まして，やむをえず里子という状況におかれた子どもの養育に支弁されるお金である。だからこそ，「お金をもらうことをありがたいと思うべき」や，「お金はどうでもいい」という発言がでる。しかし，支給されるお金はたしかにあるのだとすれば，それを受け取ることを正当化する論理が求められる。それはＩさんの場合，「社会的な役割を担っている」という自覚だといえる。この自覚は，先ほどの語りに付け加えて「それは僕が男側から考えているからかもしれない」，「男親はそんなに大変じゃないと思いますよ」というように，日常的なケアは妻が担っている状態をふまえて振り返られてもいる。
　お金の支弁への感謝を前提とした意味づけや，社会的な役割という意味づけは異なるものだが，実子の子育ては自己負担であることとの対比で，里親としての役割や養育の有償性が何かを意味すると認識されている点では通底したものがある。

(１)-②お金が果たす効果
　そこで，どのようなときに，何に対して里親手当や養育費が支払われるもの

第5章　家庭であること／仕事であることをめぐって

と捉えているのかに注目する。里親が養育の中で何らかの負の感情を抱いたときなどに，「お金をもらっている」と意識化することによって気持ちを納得させるという対処を見ることができる。ここでは，まず対子ども，次に対福祉専門職（児童相談所職員）について，それぞれお金が果たす効果をみていこう。

　子どもにお金をかけるときとは，何かしら期待をこめている状況が想像できる。とはいえ，期待にはいつも応えがかえってくるとは限らない。これに関して，Cさん（2010）の場合，かつては「お金なんてどうでもいい」と思っていたが，ある里親仲間にいわれた一言に納得したことがあったそうだ。

C（2010）：（ほかの）里親さんに，お金なんてどうでもいいんだけどっていったら，「Cさんそれは違うよ」って，「これだけやってやったのにって残らない意味もあるよ」って（いわれた）。
＊残らないように？
C：残らないようにっていうかな，この子にこれだけやってやったのに，意味がない子もいるじゃない中には。
＊返ってこない子も？
C：返してもらうっていうんじゃないけど，無駄だったってこともあるじゃない，その子にとって無駄。たとえば，勉強したいっていうから塾入れた，環境を一生懸命整えた，でもその子がやらなければ，意味のないこと。…略…その子に残る，見返りっていうんじゃなくて，その子にとってプラスになるならやりがいがある（＊たしかに）。うん，でもむなしさだけ，残るし，こんなにやってやったっていうか，怒りになる，ある面では。こんなにやってやったのにって，なんかこう，格闘だけが残っちゃう。だから，「いいんだ」って。なんていうのかな，国でそうしてみてくれるっていうから，その子のために使うお金だったら，ちょっとは〈笑〉，その子が無駄にしただけじゃんて，なんか自分のものを無駄にされたわけじゃない。

　子どものためになると思い，また子どもの求めに応じて何か選択しお金をかけた事柄を，その子どもが活かしきれない場合もある。そうすると，お金をかけたことに加え，子どものことを考えて思索したにもかかわらず応えてもらえ

なかったという思いや空しい「格闘」が残る。Cさんは，そうした負の気持ちを残さないために，知人の言葉をきっかけに「その子のために使うお金をその子が無駄にしただけ」と考えることにした。「あきらめっていうかな，そう（知人の里親に）いわれたことがあって。…略…ちょっと納得したところがあった」のだという。

　Cさんのような意味づけの変更は，ある程度長時間を経る中で，再び変わる可能性もある。Qさんは，現在はすでに成人し独立したq2さんが思春期の頃を振り返り，「人間って，お金の使い方って勉強させられた。そんときは死に銭，（でも）いつか返ってくるお金ってあるかもね。そのときは死んだお金かもしれないけど」と述べた。Cさんのいうような「その子のために使うお金をその子が無駄にしただけ」という考えも，Qさんの経験のように，子どもの成長などときを経て振り返ると「そのときは死んだお金でも返って」きたと思える可能性もあるのである。

　また，Hさんは「すごく大変な子もいるからね，やっぱり。同一料金ってとこがあれかもしれない」「自己申告で，半分でいいですって〈笑〉。子どもに（よって）…略…たとえば思春期になったら戻してくださいって」といい，子どもによっては，あるいは子どもの成長しだいで金額を変えてもいいかもしれないと冗談めかしつつ語った。

　　H：同一料金はちょっとあれかもしれないね，子どもによってすごいかかる
　　　子もいると思うんだよね，それこそちょっと障がいあるとか。それがうちみ
　　　たいにわりとちゃんとした，申し訳ない気持ちもあるよね。

　CさんやQさん，Hさんの語りからは，子どもにかけた期待への応答がなかったり，子どもが手のかかるとき，お金を支弁されることをもって自分を納得させ，もう一方で予想以上の満足感を与えてくれる場合はお金を受け取ることに抵抗感さえ抱く場合があった。すなわち，子どもとの相互行為場面における自己の感情管理に，お金が解釈資源としてかかわっていることが見出されてきた。

　Hさんはさらにつづけて，児童相談所職員に対する負の気持ちをしずめるた

めの「慰謝料」という捉え方についても語っていた。

　H：なんかいってた人いたよね，そうやってぽろぽろ，児相の不手際があるでしょ色々，あるじゃないですか。そういうので心理的に，うちなんかもすごいダメージ受けたんだけど，その分の慰謝料じゃないけど，そういうふうに思ってもいいんじゃないかっていう人もいて。
＊精神的な〈苦笑〉。
　H：そうそう，絶対なんかダメージがあるから〈苦笑〉，なんかそういう考えの人の意見を聞いて，なるほどーって思った，でも。
＊わかるところも？
　H：わかる，すごくわかった〈笑〉（Hさんにも）出来事があったし。なんていうかその後に，別の知り合いから心理的なすごい負担があったし，hのケアにも時間がかかって，お金も時間もすごくかかったんで。…略…そしたら（かかった費用を行政に）請求したほうがいいんじゃないかって（周りにいわれた）。（Hさん家族が）皆こう，心の傷をおったからね，した方がいいですよって主人なんかすごくいわれて，そこまでされたんだからって。でもしなかったわけでしょ結局。だからそう（慰謝料として）考えている人もいるみたいだから，なるほどーってそっかそっか〈笑〉使いはしないけども今のところ。…略…許せなくなったらちょっと使えばいいんだって〈笑〉。
＊ストック〈笑〉？
　H：そうそう，保険じゃないけど。もめるよりは，それで気持ちをね。…略…みんな何らかの心の傷をおってるみたいだから，子どもじゃなくて，大人同士のね，うん。

　本項では，里親手当や養育費を里親がどのようなものとみなすのかに注目してきた。そこでは，里親養育の有償性は受け止めつつ，養育が賃労働化することを回避する術として，認知的には費用の支弁への感謝の気持ちをもつことが良しとされたり，社会的役割として無償である実子の子育てと異なる点に意味が見出されたりしていた。また，子どもに対しては，里親として何らかの努力やそれに伴った金銭の出費に負の感情を抱かないために，そして児童相談所職

員とのかかわりにおいては，精神的ダメージをしずめるために，有償性は自分を納得させる資源になっていた。次項では，お金の使い方について取り上げる。

（2）養育費，里親手当の使い方
（2）-①将来の措置委託終了後の費用

里親歴にかかわらず，調査協力者の中には，子どもにかかわって支給された費用にまったく手を付けないか，またなるべく手を付けないようにしている者も多かった。その理由として，仕事としてのケアと距離化をはかるためや，将来里子にお金が必要になった際に子どもの立場を里親の親族間で守るための配慮が浮かび上がってきた。

Aさんは，子どもをあずかった当初，子どもとの生活が変わらず続くように感じていたそうだが，先輩里親と交流する中で「（金銭的にも）18歳過ぎたら大変なんだ」とわかるようになり，貯金するようになったという。現在は，ほかの里親にも「貯金したほうがいいみたいよ」と伝えているという。Gさん，Fさん，Hさんなども，支給されるお金を貯金している。

A：（なり立ての頃は）ずーっとそれ（aちゃんとの暮らし）が続くような気がしていて。あ，でもやっぱり18歳過ぎたら大変なんだっていうのはわかったわけ，まあ何度か（里）親同士で交流するうちにね（わかった）。それでね，あれですよ，あの，貯金しなきゃと思って，いただいた中からできるだけ貯金しようと思って貯金してたの。だから（措置委託が満期で終了して）専門学校行くときも，全部そっちから出せたから。
＊あ，そっかじゃあ手弁当じゃなくて。
A：そうね，まあ旅行いったりとかそういうのはねもちろん，あの，はいらないけれども（自分が負担するけど）。

G：うち，gの名前で入ってくるお金って，里親手当もあれば，ちゃんとかかってる部分と里親手当とあるんだけど。（＊ああ，養育費と里親手当と？）もあるし，給食費も1年に1回まとめて請求するんですけど。そのすべてを，まったく手を付けずに，教材費とかも，手を付けずに，1つの場所にストッ

クしてあるんですね。それが結構な金額なんですね。それを使わなくても，里親をつづけていけるので，そのお金で，大学にも行けるし，困らないくらい。ほんとに，とんでもないことを本人がしでかさない限り〈笑〉。…略…なにか特殊な技術とか，すごいお金がかかる，医者になるとかだったらちょっと足りないかもしれないけど，そうでもなければ。

F：養育里親をやって，××（都道府県）から生活費の一部とか出てるんですよ。…略…で，それで私はまぁ，彼女の育成のためにいただいてるので，幸いそれをあてにしなくてすむため，それは彼女が大学院行きたいとか，資格とりたいとか，（そういったときのために）積立というかとってあるのですけど。…略…
＊彼女が車の免許取るとか，そういうときに使おうとか？
F：そうですね，突然ね，大金をぱっと出せないときもあるだろうから，本人がね。あと18歳で終わるんですよ支給期間が，その後の独立のとき，それこそ大学に行って学びたいってなったときに，お金が必要になると思う。アパートの資金とか必要でしょう。

Fさんによれば，友人にすすめられて子どもの学資保険に入ろうと保険会社に問い合わせたところ，学資保険は生命保険の一種であり，万が一子どもに何かあったら里親に保険金が入ることになってしまうため，ほかの利殖を伴う貯金も含めて不可であるのだという。

また，子どもを産んでもお金が出ることは通常ないため，それと比較して金銭感覚がくるうのではと考えて貯金しているという考えもあった。

H：（お金については）実際色んな意見があると思うんだけど，うちはもらいすぎぐらいなのね。感覚として。2人くらいは育てられる経済的余裕はあるから，それにあれだけもらってると，金銭感覚くるっちゃう。ふつうのお母さんだと，大変大変で，っていうのが，大変じゃなくなっちゃうでしょ。（＊あー）そういう金銭感覚がずれるっていうのは困るから，それは手を付けずにおいておいて。…略…ほかの里親さんより余裕がないかもしれない，も

しかしたら，でもそこで手を付けちゃうと，ふつうの2人の子どもの親の感覚がずれちゃうかもって。…略…進学だったらまだ使わないかも，おいといて，もうなるべくおいといて手を付けないで，ぎりぎりまで，頑張る〈笑〉。

A：（あずかってから）ずうっと貯金してるって人もいますよ。
＊あずかってからずっと？
A：うん，1千万以上とか。まだ（子どもは）学齢期で。
＊1千万？
〈2人笑う〉
A：いらっしゃるのよ。…略…だから全部貯金してるって方も。そんなに貯金してどうするのって思うけど。…略…自分たちの生活に支障ないから，その子の分をやっても大丈夫だからあれなんでしょうけどね。

以上でみてきたAさん，Gさん，Hさんは，里親になった年代や実子の有無などで背景は異なるものの，措置委託がきれた後は養育費の支弁がなくなることを意識して貯金していた点は共通している。

（2）-②里親親族間での保護のため
　養育に支払われる費用を使わずに貯めておくとこたえた里親が挙げたもう1つの理由は，里子が将来まとまったお金を必要とするときに，里親の親族による批判から里子を守るためであった。Hさんは以下のように述べている。

H：ただ，1ついえるのは，親戚の中で（hちゃんが）100％里子になっているのを認めていない人も絶対いると思うのね。みんなが慈善的気持ちで「いいよ」っていってくれてるけど，かわいいし。でも100％ではないのね。だから将来難病とかになったときに，あの子自身まだ病気もあるから，お金がすごいかかることになったときに，□□（実子）じゃなくてhに極端にお金をかけると，親戚間で，なんかこうhにすごい冷たいことが起こるんじゃないかなって不安はあるのね。そうしたときにとっておくっていうか。それがほんとになければ，健康に育ってくれれば，hと相談して，なんかこう寄

付っていうか，同じ施設で育った子の，ありますよね支援施設みたいな，一歩間違ったらそういうとこで育ってた可能性がすごく高いので，そういう子たちのために（使いたい）。

ちなみにVさんなどは，子どもが成人してから，里子体験をつづった本の自費出版に，貯めたお金の一部を使うなどしている。

措置委託終了後の子どものため，あるいは将来子どもがお金を要するときに里親の親族の間で苦労せずにすむよう，日常生活費は里親手当，養育費からは出さないような工夫がされていた。支弁されたお金を，そのまま子どもにその時々で使うことも，「子どものため」という解釈が可能だと思われる。しかしそうではなく，あくまで長期的視点にたっているという観点は，金銭の使用法という具体的で可視的な行為によって，「仕事」としてわりきった子育てとの距離を呈示しているとも考えられる。

第6節　本章のまとめ：顕在化する家族ケアの特性

本章では，里親が施設や仕事としての子育てと自身の養育を比べつつ，福祉的文脈より家族的文脈になじみやすい論理で自身の養育実践を語る様子を記述してきた。

第2節では，里親たちは自身の役割にいわゆる専門性が備わっているとはあまり考えていない様子が明らかになった。そのことは，養育の範囲が拡張してゆくことへの不安や疑問にもつながる。しかし，里親たちは同時に，基礎資格や知識としての専門性のみでは子どもの養育はできないと実感している。たとえば，子育て経験や人生経験を経て培う子どもに対する感覚など，子育てへの姿勢や当事者性が問われるとも感じているのだ。一般的に子育てにお金が支払われない反面，社会的養護としての子育てには支払われるという相違点から，ふつうの子育てと異なる何かがあるとも感じられる場合もある。つまり，施設職員や児童福祉司，ほか保育の専門家らとは別の意味で，里親であることの固有性をもって，里親の適格性を支持していると考えられるのである。そこで，里親たちがいくつかの論理によって里親としての立場の固有性を表してゆく対

処法を帰納的に2つに整理した。施設における生活と比べた家庭生活の有意義性を解釈資源として用いる実践について述べた第3節と，仕事として要保護児童のケアにあたることとの違いを強調することを取り上げた第4節とがそれにあたる。

　第3節では，里親が施設生活と自身の営む家庭との対比から，子どもにとっての家庭の意義を見出すこと，それは子どもが安定している場合は，家庭の施設に対する優位性をしめす資源として用いることが可能であることがわかった。

　第4節では，仕事としての子育てとの比較から，わりきったり，責任を中途にしかもたないのではなく，養育期間や内容に無限定性を少なからず感じることで，ケアの継続性を担保しうると捉えていることが明らかとなった。また，子どもをもっとも近くに長期間みてきた里親による子どもの見方は，福祉司による子どもの見方と異なる場合もたびたびあり，そのために養育で気にかかることや方針を共有できない場合がある。そこでは，自分の見立てを信じて養育するが，子どもは「育って当たり前」で評価もなされにくく，里親たちも評価されたいと願っているわけでもない。そうした状況で里親には，子どもをとりまく関係者間において，第一義的養育者である自分が子どもの利益を考えられる，という自負のようなものが拠り所としてつよめられていることがうかがえた。

　第3節では，子どもが里親家庭で安定し里親も家庭養育の良さを実感できている場合，施設よりも家庭の方が養育環境として望ましいという命題によって，家族への規範的期待を用いることの優位性を確保することができていた。ただし，第4節における，仕事として養育にかかわる専門職との対比からは，「仕事」をわりきれるものとして距離をおき家族的役割に依るか，福祉的な期待に沿って社会的役割としてみなすかによって，支弁される養育費等の解釈に齟齬が生じることがわかった。後者の解釈の場合，何かしらの社会的役割のもとの養育に対する費用として意味づけられる一方，前者の解釈の場合，「わりきれない」「家庭」でのケアに少なくない費用がおりることは，葛藤含みのものとなるのである。そこで，賃労働化を避ける解釈がなされるなどして対応されていることが明らかとなった。

　「関係的限定性」に注目した本章で明らかになったのは，里親家庭外の公的

機関等と比較した際の自己の意味づけにおいては，同じように社会的養護の一担い手として規定される里親制度の「非家族による子どものケアの有限性，有償性，専門性」という性質が顕在化していたことである。家庭での子育ては，たいてい専門性や職業性とは距離化され，かつ無償であるものと認識されているだろう。しかし，家庭で公的な養育を行う里親養育はその特性上，家族としての営みでありつつも，ソーシャルワーク的側面や治療的側面をもつ。また，里親手当といった費用も支弁される。そして児童相談所などの関係諸機関との連携のもと，公的責任において子どもを養育することがめざされる。もし一般家庭との近似性を重視しようとすれば，里親は自らの立ち位置を再考し意味づけ直す必要もあるだろう。里親たちはこれに対して「家族による子どものケアの無限定性，無償性，非専門性」という家族的な規範的期待を対抗的に用いる傾向があった。里親養育に関与する公的関係諸機関のアクターとのかかわりでは，里親は家族的文脈になじむ意味づけの論理が見出されやすいといえる。子どもをかこむチームの一員としての意識をもつことも理念的にはありうるが，実際のところ第一義的な養育者として家庭性に依拠した意味づけに重きがおかれる傾向があったのである。様々な考え方の里親がいるにもかかわらず，「家庭か施設か」という比較のもとに語られたとたん，一様に似通った語彙によって家庭の優位性が語られるのは和泉（2003：17）の知見と同様であったともいえる。

第6章

親であること／支援者であることをめぐって
――実親との比較による里親の意味づけ――

　第5章にひきつづき，本章も「関係的限定性」に比重のある章となっている。第5章では，児童養護施設との対比や仕事としての養育との対比において，家庭性やそこでの無限定なケアに里親の意義を見出す傾向を確認した。しかし，里親たちは，子どもの実親やかれらとの相互作用の中で，また異なる「関係的限定性」の意識化される局面を迎えると考えられる。里親は，保護者（主として実親）にかわる家庭環境を子どもに提供し，子どもとの間に愛着関係を築くといった実親の代替をある程度つとめつつ，実親のもとへ帰したり実親との関係構築を支援するという，相対する期待が課されるからである。かりに子どもとの間に家族的な関係が築かれたとしても，子どもの実親イメージや実親子関係への配慮という，福祉的な期待を無視しえない。こうした局面をもう1つの「関係的限定性」として，かれらがいかなる葛藤を抱き，いかにしてそれへの対処がなされているのかを記述していく。

第1節　本章の課題：里親は実親の代替なのか

　里子として委託される子どもの中には，実親が不明であるか，いても交流のない場合と，交流のある場合とがあり，近年の要保護児童では後者の事例が増えている。後者においては，子どもの最善の利益が担保できる場合，実親家庭への復帰がめざされるため，その前提としても子どもと実親との日常的な交流は重要となる。[1]

---

[1]　第1章第3節でも紹介したように，里親養育のもとで育つ子どもたちで実親がいる割合は52.2％と，施設児童施設で暮らす子どものそれが81.7％であることと比べると，その割合は低い（厚生労働省児童家庭局 2015）。さらに，家族との交流がある場合は30％弱にとどまるといい（厚生労働省児童家庭局 2015；菊池 2004），↗

しかし，里親にとっては，実親との協働を試みることによって，「一方で子どもとの間の愛着関係，親子関係の形成に努めるとともに，他方では実親の方へ結局は戻すという，そういう綱渡りのようなことをやっていかなければならない」（中川良延 2005）という独自の課題が生じる。また，実親との交流がまったくない子どもをあずかる里親は，中川（2005）のいうような「綱渡り」をする必要はないように思われるものの，交流は急に発生することもある。第4章の冒頭で紹介したように，子どもの年齢が幼く実親との交流もなければ，かなり実親子関係に近い関係を子どもとの間に築きやすいとはいえ，真実告知や生い立ちの理解をしていくプロセスでは，実親のことを何らかのかたちで説明していかねばならない。

　このように，子どもを実親のもとに家庭復帰させることをめざすか否かによって，養育の目標が明らかに異なる。しかしいずれにしても，里親が自己の意味づけを考えるにあたっては，実親の存在は無視しえないものと考えられるのである。はたして，「家族的文脈」「福祉的文脈」の交錯した立場において，里親は実親の存在と対峙した局面では，いかなる経験がなされ，どのような葛藤が生じうるのか。

　以下の分析では，実親との交流が委託中になかった事例を第2節，交流があった事例を第3節と大別し，里親による実親の評価，子どもの里親・実親への認識に対する対応過程に注目して，里親であることの意味づけを探索的に考察していく。また，委託期間が終わる前後から，実親側からコンタクトがある場合もあるため，18歳以降の実親と子どもの距離感は，里親のあり方に影響を及ぼす。そこで，第7章にて主に措置委託解除後の里親子関係について論じるが，本章第4節では実親とのかかわりの影響部分に着目して取り上げることにしたい。

　なお，第2節で紹介するAさんの語りデータは2008年，2013年に，第3節で紹介するDさん夫妻とCさんの語りデータについては，2008年，2010年の2回にわたり調査を実施することができたため，子どもの成長や里親及び実親の状況変化に応じた意味づけの変化にも留意して分析を行いたい。

　↘その理由は子どもへの良い影響と同時に悪影響も考えられるためだという（菊池 2004）。

第2節　実親との交流がない場合

（1）自分たちが「親」

　まず本節では，実親との交流がないケースからみていくことにしよう。実親との交流がなく，子ども自身も幼いときは，里親は実父母そのものをめざすことに支障が少ない。

　その点が顕著にみられたのはKさん，Bさんの事例である。この2ケースは，子どもが1歳から2歳になる年頃に里親委託となり，調査時には2，3年ほど経過したところであった。真実告知が済んでいなかったり，あるいはしたことがあっても，子ども側の理解はあいまいな状態である。

　Kさん夫妻ははじめてあずかった現在幼稚園児のkちゃんに対して，お父さん，お母さんとして接している。これまで実親との接触もなく，子どもに真実告知もほぼなされていない。そのためKさんとしては，実親の人生はそれとして，とりたてて複雑な思いをすることもなく受け止めているという。

K：（実親に対して）いまは感情的ではないです。ひどいとか，無責任だとか，まあ，ね，よく，思うじゃないですか。まあだけど，それはもう（そのような）人生だから，（自分としては）受け止める。

K：（Kさんが）お父さん。だってへんな話，生みの親と育ての親と（いて），お父さんとお母さん（＝里親夫婦）はずうっと一緒だし，…略…でも産んでくれた人は別にいるんだよっていうのはちゃんと（伝える）。でもその人は今はいないんだけど，今いるのはお父さんとお母さんなんだよって方向で印象づければ，われわれがお父さんお母さん，産んでくれた役割とはまた（別の）。生みの親，育ての親，…略…それを区別できれば…略…つねに一緒にいるのはお父さんお母さん。
＊これからも？
K：そうです，産んでくれた人は，やっぱりそれはお父さんお母さんていうか，産んでくれた人なんだよって。

またBさんの場合，bちゃんをあずかったことを，娘が1人増えたくらいにしか思っていないと語った。それは乳児院から里親家庭へとおかれた環境が大きくかわったにもかかわらず，bちゃんがBさん家庭に実にスムーズに慣れていったこともあった。地域の里親研修会に参加した際，「はじめて，ああ（自分は）里親なんだって〈笑〉，なんかさ，（里親という）括りの中でほら，意識してないから，そういうところにいくと，事実上の立場上は里親なんだなって感じた」ように，状況によって里親という立場を自覚する機会がある程度だという。3歳のbちゃんにはまだ真実告知もしていない。

B：bはちっちゃいときに来たから，もうbは私たちをほんとのパパとママだと思ってると思うのね。でも世間様もさ，ご存知のように，自分の子どもじゃないことも知ってるし，周りからもそういう情報入ってくるし，だって今保育園のお母さんたちにも生んだ子じゃないって話してるし，だからといって何かいってくるわけじゃないけど。だから自然に，今は話してもわからないから，ちょっと何となく，4歳5歳になったときに，話そうかな。

Kさん，Bさんとも，現在のところは子どもの実親を機能的にも存在としても，恒久的に代替しようとしている。Kさんのように実親を子どものお父さん，お母さんとみなさない考え方も成り立つ。それは子どもが幼いため，自身の生い立ちを理解しておらず，かつ実親との交流可能性が想像しにくいケースであればこそ可能なものである。だが，幼いkちゃんやbちゃんも，いずれは成長に伴って様々な情報を得ながら自分の実親像を描き，生い立ちを受け止めていくだろう。たとえ，里親が産んでくれた人は産んでくれただけで親ではないと考えたとしても，子どもの受け止め方はそれと同様とは限らない。子どもが実親を親として，または何らかの存在として大切に思うとすれば，里親側は子どもの成長に合わせて，自らの認識を変更していく必要が生じるだろう。

（2）子どもの希望の尊重

委託年齢がもう少し高い場合，また里親家庭に来るまでの環境に応じて，子どもは徐々に各々の実親や家族イメージを一定程度形成するようになる。その

第6章 親であること／支援者であることをめぐって

ため里親委託となっても，かならずしも実親を代替する存在として里親を求めるとは限らない。こうした場合，里親は子どもの実親像と里親である自分とをどのように調整しているのか。4事例を挙げるが，まずPさんの事例からみてみよう。

　Pさんには実子がおらず，子どもを家庭に迎えたら，当然唯一の存在としての「母親」になると思っていた。しかし，5歳で受託したpさんとのやりとりから，里親としてのあり方を再考することになった。

　P：うちにきて落ち着いた頃に，「ぼくのお母さんてどんな人なんだろう」ってしきりに聞いてきたんですよ実は。で，あのー，こっちとすれば，ね，私がお母さんなのに…略…その頃はね，いつかは（実母と暮らす）って，理想は抱いてたと思う。

　pさんは，Pさんを決してお母さんと呼ばず，「おばちゃん」と呼んできた。そのことをPさんは，pさんが実母に会えたときに「お母さん」と呼びたいからではないかと推測する。現在成人しているpさんは，大人になってもPさんを「お母さん」とは呼ばない。pさんは幼児期に児童養護施設から里親委託となり，実親の記憶はなかったはずだが，実母への思いをもち続け表現していたため，Pさんは実母の代替としての「母親」になることをやめる選択をしたのである。
　一方，里親に「母親」という位置を求めないpさんに対し，aちゃんやd3ちゃんは，実親との交流はない点はpさんと同様だが，実親への思いを里親に話すこともなく，むしろ里親への思慕を強く示している。

　A（2008）：最初に受けたときから，ま，自分の娘とおんなじようにって思ってたから，…略…それはうちの主人もそうで，あと，そういう，うちの子じゃないとか，おまえ，おまえの親はとかは，いったことないですけど，いわないように気をつけていたし。

　aちゃんは6歳で里親委託になったが，児童養護施設，そして里親のもとに

来ても，とてもかわいがってくれていた乳児院時代の保育士の話をし，慕っている様子だった。しかし，そのうちにほとんど口にしなくなったという。現在Aさんは，ママと呼ばれることを「そんなに今は自分でも違和感はないけど」といい，里親であることを「特別なことでなく，ふつうでいい」と考えている。

同様に，3歳で委託となったd3ちゃんも，情報がない実親に対する思いよりも，Dさん家庭への強い思いを度々表してきたという。

Dm（2008）：幼稚園位とか1年生位だったか，「ママのお腹から生まれたのは誰」って（d3ちゃんが聞いてきた）〈笑〉。で（実子の）名前いってって〈笑〉。「d3は？」とかね，それでd3ちゃんは残念だけど違うんだけどね，でもやっぱりママとパパなんだよって。「でもママのお腹から生まれたかった」ってとかね，…略…この子は一番そういうのに固執してるっていうか，自分の親がわかんないから…略…自分が里子だってことは本当はわかってるはずなんですよね…略…だけど，自分はそう思いたくないって思いがまだ強いんですよ。…略…

Df（2008）：なんかあるんでしょうね，このうちにいたいって，このうちの者でありたいって。

d3ちゃんに対し，Dさん夫妻もまた，「全然，もうふつうの子だと思って」受け止めているという（2008年調査）。d3ちゃんはDさん家庭に委託されたはじめての里子であり，またDさん家庭はファミリーホームであることから，d3ちゃんがDさん家庭にやってきてからほかの里子の出入りの様子をずっとみていたこともあって，あたかもDさん家庭にはじめからいたかのように思っているのではないかとも，Dさん夫妻は考えている。

以上，Pさん，Aさん，Dさん（d3ちゃん）夫妻の3ケースは，実親との交流なく幼児期の3～6歳で委託になった子どもたちであり，それぞれに抱いていた実親イメージや里親への期待を，里親が尊重し受け止めていた。たとえ，Pさんのように子どもの意向が自分の思いに沿うものでなかったとしても，無理に「親」になろうとはしていない。以上の3ケースのうち，実子のないPさんは，「こっちとすれば，ね，私がお母さんなのに」という思いも当初はあっ

たものの，自分の思いよりも子どもの意向を尊重することにしたのである。

　子どもが学齢期になって以降里親委託になった場合はなおのこと，子どもの意向ははっきりと主張されるだろう。調査時中学生だったmちゃんは，実親との交流はなく，自ら新しい家族を求めて，児童養護施設から里親委託を希望しかなえられた経緯をもつ。mちゃんは小学校の中学年時に委託となったMさん宅にすっかりなじみ，18歳を過ぎてもMさん宅にいるつもりで，Mさんもまたその心づもりがある。実親がいないことを，Mさんは「自分の気持ちをセーブ」する必要がないという意味で，難しい条件がないと語る。

M：（実親がいる子どもをあずかる）ご家庭の里親さんだと，だんだん子どもに傾いていく自分の気持ちを，セーブしていかなくちゃいけないじゃないですか。この想いや感情をこれ以上にしてしまったら自分がつらくなると思うと，やっぱりこう，それはそれで苦しいだろうなって思いますよね。
＊今はセーブしなくても？
M：そう，（自分はmちゃんを）好きになったら好きなだけなっちゃっていいわけだから。

　子どもが実親や里親に対して抱く希望や家族イメージは，子どもの年齢が上がるほど明確になる。とはいえ，委託年齢は里親の位置づけを左右する唯一絶対的なファクターではなく，あくまで子どもの望みが基本になる。

　ここまで，子どもの受託年齢や意向，里親の希望などをすりあわせる中で，子どもの意向を尊重しようとする傾向が見出された。それは，実親との交流やその見込みが低ければ，里親子の間で調整可能なものである。実親子関係を気にすることなく，実親のはたすとされる機能も実親という存在も，代替できるようにみえる。ただし，子どもと実親に接触がまったくない場合でも，真実告知や小学校での授業，学校行事等に際しては，実親の存在を意識したり，子どもに説明したり，自らをどう位置づけるのか考えることになる。

---

(2) 小学校2年時の「生い立ちの授業」「命の授業」や，小学校4年時の2分の1成人式等がこれにあたる。

（3） 実母への配慮と産んでくれたことへの感謝

　本項ではGさんとDさん夫妻，Hさんの事例を取り上げよう。かれらのあずかる子どもは，小学校などで生い立ちを振り返ったり，名前の由来を発表する機会を経験したという。

　現在小学校高学年のgくんは，1歳の終わりからGさんのもとで暮らしている。小学生になって，gくんにも生い立ちの記録を書く機会があった。gくんは里親名（通称名）で学校に行っており，周囲へも里子であることは公表していないため，記録にはGさんが想像でgくんの名前の由来を書くなどして対応した。しかし，gくん本人に対しては，実母のことを説明している。

G：gを産んだお母さんをgに説明するときには，「gを産んだお母さんは，gに大切な命と丈夫な体と，素敵なお名前をくれた人です」って伝えました〈涙しながら〉。でも本当にそうで，本当に，体は丈夫だし，大切な命だし，素敵なお名前だと思います。それが，gを産んでくれたお母さんがgにくれたものだと思います〈涙しながら〉。あとは，わかりません〈笑〉。想像で話すのもなんか違う。多分それが，本当のことだと思う…私としては，子どもができない自分っていうのに，子どもがすぐにできて，それなのに，育てないっていう人は，まったく私と反対側にいるようで，とても複雑な思いは，ありました。なんかもう，どうなってるんだろう世の中はって思いました。でもそれも，現実なんだと思いました。

　Gさんは，里親になる前は不妊治療をつづけており，里親登録後もgくんが委託になるまでの自分のことを「不妊期間」と表現していた。そのため子どもを産みながら育てない実親は「まったく私と反対側にいるよう」に感じられていたという。その実親に対する見方が少しだけ変わったのは，Gさんが一度だけgくんを一時預かりにあずけたときである。gくんをあずかって1年たたないうち，夏バテのため何もできなくなってしまったGさんは，地域の子育て支援機関に相談し，gくんを一時預かりであずかってもらったことがあった。あずかってもらっている日中の間Gさんは，gくんのことが心配で泣いたり，新しい写真をアルバムに整理したりと，落ち着かなかったようである。

第6章　親であること／支援者であることをめぐって

G：そのときに，旦那もいるし，gのことしかしてないんだけど，育てられないって多分，こんなことなんだろうなって。もしかしたら，私は経済的に全然困ってないし，ほかの子どももいるわけじゃないし，ほかのことに追われているわけでもないけど，それでも大変でした。実親さんが育てられないって，頑張ってるか頑張ってないかじゃなくて，何か大変な事情があると思えました。(実親は)もっともっと大変なことがある人だと思うので，育てられなくて，育てられないって，手放すことも，仕方がないのかなぁって…そのときに思いました。

　Gさんは実親を自分と「まったく反対側の人」としてみなしていたが，子どもを育ててみたことでその大変さを実感し，子どもを手放すに至る状態に共感できた部分があったという。
　また，Dmさんも子どもの生い立ちの授業を経験したとき，Hさんは幼稚園の誕生日会で名前の由来を説明する機会を挙げて，実母をどのように子どもに説明したか話してくれた。
　Dmさん(2008)は，d2くんの生い立ちの授業に際して，「お母さんの体内の話」を聞くという課題に苦労したエピソードを挙げた。d2くんの場合，わずかに残る記録から想像して対応したが，Dmさんが生い立ちの授業を通し子どもに伝えたいことは，産んでくれたことは大切にしたいこと，子どもと出会えた喜びである。

Dm(2008)：何でそれ(生い立ちの授業を)やるかって，あなたが生まれてきて，喜んでくれてる人がいっぱいいたんだよっていうのがねらいだと思うんですよ。ふつうの子だったら大事だと思うんですよ。でも喜ばれないで生まれてきた子はどうするのって，なっちゃいますよね。で，生まれてきて，喜ばれない子は誰もいないわけですからね。お母さんにしても，産んでくださったってことは大事にしないと。d6ちゃんのお母さんも迷ってたんですって，自分で育てるか。…略…だから，ね，やっぱりそれでも迷ったけど，育てようという気持ちもあって，産んでくれたんだから，よかったじゃないって。d6ちゃんこの世に生まれてくれて，私たちはうれしいわけで，こ

れからもいろんな人と出会えて。
＊：そういうことも伝えていくわけですね。
Dm：そうですね，だからそういう伝え方のできる言い方を（先生も）してくれれば。

　Hさんの場合は，hちゃんの幼稚園の誕生会で，急きょ名前の由来を皆の前でいわなくてはならなくなった。Hさんはhちゃんに適当にごまかせば里子だとわからないといったそうだが，うそをつかないでほしいと，hちゃんは何度確認されてもいったという。

H：（hちゃんの）名前の由来は知らなくて，（おそらく）こういうのじゃないかなって。それで，適当にね，こういう意味でつけましたってママがいっちゃえば皆（園児たち）はわかんないよって。でも「いやだ」って。仕方ないから，じゃうまく，ママが話すならいいからって，園児の前で。それで，すごいhちゃんには，産んでくれたお母さんがもう１人いますって。（幼稚園の先生は）「だからお母さんが２人いるってことね」って（助け舟を出してくれた）。で（hちゃんの名前は）産んでくれたお母さんが考えてくれた名前で，っていって。…略…すごいい名前だなって，パパもママもhちゃんも皆そう思ってて，産んでくれたお母さんにすごく感謝してますって。そういう話をしたんだよね，園児の前で。園児が，わからないなりにわかったみたいで。
＊へえって？
H：そう。お母さんに限っていうのは，わかりやすいみたい。うん。
＊どうしてそういう表現を？
H：それはね，お母さん２人っていうのは，幼稚園の先生が手助けしてくれたのよ。そのほうが園児がわかりやすいと思ったのか。
＊この人（Hさん）もお母さんで，他にもいると？
H：そうそうそう。産んでくれたお母さんっていうとちょっとイメージつかないみたいで。こういう風に説明したら，「あぁお母さん２人いるのね」って（納得してくれた）。

実親に対し，Gさん，Dmさん，Hさんは，子どもに命をくれた人としての肯定的な意味づけができ，それを子どもにも伝えている。同時に，DmさんやHさんのように，学校や幼稚園で発表するにあたっては，子どもに出会えたことを喜ぶ気持ちを，子どもや周囲の人びととわかちあおうとしている。こうしたことは，子どもが自分の誕生を喜んでもらえていると思えることを重要視しており，里親を「親」として，実親を「親」として提示するかどうかとはまた異なるものである。

　どのように周囲に表現するのかは，そのときの子どもがどの程度生い立ちを受け止めているのか，受け止める素地があるのかによる。たとえば，gくんは小学校高学年だがGさんから実母の話は聞きたがらないため日頃は話さず，幼稚園児だったhちゃんはうその話をせず真実をほかの園児たちの前で話すよう促すなど，その違いは子どもの状態によって生じる。しかし，「誕生を喜ぶ」「産んでくれたことを感謝する」ということは，里親としての自己呈示が家族的あるいは福祉的役割の両者の間でどちらに比重があるか，子どもが生い立ちを受け止められる状態にあるかといった里親子双方の状態にかかわらず，通底してなされている。子どもが自己肯定感を育めることが大切なのであり，産んだ事実を感謝することで実母を，誕生と子どもとの出会いを喜ぶことで里親を，同時に認めることができるのである。一方，実父の話題はあまり登場しない。

（4）子どものアイデンティティへの配慮

　上述のような自己肯定感を育むための試みは，子どものアイデンティティに対する配慮とも通ずるところがある。近年の里親養育で実践上規範的なものとなっているのは，「子どもの実親は，たとえどのようであっても，子どもにとっては大切な存在である。だから，里親が実親を悪くいうことはあまりよくない」というものである。里親及びファミリーホーム養育指針等にもその旨の記述がある。野辺（2012b）によれば，里親養育で主題化されるアイデンティティ管理について，里子のアイデンティティ形成の支援と，自身のアイデンティティ管理との二重のアイデンティティのマネジメントが必要になる（野辺 2012b）。つまり，里親は実親についてのイメージを操作しつつ，子どもの希望を尊重した里親子関係を構築し，実親子関係の築かれる可能性を残す対応が求

められるのである。それはどのように行われているのだろうか。まずPさんの語りをみてみよう。

（4）-①実親の悪口を避ける
「実親を悪くいわない」という里親への期待を，多くの里親は理解している。子どもが真実告知のプロセスを経つつ実親の存在を知るようになってからは，なるべくそのことに配慮しようとする。

　P：子どもの母親の悪いことはなるべくいわないことに。だから，（実母は）きっとおまえに似て色白で，やさしいお母さんなんだろうねって。絶対おまえを忘れるわけないし，いつかは一緒に住みたいと思ってるだろうし，迎えにいきたいと思ってるだろうから，それまでPのおじちゃんとおばちゃんといっしょにここでいてくれよって（いった）。

　第2項で，Pさんは「親」としての自己を築く当初のあり方に再考をせまられていたことを紹介した。そこでPさんは，実母を悪くいわないように心がけるだけでなく，優しい母親像を作るよう配慮しつつ，里親である自分と子どもの関係を築くために，実母と暮らすまでの限定的な養育者「おばちゃん」としての自己呈示がなされていた。
　しかし，実親を批判するつもりがなくとも，里親の「親」イメージが子の実親イメージをこわす可能性もある。たとえば，「子どもを産んだら育てるべき」といった一般的な規範は，実親には通用されていないために，子どもが里親委託となっているわけである。しかし，里親自身はそうした諸規範を適用して養育を行っており，それを子どもに伝えてもいる。そのため，そうした諸規範を子どもに対して用いるということは，意図していなくとも「実親を悪くいわない」という里親養育の運用上の規範と対立することがある。

　A（2013）：（aちゃんが）小学校6年生のときに突然ね，「早く子ども産むんだ」っていったの急に。どうしてっていったら，「早く産みたいから」みたいにいうから，「aちゃん，産んだら育てるんだよって，産むことはできる

第6章 親であること／支援者であることをめぐって

んだよ」って（子どもにいった）〈笑〉。そしたら「じゃああたしのお母さん（実母）なんなのよ」って。だからそれからそういう話避けるようにしちゃったのね私も。…略…（産んだら育てるべきだと）思ってはいる。でもそれは、いうべき時期みたいな（ものがあるかもしれない），ａが母親になったらわかることなのかもしれないしね。…略…「あんたのお母さんは」みたいに責めることになっちゃうでしょ，だからそれはいうべきじゃないかなって。お母さんの悪口みたいのはそのときしかいったことない。

Ａさんは，子どもを産んだら自分で育てるという一般的な規範をもち出すことが，はからずもａちゃんにとって，自分を産んだだけで育てなかった実母を責めることになってしまったと気づいた。それでは，子どもが思春期を迎えアイデンティティに悩む頃に，自分を肯定的に受け止める材料となるための実親像に傷をつけてしまう。しかし，「産んだら育てるべき」であるとＡさん自身は思っている。そこで，さしあたりａちゃんとの間で当該の話題を避けることしかできなかった。

（4）-② ストーリーを作る

Ｑさん，ＭさんもＰさんと同様に，子どものアイデンティティの形成を助けるような働きかけをしている。ただしＱさん，Ｍさんは，実親が子どもを手放すことになった理由を子どもに説明している点で，Ｐさんと異なる点をもつ。そこでは，実親は子どもの幸せを願ってやむなく子どもを手放したというストーリーが用いられていた。

---

(3) インタビューの後にＡさんの話では，このエピソードについてもう少し説明があった。ａちゃんとのやり取りのあと，児童相談所の懇親会で，Ａさんはこのエピソードを児童福祉司に話したという。すると，ａちゃんは「自分は産む人」であり，Ａさんは「育てる人」という認識をもっており，それゆえに「早く産むんだ」という発言がなされたのではないかと，児童福祉司にいわれたという。つまり，このエピソードがあった頃，ａちゃんは「産む人」「育てる人」がそれぞれにいるという思考をしていたのではないかと児童福祉司に指摘され，Ａさんは子どもにそのような考えが芽生えるということに非常に驚き，徐々に修正しなくてはと思ったということだった。

q2ちゃんは，2歳半からQさんのもとで暮らしているが，中学生のときに実親に会うことを望んだという。そこで，実親と接触する機会を調整するよう，里親側から児童相談所に依頼したことがあった。実母から返事はなく，それ以上児相も積極的に動いてはくれなかったという。このときのことをq2ちゃんは「私は2度捨てられた」といったそうだ。その言葉は聞いていて重かったとQさんは振り返るが，それでも実親との交流可能性を信じ，実親の悪口はいわないようにしていた。

Q：（1度は）生まれたとき。で（2度目は）会ってくれなかったとき。でも，でもねって。あの，（実母がq2ちゃんを）児相にあずけたときは，それがベストだと思ってあずけたと思うよって。女の人が1人で子ども2人育てるのは大変だったと思うよって（q2ちゃんにいった）。でも「じゃあなんで元気なお兄ちゃんをとって，病気の私を（里子に）出したのかなって，お母さん（Qさん）だったらそうしないでしょって，病気の子を手元においておくでしょ」って（q2ちゃんはQさんに問いかけてきた）。それはそうだなと思う。でも，病気の子かかえたら，働けないし，食べていけないのよ，だからq2のことも考えて，安全なところに出したんだと思うよって，お母さん（実母）のことは悪くいわないように，心がけた。そしたら，（q2ちゃんは）「なんでお母さん（里母は実母を）かばうの」って〈笑〉。かばうわけじゃないけど，お母さん（Qさん自身）だったらそう考えるかなっていって。すぐかばうんだからって（q2ちゃんからはいい返された）。
＊Qさんとしては，お母さん（実母）のことを悪くいいたくない？
Q：うん，もしかしたら，まだおつきあいできるかもしれないから，いいイメージで残してあげたい…略…里親さんでもね，実母さんのこと悪くいう人もいるけど，なんかあると帰れとかね，実際いらっしゃるのよね。私はそれは，自分がその（子どもの）立場だったら一番いやだと思う，やっぱり，自分とおきかえてみると，わかるじゃないですか，…略…子どもだから，いっていいってことはないと思うし，1人の個人としてみたら，いえないことっていっぱいある。

第❻章　親であること／支援者であることをめぐって

　Qさんのような，実親は子どもの幸せのために手放したという説明は，Mさんの場合もみられる。mちゃんの場合は，国籍が日本ではなく，実親の情報も確かなことは少ない。Mさんは，mちゃんが10歳になるまでの児童養護施設での暮らしの中で，遠い国にいる実親には会えないだろうと思っていたのだろうと推測している。以下は，mちゃんの担当福祉司が，mちゃんに真実告知のためMさん家庭に訪れた後の様子である。

　M：福祉司さんが来てくれて，…略…まあ彼女の場合，不確かなことが多いので，想像すれば，あまりこう，好ましくない事柄もあったかもしれないから，はっきりしないからあえてそういう話にする必要はないわけで。でも多分こういう事情で日本にきたんだよって，それを聞けば本人も，まあしょうがないかって…略…国が違うわけだから，やはり日本のお子さんが日本の両親からよくないことをされて，子どもにすれば捨てられたっていう状況を受け止めなきゃいけないのと，ちょっと違う。ちょっと気楽じゃないけど，産んでくれたパパとママは自分に幸せになってほしくて養子（里子）に出したんだって思うのは，不幸なことじゃないじゃないですか。（子どもが生まれた）国は貧しいから，自分たちで育てても豊かには育ててやれないから，じゃあ幸せになってもらうために，泣く泣く，手放したじゃないけど。でもそれは将来的には，私（子ども）の幸せを願ってくれたんだっていう解釈は，悪いことではない，でしょ？　だからそういうふうに（話をしている）。…略…（事実は）そうじゃないかもしれないけど，多分そうだろうって。で，あの，だから本人は，自分の出生についての理解も，苦痛なくというか，心の負担なくというか，ああそういうことなのか，しょうがないなぁって，わりと今はここで幸せなんだからいいじゃないかっていうのが本人の中にもあるので。

　Pさん，Qさん，Mさんのように，実親を悪くいわないという運用上の規範を用いたり，会ったことのない実親の良いイメージを想像し伝えることで，子どものもつ実親像を壊さない試みがなされるとともに，実親は子どもの幸せを思い子どもを手放したと解釈する物語が紡がれていた。
　子どもの実親イメージをこわさない工夫は，「（子どもの立場であれば）どんな

親でも実親を悪くいわれることは子ども自身が傷つく」「親は子どもの幸せを願っているもの」という子どものアイデンティティ形成の支援の論理と「いつか再会できるかもしれない」将来の実親子関係再形成の可能性のもとに，里親子の関係保持と両立するような形でなされていた。実親の情報をどの程度把握しているかにもよるが，少なくとも接触がなければ，里親側は子どもの希望と里親自身の想像をつうじ，操作的に実親イメージを子どもに示すことができる。

　本節からは，実親と交流がない場合，とりわけ子どもの委託年齢が低く，今後の交流可能性が低い場合に，里親は実親を考慮しなくとも比較的自由に自己を意味づけることができていたことが確認された。また，子どもの成長にしたがって，子どもの表す里親への期待・実親への期待を尊重することが重んじられるようになっていた。しかし，実親との接点がなくとも，子どもの生い立ちの理解やアイデンティティ形成に際しては，実親という存在をどのようにか意味づけなければならない。そこでは，子どもの自己肯定感への配慮から，子どもに命をくれた人として実母を認めると同時に，子どもとの出会いを喜ぶ存在として里親自身を認めることで，実親と対立させることなく里親としての自己を意味づけることができていた。さらに，子どものアイデンティティにとって実親の存在が重要であるという新たな規範について，子どもの形成する実親イメージをなるべく良きものとしようとする工夫などがなされることがあった。以上のことから，実親が日常的にはおらず，里親が「親」的な役割をはたしていても，単純に実親を代替するとは限らないとわかるだろう。子どもの心の育ちとアイデンティティに配慮し，将来の実親子関係の可能性を完全には否定しないような，実親を尊重するという試みもなされることがあった。

第3節　実親との交流がある場合

　前節では，委託中に実親との交流がない場合を取り上げてきた。本節では，委託中に実親との交流や接触があるケースを取り上げ，里親による実親子関係や里親としての自己の調整についてみていくこととする。

(1) 実親と里親どちらも大切

　委託前から実親との交流のある子どもの場合，里親は，実親との直接的なかかわりが子どもに及ぼす影響を前提として，実親子の関係性を保持しつつ，里親子関係のあり方を模索していくことになる。実親がおり，何らかの交流のある子どもはたしかに増えつつあるが，本研究の調査協力者の中でそうした子どもをあずかる里親はそれほど多くなかった。Cさん，Dさん，Lさんは，委託時から家庭復帰を見こした子どもをあずかっている。自治体によっても里子に出す子どもの選び方などに差があると考えられる。

　本項では，分析対象の中で実親との関係がもっとも安定している，2010年当時中学生のd5ちゃんの場合を中心にみてみよう。d5ちゃんからは，普段実母に会いたい等の具体的な言葉は聞かれないものの，面会を大切にし，手紙を書くなど実母を慕う様子がみてとれる。ちなみにd5ちゃんは，実母・Dmさんをともに「お母さん」と呼んでおり，どちらも大事に思っているのがDmさんにも感じられている。実母の方はというと，「最初の頃はやっぱり，自分の子どもとられたってみたいに思ったり」していたという。しかし，Dmさんがd5ちゃんを連れて面会に行った際，「お母さん（実母）が愛情あげてるから，こんなにいい子になったんですよって言ったりして，向こうのお母さんも喜んでくれたり」（Dmさん2008年）といった働きかけもあり，実母もDさんの家庭のことを良く思うようになってくれたという。Dmさんもまた，実母の病状を懸念しつつも，「手紙書いたりしてたんで，すごくいいお母さんだなって。d5ちゃんのためを思って，我慢してたとか，聞いたりとか」（Dmさん2008年），「本当にふつう，一番最初に会ったときに，d5ちゃんのことを愛してるお母さんだな」（Dmさん2010年）と，実親，里親がベースの部分で認め合える関係が継続しているようである。

　d5ちゃんのケースでは，里親と実親とが直接面会する機会があるが，こうしたケースは必ずしも一般的ではない(4)。実親と交流があっても，このようなはたらきかけができない場合もある。しかし，子どもを実親とともに養育する

---

(4) d5ちゃんのほか，Dさん夫妻のあずかる子どもではd4くんが，Cさんのあずかる子どもではc2くん，c3・c4ちゃんきょうだい，c5ちゃんが，それぞれ里親と実親が直接会ったことのあるケースである。

「共同養育者」となることは，福祉的な規範的期待として里親に求められる1つの役割であり，実母を「愛情をあげる母親」として認めていることを口にするDmさんのようなはたらきかけは，子ども・里親・実親関係の構築において有効であることがわかる。里親として実親に一定の肯定的な意味づけができ，それを子どもや実親に対して具体的に表現していることが，三者間の安定的な関係を構築する1つのポイントとなっているといえよう。

（2）実親子関係に感じる違和感

一方で，里親の立場から実親子の交流をみるにつけ，その関係性に疑問を覚えることも度々ある。Dさん夫妻やCさんは，d4くん，c5ちゃんが自分の主張を実親にいえず気を遣っていることへの疑問や，子どもに自分たちの想いが通じないもどかしさを感じていた。

小学校中学年のc5ちゃんは，里親家庭や学校では問題行動も多く「（問題行動が）ここまでひどいとは…」「かわいくないときがある」とCさんも口にする。しかしそんなc5ちゃんは，実母に対して嫌われたくない思いが強く，自分の気持ちを表現できない。Cさんは「（いいたいことを）ほとんどいえない」「（実親のもとに）帰ったら苦しいかもしれないね」と，家庭復帰後のc5ちゃんを危惧していた。c5ちゃんの実母は，たびたびc5ちゃんの「パパ」を替えており，c5ちゃんは現在の「パパ」に虐待を受けたためCさんの家庭に来ている。そのため，「パパ」についてはc5ちゃんもわりきっているように見えるという。Cさんが児童相談所の児童福祉司から聞いた話によると，実母は自分とc5ちゃん，自分と交際男性の関係は良く，交際男性とc5ちゃんの関係だけがよくないという言い方をしたそうである。そういった実母の発言に対してCさんはおかしいと感じ，強い口調で語った。

C（2010）：違うでしょ，あんた自分の子どもに対して，（交際男性は）他人といえば他人じゃない。その（交際男性と子どもとの間の）パイプになる，関係よくするのは自分じゃない。…略…私も何回も（実母には）会ってるんだけど，「お世話になってます」もいわれたことないし，そういうあいさつもあってもいいと思うんだけど。ほかの里親さんにいったら，「あたりまえ

じゃない，（実親に）そういう思いがあったら（そもそも自分の子を）あずけないよ」って（いわれた）。

　このように，Cさんはc5ちゃんの実母が，実親家庭における関係性を理解していないことを問題視していた。こうした現状では，c5ちゃん自身，家庭復帰のあかつきにどうなるのか想像できるものと思われるが，基本的には帰宅を望んでいるため，Cさんはその親子関係を案じている。しかし子どもにその思いはなかなか届かない。Cさんは実母を受け入れがたく感じ，それまでは直接実母と対面する機会もあったものの，現在児童相談所の児童福祉司に実親子の面会をまかせ，Cさん自身が実母と直接会うことを休止している。
　2010年調査時には中学生になっていたd4くんの場合も，実親は子どもの家庭復帰を望んでいるものの，Dさん夫妻にはその関係性に疑問がある。しかし，そうした子どもを思う心が本人には伝わらないもどかしさがあった。d4くんの実母は離婚・再婚を繰り返しており，またd4くんのことを半ば恋人のように思って依存しているようにみえるのだという。

Dm（2010）：（実母は面会で）男の方に会わせた後，後で会ったときには，（d4くんは）「今度はその人は来ないの？」とか，「一緒に行く？」とか，…略…（実母は）「今別の人とつきあってて，前の人はその人に悪いから来ないかも」とか（d4くんに）いって。自分の息子にそういうことをいってて，ちょっと理解に苦しむというか。
Df（2010）：d4自身，嫌がると思うんだけどね，（そうでは）ないんだよね。…略…そういう（親子）関係ってありえないよと思うんだよね，ちょっと違うんだよね。
Dm：（d4くんは実母に対して）気を遣ってる。
＊嫌われたくない？
Dm：とかいうよりも，お母さんを喜ばすというのも違うけど，気を遣う。…略…恋人でもないけど，（まるで）そういう位置関係にある（ような）子どもの気の遣い方，守ってあげなきゃいけない人への気の遣い方（をd4くんがする）。

Dさん夫妻は，d4くんの実母が，まるで自分の恋人にするかのようにd4くんに依存しているような様子，そして母親の依存に応えようとする子どもらしくないd4くんの気の遣い方に，不可解さを感じている。そこでDさん夫婦は，実母に変に気を遣わず，2人で暮らしたいと主張するよう，強くd4くんに促した。

　Df（2010）：よく男の人いて平気で（面会に）行くねって。言いな，母親に「2人で暮らしたい」って，3人で暮らせると思ってるのかって。なんでいわないんだっていったら，うえーんって。みんな（d4くんの）味方になってんのに，あの子に伝わってない，一生懸命あの子のことを考えてるのにまともにやったんじゃ伝わらない…略…自分たち（里親）のいっていることよりもあっち（実母）のいうことを聞くんだよねって（Dm：奥のところがね。）…略…ほんとのところをわかんなくちゃいけないよね，根本的なところを。年齢的にも難しいよね，でも損するのはあの子なんだから…

　Dfさんの子どもを思っての「母親のやってることは違う」という言葉に，Dmさんは「実親さんはどんな人であっても，子どもにとっては，すごくね大事な存在だから，実親さんの悪口は絶対いっちゃいけない，悪口になるんでしょ，そのいい方」とたしなめる場面もあった。里親たちの子どもを思う気持ちは強いがゆえに，ときに厳しい言葉を子どもにぶつけることもあるが，そうした思いはかならずしも子どもには響いていない。
　Dmさんは2008年調査時も子どもたちに対して「日常的な生活を通して，やっぱり子どもたちが安心して生活できるんじゃないかな」と思い，とりわけd4くんには「毎日の生活の中で，そうして生活することで，やっぱり癒されてほしいな」と考えていた。2010年時点でもなお，d4くんについては実親との関係の中途半端さからか，実親家庭にも里親家庭にも確固とした足場をもてないことをDさん夫妻は悩んでいた。それでも，ある児童自立支援施設の職員から聞いた「何をしちゃいけないとか，禁止事項を教えるんじゃなくて，ここに，それぞれの子どもたちが居場所をみつけて，安心していられる環境を作ってあげることによって，癒される」という理念を挙げてこれに共感を示し，

里親になった自らの原点を再確認していた。

　本項の2ケースからは，委託当初から実親との交流があることによる，里親としての意味づけの困難さが垣間みられる。実親と定期的な交流が本項同様にある，第1項d5ちゃんのように，子どもが里親と実親のどちらも「親」としてみなす定義は，子どもが実親子，里親子関係で安定している状態では成り立つ。しかし，d4くんやc5ちゃんのように，実親子関係に里親からみて好ましくないような違和感が見受けられるとき――いいたいことがいえていなかったり，実親が子どもに甘え子どももそれに応えようとするようなとき――には，まず子どもが里親家庭で「安心していられる環境」を作ろうとする対処がみられる。このことは，「親」であることや「家族」であることをめざすかどうかとは位相の異なるものである。

（3）実親の子育て観：子育てにコミットする親イメージとの齟齬

　上記のような実親子関係への違和感は，実親の子育て観や子どもへの態度に疑問が生じているということにもかかわっている。jくん，c5ちゃんの事例からは，実親の親としての自覚のなさや心もとなさが語られている。

　jくんは2歳で里親委託となり，実親とは生後ほどなくから接触がなかったようだが，調査時から1年程前に一度実母から連絡があったという。

　J：連れて行ってくれても構わないんですよ，里親っていう制度を選んだときから，それは覚悟してるの。で，それがあずかった子どもにとっていいなら…略…いざとなりゃ，言葉は悪いけど，手塩にかけた子が離れるのも覚悟してるから，そればっかりは俺たちはどうしようもない。

　そのようにいいながらも，Jさんは，子どものために良いならば実親のもとに帰すがそう思えないとし，「何とか（実親のもとに帰すことを）防ぐ方法はないのか」と児相に問いかけた。

　J：まあ（子どもを）帰せというような話にも，実際になった。で，向こうに絶対に帰せっていわれれば，こっちは帰さざるをえない。児相の親担当

(の職員)，子担当（の職員）と話をしたときに，いったんだ俺，なんとか（実親に戻すのを）防ぐ方法はないのかって…略…まあどう考えてもね，結局判断基準は，jにとっていいか悪いかだから，…略…で話を聞いてると，どう聞いても，jのためにはならないと思った。どう考えても，そんな，担当の人もいってたけど，(実親といえども子どもと) 何年も離れてると，関係作りからはじめないといけないし，相当の努力が必要だと。俺も実際にそう思う。すでに実際に，ここでは家族って関係ができてるから，認識の中では彼は（里子だということを）わかっているけれども，われわれのように，本当，実親と里親というのを，われわれのレベルほどはわかってないから。

　Jさんが子どもにとって実親のもとに帰ることを良く思えないのは，実親に住所を転々と変えるといった不安要素があることを，児童相談所の児童福祉司から耳にしていたことに由来する。今日に至るまで築かれてこなかった実親子関係を作り直すため，努力をするような実母像が描けなかったために，Jさんは実親家庭への復帰を子どものためにならないと考えたのである。結局，実母と子どもとの直接的な交流は実現しなかったようだ。子どものために努力する親像を描けず，また子どもが幼く実母を慕っているわけでもないことで，実母よりも里親である自分たちを養育者として適切であるとみなしている。
　また，c5ちゃんの実親についてCさんは，子どもを引き取りたいという一方，ネグレクトの懸念や子育て観，里親などへの態度に引き取る意志を感じられず，実親の言葉と態度の矛盾に違和感を覚えながら応じていた。

C (2010)：どっちがあずけてるかあずかってるかわかんない感じ，わかるこの感じ〈笑〉？（Cさんの方が実母に）すいませんっていう感じ〈笑〉…略…次いつ迎えにきますかって（実母に）聞くと，「予定がつかないからわかりません」とか…略…「私は忙しいから」っていうようなのが，見受けられるようなそんな言い方を（実母は）するから。えーちょっと待って，それで（c5ちゃんを）引き取りたいっていうのを重ねると，どうもね，お母さん像が理解できなくなって。

第❻章　親であること／支援者であることをめぐって

　前述のように，児童福祉司に実親子の面会をまかせ，Cさん自身は実母と直接会わないようにしている。その理由は，Cさんが「お母さん（実母）にすれば，あずけてるっていうより，手助けしてもらってる」「気持ち的にはね，社会の子どもでしょって（感覚にCさんにはみえるが），あんたの子どもじゃないのって〈笑〉。（まるで実母は）社会が育てるんじゃないの，協力してくれるの当たり前でしょ（とでもいいたげな態度）」という子育て観をもつ実母を認めることができないためである。彼女と引き続き会うことで，c5ちゃんと接する際に実母への負の感情をひきずる懸念があるためだという。
　2008年調査時にCさんは，里親とは「実親の手助け，補完」と捉えていたが，そのようなパートナーシップは実親に親としての自覚がなければ成り立たない。そのため「（里親としての理想は）そう（手助けとしての里親）だったんですけど，手助けにはなってない，（実親は子どもに）会いにはいくけどあずけっぱなしだし」と，実親の親としての自覚のなさや子育てへの責任感の欠如により，「実親の手助け」という里親の位置づけにゆらぎを覚えていた。Cさんは，里親に支払われる手当の増額を例に，里親を仕事として捉える人も出てくる可能性を危惧する反面，「今ははっきりいって，『仕事』として捉えないとやれないときもあるね…」と，状況によっては「手助け」という認識を変更せざるを得ないと思うようになっていた。
　Jさん，Cさんともに，実親には，子どもとの関係を築こうとする積極性があると信じるに足る根拠（気持ち，居住や職業が定まっているなど）が薄いように思われ，子どものことを想っているようには感じられないようだ。そのため，実親の「子どもを引き取りたい」という主張を信じられずにいるのである。
　以上のように第2項，第3項からは，実親との関係が定まらないことによって，子どもが実親家庭にも里親家庭にもしっかりと根をおろせない様子がみてとれる。Dmさん（2010）がd4くんについていうように，「やっぱり，（実の）お母さんとの，こうやっぱり，中途半端なのもあるかもしれないよね，関係が。（里親家庭にも実親家庭にも）どっちにも，足（場）をしっかりできない」のである。このために，里親は実親の状況から家庭復帰が子どものためにならないと考え，実親子関係修復よりも里親家庭での家族関係を重んじようとしたり（Jさん），実親の手助け的存在を志向しつつもかなわず「仕事として捉えないと

やれないときもある」としたり（Cさん），さしあたって子どもの養育責任を実親とわかちあうのではなく，自らを第一義的な養育者として責任をまっとうする立場にあるとみなして対応している。

　本節では，実親との交流がある場合，里親はいかなる自己の調整が必要になるのかを見定めてきた。家庭での安定的な生活という側面と，実親家庭への復帰や実親子関係のサポートという側面とは，第1項のように実親への一定の肯定的な意味づけができ，それを子どもや実親に対して具体的に表現するようなはたらきかけが1つの有効な方法となって，両立可能になっていた。しかしその方法は，実親の状況などによってかなわないときもある。里親のおかれた家族的文脈と福祉的文脈との交錯という立場によって，とりわけ実親子の交流がある場合，家族・親子になることを重視しようにも実親の存在が子どもに影響力をもっており難しく，一方で家庭復帰や実親子関係を応援することもしがたく，どちらにも方針を定められない板挟みとなる事態が生じると明らかになった。そこで「子どもがまず安心していられる」場所になるために心を砕くのである。

第4節　里親子関係終了後の実親への対応

　本節では，満期で措置委託終了したのちの実親とのかかわりに注目し，里親であることや里親子の関係性が，はたして制度上の関係の終わったあとに何らかの影響をもつのか考察する。

（1）実親の捉え直し

　子どもの委託中にまったく実親との接触がなくとも，措置委託終了を待って，実親側から会いたいと連絡をしてきたり，実親の生活保護申請や成年後見制度の利用等に伴って子どもに連絡が来てしまうこともある。すでに制度上の里親―里子関係はないため，児童相談所による実親のコンタクトに対する介入もない。

　n1さんのケースでは，彼女が高校生のとき，児童相談所に間に入ってもらい，ルーツを知るために実母と連絡をとったことがあった。すると，措置委託

第❻章　親であること／支援者であることをめぐって

終了後，実母からの連絡が期せずして増えてしまった。実母から子どもへの金銭的な依存傾向があった。

　N：本人にしてみれば，1回会えばいいんですよ。
　＊納得したい？
　N：そうそうそう，会って（実母がどのような人か）わかればいいんで，それ以上でも以下でもないんで。（でも実）親とすれば色々あるみたいで。…略…手紙のやりとりの中で，メールアドレス教えたら，ぽんぽんかかって〈苦笑〉。1回2回会ってるんですよ，それで，（実母はお金目当てで連絡しているのが）みえみえだっていうのがわかったんで，（n1さんは）もう会いたくないみたいなんだけど，向こう（実親）からかかってくるから，アドレスかえたりして。
　＊はあ，複雑ですよねこう，今までのお母さんのイメージというか…
　N：そう，全然違うからね，そういうのある。

　Nさんは，実親に対して，接触をもとうとしたときには「子どもにルーツを伝えてくれる人」としてみなしていたが，現在では「子どもに依存する人」へと見方が変わっている。Nさんがn1さんの受託中から，子どもの実親イメージを維持する工夫をしていたとは聞かれてはいない。しかし，措置委託期間が過ぎた今では，実親と里親子の間を取りもつ機関もないため，里親たちは実親子関係が子どもにどのような影響を及ぼすのか見極めつつ，子どもが不利益をこうむる可能性があるのであれば，前節までにみてきたような実親イメージの保持にとらわれることをやめる。

　N：一番本人に不利益にならないように，サポートするしかないでしょうね。だから，就職して，自立するまでは，サポートしていく。
　＊それは実親子関係についても？
　N：まあ実親についてはなるべくね，自立するんだったら，自分で生きてく，だからもうね，あまり実親は気にしないで生きていけって，たかられるんだったら，無視していいよって（いっている）。…略…単純に会うっていって

もね，（実親の方に）下心がなきゃさぁ，会わないわけだから，そういうのも考えたほうがいいよとはいって。（子ども）本人もわかってるから。

　実親が子どもに甘える状態では，n1さんにとってNさん家庭は「ここしか帰ってくるところがないからね…」（Nさん）という場所であると，Nさんは感じている。n1さんが大学生であるため，将来の住居や就職の方向性もNさんが考えている。
　また，aちゃんは実母からの手紙がきっかけで，高校生の終わりにはじめて実母に会った。言葉にはしないが緊張していたようだったaちゃんの様子に，「（実親といえども）長く一緒にいたほう（里親のそば）が安心するんじゃない」と感じたという。

　A（2008）：（aちゃんは実母のことを）お母さんっていってるよ，うちは（里母の呼称は）ママで来ちゃったから。（aちゃんと実母は）たまーにね，メール交換とか会ったりしてるみたい。最近は忙しいから会ってないみたいだけど，去年あたり秋ぐらい会ったみたい。聞いたことあるの，美容室いってカットしてもらうお金だしてもらったとか，いったりするときあったからそれはいいんだけど。…略…それでね，私流に考えていいように解釈してるかもしれないけど，お母さんのこと避けてるのかなって思ったのは，去年の秋か12月くらいか，お母さんから会いたいって長々とメールがきたらしいの。で，「私の（aちゃん）返事はこれだけ」って（携帯の画面をAさんにみせた），「無理」って〈笑〉。二文字だけだよって〈笑〉。

　aちゃんは当時通っていた専門学校の課題や，資格試験の勉強で忙しい時期だったようで，実母の会いたい旨のメールにそっけない返事を返した。これに対し，aちゃんが実母を避けているかもしれないとAさんは解釈していた。実母よりもAさんを慕う様子に「いいように解釈してるかもしれないけど」としつつ，時間の共有による関係の強固さを感じているようである。
　n1さんとaちゃんのケースからは，委託終了後に実親との接点が増えても，子どもが里親のもとから実親のもとに移るわけではないとわかる。里親は，す

第6章　親であること／支援者であることをめぐって

でにできあがっている里親子関係を揺るがすほどには実親をみてはおらず，子どもに何らかの負の影響があるならば実親イメージを保持したり関係を継続することを勧めず，子どもが里親とのかかわりを強くもつことを快く思っているようでもある。

（2）ルーツ探しをめぐって

　前項でみたように，子どもの措置委託解除の前後に実親から接触がある場合，実親が子どもに何らかの依存をすることで，子どもが負担を感じることもあることがわかった。しかし，そのような危惧があるにせよ，里親側が子どものルーツ探しを積極的に行うケースもみられた。Ｐさん，Ｔさんがそれにあたるが，それはいかなる動機で，どのような場合なのだろうか。

　Ｐさんとｐさんは，ｐさんの成長（時間の経過）に伴い，実親の見方に変化がみられていたケースである。ｐさんは高校3年生のときに，実母の情報を得たいと担当福祉司に問い合わせたことがあった。福祉司は調べてくれ，ｐさんはそれを聞く機会を得た。そのときには，実母はすでに再婚し再婚相手との間の子どももいること，父親の所在は不明だということがわかった。ｐさんは，成長してもなお実母への想いをもっていたが「僕はどうして育ててもらえなかったんだろう」「会ったら，僕はお母さんを殴ってやるんだ」と実母への思慕が一転したという。一方Ｐさん自身は，「お母さん病気とかじゃなくて，元気でいらしてやってらっしゃるんでよかった」とｐさんに伝えたが，ｐさんは自分だけが育ててもらえなかったことで「自分を悲劇の主人公として，ストーリーを作って」いたようだったという。

　ｐさんが措置委託解除となった後に，Ｐさんの勧めで，里親子は実母の戸籍の住所を訪ねている。実母との再会にＰさんが積極的だったのは，Ｐさんも実母に会ってみたかったことに加え，「こんないい子を産んでくれてありがとう」「どうして手放してらしたのか，向こうが話してくれるのであれば聞きたい」という思いからであった。一方，ｐさんの方は，成人した後も母親のことを悪くいっていたという。しかし，実母宅訪問後，実母と電話での交流が可能になったことで，それはｐさんの「どうして僕だけ育ててもらえなかったのか」というやるせなさに変化を起こさせたようである。つまり，ｐさんは，電話で

209

の会話の内容等から，なぜ自分がこの実母に育ててもらえなかったのかを察し，会わなくてもわかるといったそうだ。「それ（想像上の母親イメージ）が段々に崩れて…略…それに対して自分はどういう風に臨むというのがね，自分なりにねできるようになったんですよね」とPさんの目に映る。

　P：もう事実は受け入れられる状況になってるからうちの子は，会っても大丈夫だと思うし，会えば根っこがすわると思うの。（＊根っこ？）だって自分が，どの人から生まれてきたのかわからないっていうのは，やっぱり不安じゃないかね。もう死んじゃってれば諦めもつくけど，生きてるから。

　Pさんは，pさんが大人になった今，「根っこ」としての実親を認め，養育者として「産んでくれてありがとう」と礼をいいたいという気持ちをもつに至ったのである。現在もpさんはPさんをお母さんとは呼ばない。Pさんは，日頃からpさんをうちの子と呼び，たとえ子どもがPさんをお母さんとは呼ばずとも，「しっかりとここの家での子どもの位置を確保していた」と述べている。
　Tさんは，軽い知的障害のあるt2さんについて，元気なうちは面倒もみてやれるが，いつか他の人やt2さん自身が行政手続きをする際に簡易になるよう，t2さんの本籍地をTさん宅に移している。本籍地を移すことは，Tさん曰く「（実親とのつながりという）縁がきれる」意味合いをもつという。そこで4，5年前，本籍地を移す前に，t2さんを連れて本籍地の所在地をたずねる「ふるさとを訪ねる旅」をしたのだという。

　T：なんとか資料館とかいって，昔の地図あわせてみたり，こうやって，あたしは調べるんだけど，あの子（t2さん）は全然。
　＊旅行の趣旨はわかってるんですよね？
　T：わかってないんじゃないの〈笑〉。市役所とかいってもね，ほんとに私は他人だから，市役所の人間は私にいっちゃいけないの，だからそばに立たせるわけ，これが本人ですって〈笑〉。

第❻章　親であること／支援者であることをめぐって

　t2さんの本籍地の市役所では，どこにどのようなt2さんの親戚がいるか，居住歴などを確認し，転出するための書類をもらって帰ってきたという。子ども本人はどの程度「ふるさとを訪ねる旅」の趣旨を理解していたか不明だそうだが，Ｔさんにとっては子どもと実親の最後のつながりをこの目で見届ける１つの区切りであったようだ。

　＊Ｔさんにとっては，子どもの本籍地を訪ねるっていうのは，心が整理されたんですか？
　Ｔ：やっぱり親（Ｔさん）なき後を考えるとね…略…今んとこはね（まだ自分が面倒をみられるのでいいが），知らないまんまでおわっちゃうでしょ。ほっといても本籍地に，行ったって記憶があればね，いいかなと思って，…略…あぁなんか，私は感慨深かったんだけど〈笑〉…略…こっちはもう，もう（訪ねることは）ないと思うから。…略…（自分としては）済ませたって気分ですね。

　Ｔさんは，t1さんについても同様に「ふるさとを訪ねる旅」を行いたいと思っているそうだ。
　Ｐさん，Ｔさんのケースでは，措置委託解除後，公的な介入の必要がなくなり，自由に実親との関係を築く時期になってから，里親側がルーツ探しをはじめている。児相が間に入らないということは，子どもと里親と実親の３者間を調整する者がいないことを示す。それでもなお，Ｐさんにとって実親を訪ねるという行為に至ったポイントは，「子どもが大人になり精神的に成長している」「実親が生きている」状態であった点，そのうえでＰさんが「（実親に会えば子どものアイデンティティの）根っこがすわる」「実親に感謝している」と感じている点であろう。
　しかしＴさんは，現段階では関東に住まうというt2さんの実母を訪ねることはしておらず，t2さんにも実母の情報を話していない。t2さんの中ではすでにＴさん夫妻が「お父さん，お母さん」であるために，現状が変化しうる実母との交流を積極的に行うつもりはないようだ。t2さんの実父のように，すでに亡くなっている場合は，現在の里親子関係をおびやかされることはないわ

けである。

　PさんとTさんの比較からは，あえて措置委託終了後に里親側が子どもの
ルーツを探そうとするのは，ある程度里親子関係が安定しているときであるこ
とがまずわかる。付け加えるならば，たとえ実親が健在であっても，（里親側か
らみて）子どもの成熟・安定，実親に対する里親の何らかの肯定的評価，子
どものアイデンティティに及ぼす出生の影響を結びつける思考が，実親との接触
による里親子関係の変容可能性や子どもへの負の影響可能性よりも勝っている
場合，実親への接触を試みるといえるかもしれない。

（3）養子縁組の影響

　r2さんは，1歳半からRさん家庭ですごし，15歳を迎えたのを機にRさんと
養子縁組している[(5)]。Rさんは，里親時代も，そして養子縁組した後も，r2さん
の叔母と関係を保っている。2年間養育里親として育てたr1さんについても，
r1さんが40代となり自活している今でも，彼の実母や叔母と電話や面会をし
て実親子間をとりもっているのだ。r2さんはすでに結婚し子どももももったこ
とで，子どものかわいさをみるにつけ，なぜ実母や祖母は幼い自分を手放した
のかという疑問をいっそう強く抱くようになったのだという。

　　R：だんだん，自分たち（r2さんの実の祖母）も年をとってきて，財産の問題
　　もおきているのかも，なんか，r2に話したいみたいね。あの子出たくない
　　から留守電にしてるの…略…「会わないし，絶対に，子どももみせない」と
　　かいって…略…もう（祖母の）声を聞くのもいやみたい。

　一方，r1さんは，小学校時代に2年間Rさんの家庭で過ごし，実母のもと
に家庭復帰した。現在自立して働いているr1さんに対しては，実母との関係
修復を促している。Rさんからみると，Rさんの家庭での2年間の暮らしによ

---

(5) 15歳未満の子どもを養子にするときは，その法定代理人が子どもに代わって，縁
組の承諾をすることができる（民法第797条第1項　「十五歳未満の者を養子とする
縁組」）。15歳以降は，実父母の同意にかかわらず，子どもの意思が尊重されること
になる。

り，r1さんは3世代の家族がそろい，皆仲が良いという「理想の家庭像」（Rさん）をみてしまい，またRさんの実子と年頃も変わらなかったため，自分の実親家庭との差に感じた憤りをすべて実母にぶつけていたようだという。40代になった現在も，r1さんは実母を許せないでおり，Rさんへの感謝の気持ちを伝え季節の品を送ってくるのだという。

　R：子ども（r1）はいま拒絶してるの，もう41になってますよ。けどね，お母さんに会いたくないわけ。でもこないだ手紙だしましたよ（r1さんに）。「もうね，（実母を）許す気持ちもなければね，だめよ」って。「親なんだからね」って，「とにかくもう，後悔しないように。とにかくね，お母さん，会いたいっていってるんだから」（と諭した）。お母さんも謝ればいいんだけどね，お母さんも謝れないの〈苦笑〉。

　以上のことからわかるように，実親に関するRさんのr1さん，r2さんへの対応は異なる。r1さんには，親なのだから実母を受容するよう諭すのに対し，r2さんには，祖母と直接かかわることをとくに促しはしない。r2さんに対しては，r2さんが不快な思いをしない，不利益をこうむらないため間に入っていると考えられ，r1さんに対しては，実親子関係の修復を後押しするためと考えられる。こうした対応の差異には，2つの位相が考えられる。1つは，養子縁組しているか否かの違いが相違を招いた大きな要因と思われるものである。もう1つは，子どもの個性と里親との相性や，受託中の子どもの様子など，個々の子どもとの関係性によるものである。Rさんにとって，子どもの受託中の様子が「あまりにもすごかった」ため「未練はない」r1さん，仲間から「理想的」といわれるほど順調に育ったr2さんと，受託中の里親子関係の違いが現在の実親子関係への対応の差異の背景にあるようだ。とくに，r2さんとは相性がよかったとも語っている。しかし，いずれも里親であるRさん個人としては，実親や親族とのやりとりを縁組の如何にかかわらず継続して行っていることは事実である。

第5節　本章のまとめ：実親の存在感

　本章は,「家族的文脈」「福祉的文脈」の交錯した立場において，子どもの実親の存在を意識化したり実親との交流に直面したとき，里親はどのように自身の役割を意味づけるのかを明らかにしてきた。分析の結果，実親と子どもの関係保持や家庭復帰を支援するという福祉的な役割期待と，子どもとの親子関係構築という家族的な役割期待との間での里親の調整過程が主題化された。両者の間で，里親が子どもの実親の存在をどう捉え，実親子関係の調整等を行う中で，どのように「親」を用いて里親役割を意味づけていくのか，子どもの実親との交流の有無に留意して考察してきた。
　実親との交流がなく，子どもが幼い場合は，実親をどう評価するか，どのくらい実親代わりをつとめるのか，里親の側に裁量がある（第2節第1項）。しかし，子どもの委託年齢や成長によって，実親イメージが醸成される。そこで子どもが幼児期に委託となった場合，実親との交流の有無にかかわらず，まず子どもの観点を経由し，子どもの実親イメージ・里親イメージを尊重して，自己を捉え直す試みを絶えず修正し行う点は共通してみられた（第2項）。また，実親との接触がなく成長しても，里親家庭外部から実親の存在を直視せざるをえない機会が作られることがある。小学校の生い立ちの授業等がそれにあたるが，そこでは子どもにとって里親・実親が「親」であるかどうかとは別次元で，実母が子どもを産んでくれたことに感謝することで，望まれて生まれたことを支持する試みがなされていた（第3項）。さらに，近年の実親を悪くいわないといった規範の用い方にも着目したところ，里親は子どもに良い実親イメージを保持しようとするだけでなく，子どもの生い立ちの理解――実親は子どもを想って手放したという解釈――をときに提示したりして，子どものアイデンティティ形成に配慮しつつ里親子関係を維持する対応がなされていた（第4項）。以上のことから，実親が日常的にはおらず，里親が親的な役割を果たしていたとしても，単純に里親が実親を代替した「お父さん」や「お母さん」になるとは限らないことがわかる。子どもの心の育ちとアイデンティティの形成を支援するほか，将来の実親子関係の構築可能性を残そうとする場合もあった。実親

を尊重するという規範的期待と擬制的な家族・親子関係構築の期待との間では，葛藤回避の方途が模索され，少なくとも子どもの思いの尊重や生んでくれたことに対する実母への感謝といった方法は，実親子関係の支援者としての役割と家族的な存在としての役割とのいずれも保てる対処なのである。

　実親との交流がない場合，里親側は子どもの希望と里親自身の想像をつうじ，かなり操作的に実親イメージを子どもに示すことができたが，交流がある場合，とりわけ定期的な交流がある場合は様相が異なってくる。そこでは，里親なりに実親に一定の肯定的な意味づけができ，それを子どもや実親に対して表現していることが，里親・実親ともに「親」として子どもがみなす1つのポイントであった（第4節第1項）。しかしながら，実親の言動により直接的・間接的影響を子どもに感じ，実親子関係で子どもが無理をしているようにみえる場合もある（第2項）。委託当初は交流がなく，途中から実親との接触がでてきたときは，すでに里親子関係が落ち着いていればそちらをもとにして実親子のことを考えられる。しかし，委託の当初から交流があるとき，実親子関係が落ち着かないと，里親子関係も落ち着きにくい。このことから，委託当初から交流があり，実親子関係に子どもの負担がみられるような状態では，里親は「親」といった存在になるより，まず安心していられる場所になることをめざしていた（第2項）。また，実親子関係が「ふつう」の親子関係と何か違う違和感を覚えるのは，実親の子育て観や親としての自覚のなさに対して，里親が疑問符をつけることも関係している（第3項）。実親に一定の肯定的な評価ができず，親としての自覚を感じられない場合，共同養育者になることも難しい。そのために，自らの位置づけを迷い里親になった原点に戻ったり，里親は自らを仕事として割り切らざるをえないと感じていた。

　実親との交流がある場合，里親家庭での安定的な生活という役割と，実親家庭への復帰や実親子関係のサポートという役割と両立させるためには，第1項のように，実親への一定の肯定的な意味づけができ，それを子どもや実親に対して具体的に表現するようなはたらきかけが1つの有効な方法になりうるとわかった。しかしそれが実親の状況などによってかなわないとき，家族的な役割に依拠しようにも実親の存在が子どもに影響力をもっており難しく，また福祉的な役割を重んじようにも家庭復帰や実親子関係を手放しで応援できず，どち

らにも方針を定められない板挟みとなる事態が生じると明らかになった。そこで「子どもがまず安心していられる」場所になるために心を砕いていた。

　第4節では，措置委託期間後に実親と接点が生じた事例をもちいつつ，実親の存在がいかに里親であることの意味づけに影響を及ぼすかを考察した。子どもの実親イメージの保持や実親子の交流可能性への配慮にもかかわらず，委託終了前後に実親が子どもに依存しはじめるような場合は，実親にとらわれることはないと子どもに伝えることもあった（第1項）。そのような危惧があるものの，措置委託終了後に里親側が子どものルーツ探しを積極的に行うような場合とは，ある程度里親子関係が安定していることを基本とし，たとえ実親が健在であっても，（里親側からみて）子どもの成熟・安定，実親に対する里親の何らかの肯定的評価，子どものアイデンティティと出生を結びつける思考が，実親との接触による里親子関係の変容可能性や子どもへの負の影響可能性よりも勝っている場合といえそうである（第2項）。そして，交流があるままに措置委託終了したケースでは，実親への接触や交流は，受託していた頃の子どもの様子・捉え方や，養子縁組したか否かによって対応がわけられていた（第3項）。

第7章
措置委託解除後の子どもとのかかわりにおける葛藤と対処
——18歳からのはじまり——

　ここまで，「家族的文脈」「福祉的文脈」の交錯したところにおかれることによって，里親にいかなる役割の調整や葛藤が生じうるのか，そしてそれにどのように対処しているのかを，「時間的限定性」に着目した第4章，「関係的限定性」に着目した第5章・第6章にて，それぞれ記述してきた。里親たちは，役割を状況に応じて使い分けつつ，日頃の家庭での養育においては家族としての役割を志向する傾向がみてとれる。しかし，里親子関係は，たとえどれほど良好に築かれたとしても，子どもが18歳を迎えた年に終了する。そこで本章は，「福祉的文脈」において里親子の関係を規定していた措置委託が終了することによって，里親が自身の役割や子どもとの関係を意味づけ直す過程を記述していく。

第1節　本章の課題：措置委託が終わると里親里子は「純粋」な家族になるのか

　里親子関係は，里親制度が児童福祉法を根拠法とするために，子どもが18歳になる年の年度末には終了する。それ以降は，両者が望む場合には私的な関係に移行する。多かれ少なかれ「親」や「家族」を意識して養育してきたにもかかわらず，一般的な親子関係には想定されない「期限」という矛盾を目の当たりにしたとき，里親たちにはどのような葛藤が生じ，その先にいかなる帰結があるのだろうか。
　以上のような課題に取り組むため，本章で取り上げる事例は，すでに（満期）措置委託解除を経て成人している子どもがいる里親たちである。すでに子どもの委託を終え，里親登録を更新していない元里親もいる。そのため，第4

章から第6章で紹介した調査協力者たちと重複しない事例も多く，年齢層も60代から70代とやや高い。こうした事例の違いと時代背景への配慮をしつつ分析を行う。

　分析の流れとしてまず第2節では，措置委託解除年齢（通常18歳）を迎え，里親が制度上の里親子関係の終わりをどのように捉えているのかを整理する。第3節では，多くの里親が家族的な関係を築いてきたことをもとに子どもとの関係継続を望むものの，里親への子どもの期待と，里親の思い描く子どもとの関係や役割認識との間に調整を要することを示す。そこで，この節では子どもと里親の意向が調整できた事例を用いて，里親たちがいくつかの基準を設けていること，そのことと里親としての役割認識とのかかわりを述べていく。第4節では，子どもと里親の意向調整が困難な事例を取り上げる。里親家庭に来る以前に受けたとみられる様々な影響を引きずらざるをえない子どもたちに，どのように里親たちは対処していくのかを述べている。最後に第5節では，現在のところ，どのように養育の結果や養育してきたこと自体を受け止めるか，迷いながらも里親経験を意味づけ直す方法に注目する。

第2節　措置委託解除の2つの意味

　里親たちの語りから帰納的に分析すると，措置委託解除には2つの意味づけがみえてきた。順に述べていこう。

（1）通過点

　里親たちは，里親制度にもとづく子どもの養育に期限があることは承知しているものの，実際にその期限に直面すると，その事実を何の抵抗もなく受け入れられるわけではない。Uさんが端的にいうように「品物じゃないから，18過ぎました，お返ししますってわけにいかない」と，受託中から措置委託の終了やその後のかかわりを意識して接している。

　Oさんは，2人の実子が就学するかしないかという時期から，幼児の里子を2人あずかった。以来Oさんは，実子たちが成人して離家し，里子たちも20代になり進学・就職を経た後も，ずっと里子たちと同居してきた。現在は，夫，

里子2人との4人暮らしである。子どもの立場からすると，措置委託解除はしばしば衝撃的な事実として受け止められる。Oさんは，o2さんが高校生の頃，児童相談所の担当職員がOさん宅を訪れ，里親委託の解除について話した際のことに触れて，そのときのo2さんの気持ちを「青天の霹靂」と表した。o2さん自身，自分が里子であることはわかっていたものの，「18になって出ていかねばならないってことは，赤の他人（児童相談所の人であっても）にいわれることじゃない…略…今まで暮らしてきた家族の中に割って入って」こられたことは，納得がいかなかったようだという。そしてOさんは，「18歳」について次のように語った。

　　O：その子がある程度しっかりするまでみていくっていう…略…1歳から受けてまだおぼつかない子を，じゃあ18になったからって出して，別の子を受けるというのは，私たちはどうかと。

　現代においては，18歳で「自立」することは誰にとっても困難である。また，実親と暮らす可能性がごく低いことに加えて，「（社会に送り）出してやった子が帰ってくるところがない，空席には別の子が入る」という子どもに対する代替不可能性を確保できないことへの疑問や，「私たちをお父さん，お母さんとして育ててきた」という時間の積み重ね，関係の固有性を強調して，Oさんは措置委託解除後も「（子どもが）ある程度しっかりするまで」養育が続くと考えていた。同様にTさんやAさんも，「18歳はね，たんなる通過地点であって，行政の監督がなくなるだけ。内容はそのまま，大学か専門学校いって，お嫁にいくまで（関係が続くことを想定していた）」（Tさん），「責任もちたかったってこと私は。途中でね，だって今の（時代の）子18歳だからって切り離せる？　できる？　昔の丁稚奉公の時代だったら，できるかもしれないけど，そういう時代じゃないでしょ今〈笑〉」（Aさん 2013）と語った。
　ほかにも，Oさんは子どもの希望と里親の希望が一致して，措置委託解除後も同居のまま関係性が継続している。養子縁組済みのr2さんも，結婚し離家するまでRさん宅で暮らしていた。

（2）責任の節目

　一方，子どもとの関係の継続は前提としつつ，1つの区切りとして18歳を捉えるPさんのような事例もある。

　P：高校3年のときは，あのー，不安で過ごしたと思うんですよ，（措置委託解除で）出ていかなきゃいけないって何度か（pさんに話した）。（pさんはPさんらと）一緒に住めないってわかってたから，毎日バトルですよね。「おばちゃん（Pさん）は俺のことを捨てるのか，俺は絶対出て行きたくない」，「養子じゃないから追い出すのか」とか…略…ともかくまた戻ってきてもいいから一度出して…略…なんとか，就職の内定ももらったし，アパートもきまったし。…略…どこかでけじめが必要だなと思っていたので。

　Pさんは，高校で専門資格をとり就職も決まったpさんを，高校卒業と同時に家から出すことにした。こうした「けじめ」の思いの背景には，経済的な理由もある。措置委託期間中支払われる里親手当などは，措置委託解除とともに打ち切られる。その後，専門学校や大学などに進学する場合は，行政やそのほかの団体からの寄付金，助成金があったとしても，里親の自己負担が主になってくる。Pさんによれば，行政の就職支度金などがおりるのは18歳のときで，19歳や20歳まで里親のもとにいた子の場合はおりなかったという。Pさんは高卒後就職の決まっていたpさんの保証人となって近所のアパートを借り，いったん家を出るかたちをとらせることにした。

　またTさんは2人の子どもを3歳前後から18歳の満期措置委託解除まで育てあげ，その後も金銭的，精神的なサポートを続けてきた。とりわけt1さんの場合，高校生の頃から家出が続き，停学など心配事が絶えず，今日は帰るというt1さんの言葉を信じて駅まで終電を迎えに行くもすっぽかされる日が続いていた。18歳の措置委託終了を目前に，1か月家を空けていたt1さんが戻ってきたとき，Tさんは，「今度出てったら，帰ってこなかったら，次はないよっていったの。もう，私くたびれたから」といったにもかかわらず，t1さんは帰ってこなかったという。Tさんはその一連の出来事で，t1さんに措置委託解除後にアパートを借りてやるなどの世話はしたが，再び同居することはないと

考えるようになった。Tさんにとって18歳という措置委託解除年齢は，理想としては「通過点」にすぎないものであったが，高校生の頃のt1さんの行動がTさんの許容範囲を超えており，責任はひとまず終えたとみなす機会にもなっていた。現在，誕生日や正月などにt1さんにはTさんから連絡をとるようにしているといい，そうでないと「音信不通になるから」という。

先述したPさんは，現在は子どもとは別居して，子どもがご飯を食べに来るなどの関係を保っている。また，Oさんのように18歳以降もそのまま同居を続け，身の回りの世話などを行う人もいる。

本節のように，措置委託解除には，継続する里親子関係の「通過点」（Tさん）である一方，「けじめ」（Pさん）という側面もあることが示唆された。

措置委託解除後の子どもとの関係継続の志向は，子どもをあずかるときから確固としている場合（Aさんなど）もあれば，子どもとの相互作用の中で変更される場合（Tさんなど）もある。とはいえ，里親たちは，制度上の関係終了をそれまでの苦労を思って1つの責任の終わる節目になりうるという見方をもちつつ，関係自体を終えるとは考えていなかった。その理由には，家族的文脈を意識して積み重ねてきた時間や関係の固有性，子どもの居場所でありたい思い，ほかに子どもが帰る場所がない場合もあり放り出すには忍びない等の思い，18歳で独り立ちはできない時代性などが挙げられた。これらの思いは，「子どもが困ったときには相談にのれるような関係」（厚生労働省雇用機会均等・児童家庭局家庭福祉課 2003）を志向する根拠となるようにもみえる。そうした意味では，福祉的な文脈が家族に期待するアフターケア役割と，関係継続を望む里親の意向は合致しているようにみえる。

第3節　子どもとの意向の調整：里親の許容範囲内の場合

前節から，里親たちは，それまでの時間の積み重ね等を根拠とした関係の継続性を念頭においていることがわかったが，その理想の関係性はそれまでと同じままではない。子どもとの関係は，世話する―される関係から，子どもの成長や親側の老いにともなって内実を変えてゆく。そこで里親たちが望むのは，ある程度距離をおいた大人同士のつきあいができることのようであった。

(1) 里親たちの理想と実態

(1)-①「理想の形」

　ここで，里親仲間から「理想」といわれている元里親子の事例を紹介しよう。
　Rさん，Sさん，Tさん，Uさんは同じ地域の里親として親しくつきあってきた仲間である。その仲間内で「理想の形」といわれているのがRさん・r2さんのケースである。一般に，里子としてやってくる子どもの中には，生い立ちや家族関係に由来する問題行動がみられたり，思春期に強い反抗を示す場合も多い。r2さんの場合はほとんど反抗期らしい反抗期もなく，Rさんと養子縁組を結び，就職・結婚も順調で，親戚内での関係も良好である。養子縁組については，Rさんは子どもの将来のためと考え，r2さんもまた「R（名字）の子になりたい」とを望んだため，r2さんが高校生のときに手続きをしたという。現在，r2さんは子どもをもうけ，夫方親族の近くで暮らしている。Rさんは，里親仲間であるSさんやTさん，Uさんらの会話で，r2さんの育ちやr2さんとの関係を「理想的」といわれることに対しては，「うれしい」といい，「大変なことがなかったからねぇ，なんか皆さんに悪いような気がする」と語っていた。それゆえRさんとr2さんの場合，18歳以降の関係性は，里子としての特別な意味づけがなされずとも語ることが可能なものであった。
　r2さんのようなケースは1つの「理想」とはいえ，里親子に一般的なかたちというわけではない。しかし，実親子に近い「理想」のかたちを描くことが可能か否かは別として，子どもが18歳に達したことをもって自立を促すのは困難であると勘案した里親たちが，同居を継続し，進学や就職等の道筋を支援する姿は度々みられる。

(1)-②対象者たちの元里子との同別居関係の実態

　それでは，本調査の協力者たちは，措置委託解除後の子どもとどのようなかかわりをもっているのだろうか。次頁の**図7-1**は，措置委託解除後に顕在化する問題の1つとしての居住の問題を手がかりに，元里親と元里子の関係を図示したものだ。一人暮らしをさせるにも，部屋を借りるために保証人を要するように，住まいの問題は措置委託解除後の喫緊の課題であると同時に，元里親子の関係においても重要な位置を占める。また第6章でも述べてきたように，

第7章　措置委託解除後の子どもとのかかわりにおける葛藤と対処

図7-1　元里親と元里子の同別居パターン

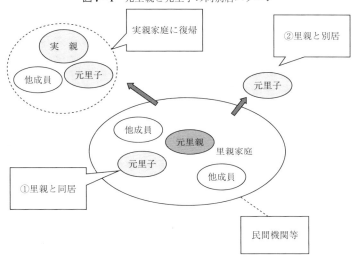

　実親との関係は里親・里子にとって影響の大きいことであるため，居住形態と実親の所在にもふれておく。同別居の形態の主なパターンを筆者なりに整理したところ，実親のもとに帰りその家庭で暮らす子どもは本調査協力者の事例にはいなかった。実親との接触程度は幅があるが，「①里親と同居」するタイプと「②里親と別居」するタイプに大別される。
　「①里親と同居」パターンはn1さん，o1さん，o2さん，v1さんであった。「②里親と別居」パターンはpさん，r1さん，sさん，t1さん，uさん，w1さん，w2さん，w3さん，w4さんが該当した。①から②，つまり「里親と同居から別居」の場合がaさん，d1さん，q2さん，r2さん，t2さんである。その他，別居と同居を経て調査時点で別居であったのがq1さんである。

　「①里親と同居」パターンでは，実親やその親族の所在がある程度わかるn1さんと，不明あるいは探さない，探したことはあるが不明だったなど情報が少ないo1さん，o2さん，v1さんがいる。第6章で述べたが，n1さんは実親の金銭的な依存により，あえて実親との関係を深めていない。経済的にも，Nさんはn1さんを住まわせて大学に行かせることが可能な状態であるという。調査

時点で里親の知る範囲においては，子ども側が積極的に実親を探そうとした経験はないそうである。o1さんは一度別居したことがあるが，Oさん宅にすぐに戻ってきたという。o1さん，o2さん，v1さんは，調査時点で家を離れる予定はないようだ。同居するケースは，里親も子どもも双方が同居に同意していることを示す。

「②里親と別居」パターンでは，実親やその親族の所在がある程度わかっているpさん，r1さん，w3さん，w4さんと，不明あるいは探したことがあるが不明だったなどのsさん，t1さん，uさん，w1さん，w2さんがいる。この場合の元里子たちの離家の状態は，2つに大別される。まず，sさんに代表されるような就職，もう1つは，里親側の許容範囲と子ども側の意向とが折り合わない状態が続くt1さんやuさん，w3さんのような場合である。離家に際して子どもの抵抗にあったという語りは，第2節第2項で紹介したpさん，q2さんにみられたが，離家の後は同居に至ることなく距離を保った関係が築かれている。

また，①から②「同居から別居」，これに別居・同居・別居と繰り返したq1さんを加えた6人の場合，進学や就職，結婚を機に別居している。

こうして全体を俯瞰してみると，里親側の許容範囲よりも子どもの示してきた意向が大きい場合に，別居につながる傾向があった。子どもと里親の関係は非対称なものであり，子どもよりも里親の方が意向の調整にあたって主導的な立場にたちやすいために，そのような結果になっていると推察される。しかし，w2さんのように，一時子どもが里親から離れることを望むケースもあった。

戸田朱美（1998：25）が「（里子の里親との同居など）あくまで解除児童の意向や里親の意向など状況が合致した場合のことで，制度上それを期待するものではないのではないか」と指摘したように，措置委託終了後の元里親―里子が関係を維持するポイントは，里親側の意向と子ども側の意向が調整されるということが主になると考えられる。そこで明らかにすべきは，調整の際の具体的な基準や，調整がうまくいかなかったときの対処はいかようか，といった事柄であると考えられよう。

以下の第3節第2項，つづく第4節では，「親」や「家族」を意識して養育してきたにもかかわらず，一般的な親子関係には想定されない関係の「期限」

という矛盾を目の当たりにしたとき，里親たちにはどのような葛藤が生じるのか，里親側の意向やその理由，里親が意向の調整を不調と感じたときの納得の仕方等を述べていく(1)。なぜなら，18歳以降も子どもとの私的な関係の継続を望み，実践する場合が本調査でも多かったものの，そこには無制限な甘えや支援があるのではなく，里親にとって手助け可能な範囲が存在していたからだ。前節「措置委託解除の意味」で明らかになったように，満期措置委託解除には「通過点」と「責任の節目」という両義的な意味がある。その両者のあいだで，子どもに対していくつかの基準を設定することにより，関係を調整しようとする姿が浮かび上がってきたのである。まず以下では，語りから明らかになった（2）-①～⑤を紹介する。

（2）関係調整の基準
（2）-①年齢的基準

まず里親が子どもに提示する基準に，年齢があった。q2さんは18歳を過ぎても引き続きQさん宅におり，就職と離職を繰り返した。Qさんはそれを受容していたが，25歳という独自の期限を決め，それまでに自立するようq2さんに促したという。

> Q：羽を休めて，だからうち，25歳まではうちにいて良いって。その後は自立って，それはがんとしてゆずらなかった。…略…25過ぎたら自立してもらわないと。だって，私たちずっと一緒にいられるわけじゃないじゃないですか，ふつうにいけば私たち先にいなくなる。しかもふつうの（実親子関係の）親より10歳上，絶対早く逝くから。そうしないとお母さん死ぬとき，あんたがどうしようこうしようっていってたら，死ぬに死ねないのよって〈笑〉。だから，やっぱり25までには見通しつけてほしいって。だから25のとき結構荒療治したんですよね。

---

(1) 里親と里子の双方への聞き取りから，互いの意向の共通点や相違点，意向の背景などが考察されることは望ましいが，本研究の目的と文脈に照らし，里親の捉えた視点に限定している。

Qさんは，当時車の免許をとったq2さんに車を買ってあげたというが，このまま車をおいていてはq2さんが遊んでしまうと思い，車を売ってしまった。q2さんは家を飛び出したが，自分で寮つきの仕事をみつけ，3か月ほどしてQさんに連絡をよこしたという。Qさんは，「最後の糸は切れないんだな」と思い，q2さんを家から出してよかったと思っているそうである。現在のところ，Qさんは自宅のことを自立援助ホームと表現しており，その理由は「羽を休めるところがないと，あの子たちは（社会に）旅立って行けないから」だという。
　さらにQさんが自立を子どもに促した理由には，「家（実家）にずっといたのと，出たのでは，みえなかったものがみえたり，感じたりする」ことをわかってもらいたい思いもあった。

　Q：ありがとうっていうのは，お料理でもなんでも，離れて（暮らしてい）るから，お母さん（Qさん）の手料理おいしかったって（わかる）。（ずっと一緒にいると）当たり前に食べちゃうよね。だからそういうのって大事な気がする。

　q2さんは後に，家から出してもらってよかったと口にしたそうだ。里親のことを客観的にみられるようになる，大人の気持ちに気が付くことは，精神的な成長として評価される。離家に際しては自分の基準をゆずらなかったQさんだが，結果的には子どもの精神的な成長によって乗り越えられていた。
　このように，年齢を1つの基準として設定する場合もあるが，調査協力者の中ではQさんのみであった。他にも子どもの経済的自立や人とのコミュニケーションなどができていることをもって，1つの基準とみなすさまもみられた。とくに調査協力者たちのほとんどが言及したのは，経済的，生活的な自立である。ここには精神的自立も含まれる。

　（2）-②経済的，生活的自立
　里子たちの実親家庭の中には，理念的にも，実態としても後ろ盾として充分に機能していない場合がある。子どもの経済的，生活的自立は多くの調査協力者たちにとって重要な課題となっているのだ。Pさんは現在のpさんについて，

以下のように評価をしている。

P：(高校で就職も決まり) レールにのって順調にいったと。これはいいわと思ったら、そうは問屋がおろしませんや。仕事はころころかえてます、ちょっとよくわかりません。でも、なんとかかんとかみつけて、仕事は続けてるんですよ。
＊自分でみつけてくるんですか？
P：〈うなずいて〉たいしたもんですよ。だんだんね、もう探し方もね、うまくなった〈笑〉。要領がよくなった。
＊でも、たくましいですね、ちゃんと。
P：こんなによく働く子だったかと感心してます。…略…感心してますよ、ほんとによく働くと。
＊独立会計で？
P：うんうん、お金をせびりにくることはないね、うん、それなりにだから(ちゃんとやっている)。食べにきたりとかはあるけど、お金かしてくれって無心にくることはないね、偉いね。

pさんにとってどんな存在になりたいか問うと、「見守り隊」だそうである。たとえば、子どもの家の冷蔵庫に何かを作っておいてくることはしないが、子どもが里親宅にきたときに冷蔵庫をあけこれがほしいといわれればあげるような、自分の方からはとくに何かしなくとも子どもの方から来る分には構わないというスタンスであるという。

Pさんのケースのように、子どもがそれなりに仕事をし、自活している場合、「見守り隊」のように自分を位置づけることができる。その点ではSさんも同様である。6歳から里子として育てたsさんは、現在30代であり、すでに大工として経験を積み、Sさんから独立している。Sさんが頭金を出しているものの、自宅も所有する。お正月とsさんの誕生日など年3回ほど、Sさんの実子や実弟も交えて4人で会うのだという。

＊一人前になったなって思ったのは、どんなときですか？

S：一人前っていうのはね，〇〇さん（sさんの最初の就職先）とこいって，何年目かのときに，◎◎さん（Sさん，Tさん共通の知り合いの里親）のおうち建てたときにみんないらしてくれて。
T：◎◎さんのおうち増築するのをsちゃん（の勤める会社）が，請け負ったんですよ。
S：棟梁の人がいて，（sさんは）その下の下〈笑〉。（でも）あの頃も，だいたい大丈夫かなって思いましたね，だから20どれくらいですかね。

　頭金を出してもらったとはいえ，ローンを自分で払い，勤務態度もきちんとしているsさんについて，Sさんは生活や仕事上の心配はしていないという。
　またTさんは，t1さんの仕事が不安定なものであることを気にかけている。しかし，t1さんが生活上里親に迷惑をかけることなく，自分のできる範囲で生活していることを，Tさんは自立の一側面として評価していた。

T：やっぱりあの，t1は絶対あの，何回か借金は申し込んでくるけど，こっちに迷惑はかけてこなかった，何とか自分たちで（やっている）。そういう意味では自立してますよね。

　Mさん，Sさん，Tさんの事例からは，いずれも経済的，生活的に，恒常的に里親の手を借りずとも日常生活を維持している状態を，たとえ仕事が不安定な場合はあっても，自立としてみなしていることがわかる。子どもが里親家庭を出た後，少なくとも里親たちのつねに目の届く範囲におらずとも生活が成り立つことは，自分たちの手を離れたと考えることができているのである。

（2）-③　人付き合いの力
　経済的，生活的自立とともに重要な基準となりうるのが，子どもの人付き合いの力である。職場で，里親家庭で，あるいは結婚して築く家庭の間で，コミュニケーションがきちんとできることである。
　たとえばSさんはsさんに対して，世話になった人を放り出すようなことはしないであろうし，とくに心配はないと語った。以下の語りは，Sさんと，S

さんを筆者に紹介してくれたTさん，筆者の3人の会話である。

　S：△△さん，社長の甥っこさんに，ちゃんとくっついてって〈笑〉，いい位置をちゃんと確保してるわけです〈笑〉。だから，結構上手に。
　T：だから人間関係は大事にしますよね，ちゃらんぽらんにしないですよね，だからかわいがられる。
　S：そうですね，ごちそうしてもらったとか，いろんなこといってますけどね。
　＊持ち味なんですかね？
　S：上手なんです〈笑〉。全部いじわるされても，どっかにかわいがってくれる人がいたりね。…略…その△△さんていう，（今の勤め先の）社長の甥御さんを信用してます〈笑〉。（sさんは）あの人の顔に泥を塗るようなことはしないんじゃないかなって。
　＊そうか，人付き合いは大事にされてる？
　S：なんか私は，にしても，自分のまわりに人に，（聞き取れず）するってことはしないと思いますね。もししたとしてもね，自分がどうしたら得かってことはちゃんとわかってるから〈笑〉。

　Sさんによれば，sさんは「昔から自分の損になることはしない子」「世知に長けた子」であったという。そうしたまわりの人間関係をみつつ，自分がどう振る舞えば良いかを判断できる力が，sさんには備わっている。コミュニケーションについては，pさんのケースでもsさんと近似したところがある。Pさんから見れば，pさんは精神的成長により里親と適度に距離をとった大人のつきあいをしている。

　P：わたしとしてはね，もう少し（子どもを）抱えていたかったね。だから精神的には，成長していったんですよね。…略…〈笑いながら〉今は別に用もないのに（電話を）かけてますよ，うちのひと（夫）が。そうすると，ちゃーんと，子どもの方がわきまえてるから，「（里親宅に寄れなどといわれても）何々があるからいかれない」とかいって（適当に夫につきあって）ね。

Sさん，Pさんは，子どもの元来の性質として「世知に長けている」「クール」などと表現するが，人に甘えすぎず寄りかかりすぎず，上手に距離感をとっていることを評価している。
　またQさんは，q2さんのコミュニケーション力の向上を喜ばしく思っているという。q2さんは幼い頃から個性が強かったといい，小中学校時代にはいじめや不登校などに悩んだ時期もあった。しかし，そのような困難を乗り越え，もとは不得手であった人と接する仕事に就いて頑張っている。その成長ぶりは「すごい人間的な成長，いい仕事と会えたのかなって，一番不得手なことを仕事に」とQさんも喜ばしげであった。
　sさんやq2さんのように，コミュニケーションを上手にはかり，仕事仲間やお客さん，育ててきた里親とかかわっていけることは，社会人としての基礎的な力ともいえよう。それらは経済的，生活的自立を円滑にすすめるうえで重要な要素であり，②③は互いに切り離せないものでもある。しかし，自分で仕事をし生活ができ，人との距離感をつかめるというのは，経済的に里親に依存し続けることがない点で区切りになるだけではないと考えられる。それは，子どもによって異なるため一概にはいえないものの，Dfさん（2008年）が里子たちの傾向を実子たちとの比較で語った中に端的にあらわれている。

　Df（2008）：子どもによって違うわけでもちろん〈笑〉，一概にいえないけど，傾向，は全然違いますね。
　＊：それは，モチベーションが，なかなか上がらない子が多いかもってことですか，傾向として？
　Df：ああ，そうだろうね，そうだと思いますね。…略…（実子のときは）適当にがんばって，適当にでしょうけど，高校行って，大学行って，きちんと自立して自然にやれているんでね。でもこの子たち（里子）にできるんだろうかって。…略…そういうものは多分ね，愛着とかそういう問題と関係あるんだと思いますね。…略…あるいは自分の，生活の目標とか，自分で立てられないって。…略…d2なんかはね，だから結局，愛情，愛着っていうかね，小さい頃の愛情の不足なんでしょうね，きっとね。

Dfさんが述べたようなこうした子ども時代の生活のたてにくさなどは、大人になったときには、お金を計画的に使用する金銭感覚や、家賃や水道光熱費を支払ってアパートで暮らせるといった生活感覚、人にどのくらい甘えてもよいかといった距離感の把握にもつながってくるだろう。そのような意味で、経済的、生活的な自立や人付き合いが円滑にできることは、子どもが「過去」の愛情の欠落等を一定程度乗り越えたことを含意しうるのである。

（2）-④結婚と軽減される里親役割

さて調査当時、調査協力者の里子たちの中で既婚者はr2さんとq1さんの2人であった。Qさんは「息子（q1さん）が奥さんもらってよかったっていうのもあるし」といい、q2さんにも結婚がすべてではないとしながらも、期待はしているという。

> Q：（q2さんも結婚してくれたら）うれしいですよ、それでやっと肩の荷がおりるっていうのがある…略…（q1さんの結婚は）うれしいですよやっぱり、だってはじめて家庭っていうものを、義理の義の字が入らないでもてたんですよ、だからもうなるべく邪魔しないように〈笑〉。

このように、SさんやQさんが子どもに結婚を望むのは、節目の1つとして「肩の荷がおりる」ことに加え、生育環境に何かしらの「問題」があって里子とならざるをえなかった子どもが、「義理の義の字」がつかない「ほんものの」家族をもちえたことを意味するからでもあるのだろう。裏を返せば、里親家庭は「ほんものの」家庭とは異なるという認識があるともいえる。

そもそも調査協力者となった里親たちは皆既婚者であり、そのために結婚への肯定感はあるようだ。

> T：やっぱり、結婚っていうかさ、頼れる人がいたらいいって、やっぱり親はそう思うよね。1人でいられるよりは、一緒にいられる人がいてほしい、1人でだって自分でなんでもやってるよりは、一緒にやるほうが楽しいって思うじゃない、（Tさんが）結婚した人間なんだから〈笑〉。

もちろんすべての里親が里子の結婚を望んでいるわけではなく，中にはあえてすすめないというOさんのような人もいる。Oさんの家庭では，Oさんがすべての家事をするため，子どもたちは生活の自立についてはまだ途中のようである。これを「悪い見本ですよ〈笑〉」とOさんは笑う。

　O：私は育ててみてね，この人たち結婚したら，だめだと思うから，結婚すすめてないの，1人で生きるのいいわよって〈笑〉。結婚すると大変だから，お金も。ほんとにいってるの…略…1人っていいわよ，面倒くさくないから，結婚したら大変だから，子どもできたらなお大変だからって（里子たちにいっている）…略…結婚ってやっぱり，自分のこと自分でできる人でなきゃしちゃいけないんですよ。2人ならできるっていうのは違うんですよ。自分のこと自分でできない人は結婚しちゃだめ。

　子どもが仕事をし，生活をきりもりし，交際相手とうまくつきあっていける姿は，自力でやっていける見通しや安心感を里親にもたらすだろう。自活した大人同士の付き合いを望むものの，それが困難である場合はあえて望むことをしないOさんのような場合もみられた。
　筆者が，Sさんからみて，現在sさんはSさん宅を「自分のうち」とみる感覚はありそうかたずねたとき，Sさんはsさんの交際，結婚と関連して次のように話してくれた。

　S：どうなんですかね，だからその，彼女との関係でどうなるか，その人と親しくなって，（相手の）親があんまり（2人の関係を）邪魔しないような態度をとるのなら，（里親子関係は）自然に関係切れるじゃないけど，薄くなってはいくのかなって思いますけど…略…それ（相手の親）を大事にして，多少不自由してもそっちの親と，深くなれば，それはそれで私の役目は終わるから，それはそれでいいんじゃないかと思いますけどね。…略…（子どもを）とられたってふうにはしない。

　Sさんは，sさんの交際相手やその親の心情も思いやりつつ，将来のsさん

の交際や結婚，相手の親族とのかかわりまで視野に入れて，里親子の関係を調整する意向を語った。パートナーの親が2人の関係を許せば自然と自分の役割はうすれるのではというSさんの考えには，パートナーの親に自分の役目を移譲してゆく感覚があることがわかる。その背景には，かつてsさんが交際相手の親に交際を良く思われなかったことがあり，Sさんは里親，または社会的養護のもとで子どもが育つことが，子どもにとってスティグマとなりうると感じていたことが推察される。

　結婚や交際は，交際相手の家族の関与によって，里親子の認識枠組みだけで里親子関係を評価することができなくなる。子どもへの親的な役割から身をひき交際相手の親に引き継ぐことを考えたり（Sさん），結婚により「義理の義の字がつかない」家族を築けるとみなす（Qさん）など，ある面で里親子関係や里親家庭を「家族」に準ずるものとしてみなさざるをえないような局面が生じうることがわかる。一方で，「肩の荷がおりる」（Qさん）「いっしょにいられる人がいてほしい」（Tさん）など，里親の精神的な安心につながる面もある。

(2)-⑤ 子どもの「過去」に由来する影響の緩和
　子どもたちはそれぞれに虐待などの背景をもって里親家庭にやってきている。愛着関係の形成の欠如等，子どもを受託する前の「過去」によるとされる影響は，子どもが18歳になったからといって消えるわけではない。むしろ，大人になってからも続く里子の「過去」の影響には，子ども期のように児童相談所などと連携して対処することもできず，里親だけで向き合わねばならない。子どもの「過去」に由来する影響に治療的かかわりを行う顕著な事例が，v1さんに対するVさんの事例である。v1さんの事例から，子どもの「過去」に向き合いつづける里親の試行錯誤をみてみることにする。

　5歳のときから交流し受託したv1さんは，重い愛着障害と診断されており，成人した現在もVさんによる治療的ともいえる意識的なかかわりを要している。対人関係を築くのが不得手だったといい，一時期は不登校も経験しているという。そして，子どもの頃からよく怒りの感情を表出していたという。Vさんは積極的に専門書を読み，様々な講演，相談機関にも出向いて，v1さんの怒りを理解しようとした。そのうちに，たとえば赤ちゃんのときに抱っこしてもら

えなかったといった「過去の怒りが今表出する」という知見に触れたことをきっかけに，v1さんの怒りの源を理解し会話しやすくなったという。

　かねてよりVさんは，v1さんが中学生頃から，意識してv1さんの心の成長を促す試みを行ってきた。Vさんは時折，子どもの行動や自分の対応，考えたことなどを記録につけており，その近年の一例をみせてくれながら，心の成長について語った。以下の「　」は記録を読み上げている箇所であり，『　』は記録にある会話内容である。

　V：(「怒りと不安」という記録によれば，)「『怒りと不安，悲しい世界で生きてきたからすごくつらかった』と（v1さんは）いっていた。（Vさんが）『そうだったのか？』ときくと，（v1さんは）『そうだ』といった。（Vさんは）『そうだとすると，あなた（v1さん）はずぅっと愛着障害の怒りと不安の中で生きてきたのか』と改めて確認した。しかし，今日出てきている怒りは以前の怒りとは少し違うのでは。以前は，私はと，自分中心の怒りであったが，…略…最近の怒りは，自分でコントロールできるようになっている。『自分で感情をコントロールしていることは，社会に出ていけるってこと。ほかの人の心を考えられるということは，寛容だということだけど，そういう心も育ってきたんだね』といった」これ僕，褒めてんだね。「いろいろやること，怒りを出さずに見守ることができるようになったね」と。

　このエピソードはv1さんが措置委託解除後20代前半の頃のひとこまだが，こうした会話を毎日のようにしていたという。自分の感情に気づき，それを言語化し表現することを促し，「他の人をおもいやる心，他の人の感情を思いやるのは，高度な感情で，あなたはここまで到達している」など，伸びているところを褒めていく。

　V：絶えずかかわりながら，正常な，まともな感覚に戻していく。…略…社会に出ていく力，要するに，考える力が出てくればいいと思ってる。考えて，自分を振り返る力。あ，自分はまずいんだよねって，考えられないじゃん，ゆがんでるんだから。自分が一番正しいと思ってるんだから。それを人に

第7章　措置委託解除後の子どもとのかかわりにおける葛藤と対処

やっちゃったら，不愉快になる，人がみんな離れて行っちゃうじゃない。…略…（そのために一度に色々なことを注意せず）一つひとつ，クリアしていく（ように促す）。僕は色んなこというんだけど，彼女自身の方から，「お父さんあのときはああだったこうだった」って，（怒りにまかせず，言葉で）まともに返ってくることがある。あ，この人はこれは（1つの段階を）クリアしたなって思ってるわけ。…略…自分の方から，何か「こんなことがあったんだけど，私はこういう風に思った」って返ってきたときに，あ，クリアしたなって（わかる）。

　里親家庭に来る以前の幼い頃，特定の大人との愛着関係が結べなかったために，「心の成長」が遅く，「考えがゆがんでいる」状態になっていると理解し，毎日のこうした会話を通して，「心のアヤみたいなところをほぐす」試みをしている。こうした試みは，v1さんが大人になるにつれ成果がみえるものの，里親だけで対応することは困難でもある。子どもが20歳頃からは，Vさんは自力では足りないと感じ，いくつかの精神科や脳を刺激する治療施設を利用しつつ行っているという。
　そこで，今後のv1さんの治療的役割を続けるにあたり，結婚はターニングポイントと考えられていた。

　Ｖ：結婚は，するっていうのは，僕たちから離れて，相手の男性が（治療的な役割を）やってくれるならどうぞもってってって。
　＊そこまでできる，同じレベルというか？
　…略…
　Ｖ：われわれの，だからそこらへんがね，難しい。…略…だからこちらのほうで，彼女がまず治療する，で薬を飲まなくてもいい，で少しゆがんだ感覚がとれてくる，で自分のことを自分で判断してほかとかかわれるようになれば，いいんじゃないかな。まず彼女がこれまでかかわってくれた人を排除する，要するにね，なんていうか，自分のことをわかってくれる，かかわりやすい，操縦しやすい人とかかわりたいわけじゃない，支配しなければ排除される。僕たち（里親）は仕方ないから支配されながらもかかわる，でも人間

関係つながりつつ,彼女の治療も,なんていうんだっけ,アメリカでも,治療的里親。心がゆがんでるから。…略…相手の男性がわかってくれれば(結婚してほしい)。
＊シェアしたり？
V：シェアはできるけど,それをわかってやってくれればいいと思う。…略…この人(v1さん)のそういう性格,ゆがんだ感覚(をわかって),いいよいいよってつきあいつつ,(v1さんを)操縦できるひと。(v1さんに)操縦されたつもりで逆にこっちで操縦してる感覚の人なら。向こう(v1さん)は操縦してるつもりで,(実はv1さんを)操縦してる人。そうじゃないと生きていけない,だって感覚おかしいんだもん。さっきの(記録みながらの治療的かかわりの話)は１つの例。

このv1さんへのVさんのかかわりからは,２つのことがみえてくる。１つは,生育歴に由来すると思われる,自分の感情を適切に表現したりコントロールできる力の欠如を克服することが,人との距離感をはかれることへとつながり,社会に出ていけるために重要であると考えられていることだ。③のような,人付き合いの力が身に付くために,自分自身を振り返る力をつけることが必要であると考えられている。もう１つは,子どもの結婚相手には,子どもの状況を理解し,いま現在里親である自分が担う治療的な役目を引き受けてくれることが条件となり,そうした相手があらわれるまでは自分たちがその役目を担い続けると想定していることである。④でみたように,結婚により自分の治療的役割を結婚相手に引き継がれる感覚はここでも確認できる。Vさんの場合は,治療的役割を担うことが現段階では許容範囲であるのだ。

ここまで,①年齢や②経済的自立,③人付き合い,そして④結婚,⑤子どもの生育歴による影響の緩和といった,成人後の元里子との関係調整,再編におけるいくつかの基準やその理由について言及してきた。これらの基準は,元里親子関係においてのみならず,里子同士や実子―里子間の世話関係へも及ぶ。Qさんは,「私たちが死んだ後に兄(q1さん)に妹(q2さん)(両者に血縁関係なし)のことをそこまで頼むのはどうかなと思いますしね」とも語り,２人の子どもはきょうだいとして育ててきたとはいえ,このきょうだい間には,扶養責

任までは課したくないという思いをQさんは語った。未熟児で生まれた影響から依然として健康面の不安もあるq2さんの将来については，お兄ちゃんであるq1さんには金銭面などの負担をかけず，精神面のサポートのみを期待しているのである。

とりわけ実子―里子間でのサポート関係は，実子も里親も悩ましいところである。Uさんは，同居している実の娘（50代）からuさん（30代）へのサポートについて，「（自分も）協力はいいよしても，でもずっとかかわることは，あんまりしないでね」といわれたことがあるという。そしてUさんはその言葉に納得していた。

　　U：私が生きてる間はね，いいんですよ。娘（実子）にまでいっちゃうとね，どうなるかわからない。娘がまた結婚でもしてくれてればね，また違うんですけど，1人だから，1人だとね，どうなってくのかなって思ったり。…略…（実子とuさんとのつながりも）多分に，多分にあると思いますね，娘もよくわからないと思う。…略…（実子もuさんを）ほっとけないっていうのもあるね，ただ自分が責任をもってやるってときはね，そこまで私もさせたくないなって思うのね，あの子（実子）の人生だからね。

このように，実子と里子との間にも何らかの言語化しづらい「つながり」「ほっとけなさ」があると推察しつつも，責任の伴う世話関係を実子に期待することには違和感を感じているのである。

本節では，元里子との関係を保つとはいえ，それは里親と里子の双方の意向調整の中で築かれるという見方をしてきた。里親の立場からは，多くの者が何らかの基準を設けて関係の調整・再編を試みていた。その理由は幾つか考えられる。まず1点目には，本節冒頭でもふれたように，里親の加齢が挙げられる。一般の親子であっても同様ではあるが，とりわけ里親の場合は，不妊治療を経た後や実子の子育ての後に里親をはじめる者が多いため，実子養育の場合よりも総じて年齢層が高い。老親の介護に差しかかったり，自分自身の老いを感じることで，子どもに自分亡き後の筋道をなんとか立ててほしいと願うのである。2点目に，里親になったのは自分たちの選択であることから，里親世代の責任

で子どもたちを育てあげ，責任をもちたい思いである。このことは3点目ともかかわっており，すなわち，里子同士や実子に養育責任を引き継ぐことへのためらいである。これらの理由から，大人同士の関係を築けるようになることを関係継続の理想のかたちとし，そのための金銭的，労力的援助は惜しみなくすることで，基準を意識的・無意識的に設定していると考えられる。

第4節　子どもの意向・里親の理想と里親の許容範囲が一致しない場合

　前節では，元里親たちの精神的，経済的な支援等をもとに，子どもたちが反発しつつも自分なりの生活を築き，ほどよく距離のとれた元里親子関係が作られている様子をみてきた。他方で，子どもの振るまい等が里親の許容範囲を超えてしまい，望むような関係には今の所は至っていない事例もあった。そのような場合，里親たちは，どのように関係継続／責任の終わりの間で折り合いをつけるのか。そして，養育経験を振り返り，何を評価するのか，本節でみていこう。

（1）子どもたちの困難状況と里親の支援
　成人した子どもたちにとって，計画的に社会生活を過ごし，継続した就業や結婚生活を維持することは困難な場合もみられる。そうしたとき，里親の考える基準を経ることは難しくなる。子どもの意向を受け入れられなかったり，里親としてやってやりたいことと実際にできることに乖離が生じる。こうした場合というのは，第3節第1項②で紹介したような本調査における元里子との同別居のパターンでいうと，里親と別居が継続しているケースに多くみられた。本節では，uさん，t1さん，w3さんのケースを中心にみていこう。
　uさんの場合，中学にあがるときに児童養護施設へと措置変更になって以降，その消息をUさんは知ることができなかった。ところが，30代になっていたuさんが約20年ぶりにUさん宅を訪ねて再会をはたし，両者の交流が復活した。かつてUさんは，満期措置期間まで育てるつもりであったのが急に措置委託解除になり，苦しみと悲しみでしばらく泣いてばかりだった。ずっと気がかりに

思い続けてきたuさんが，約20年ぶりにUさん宅を突然訪ねてきたわけである。そのときのことを，Uさんは何度も「一瞬にして埋まっちゃう」「不思議ね，ずーっと（里親宅に）いるような感覚，（20年ぶりに）帰ってきたばかりで，（里親家庭のメンバーのことを）お父さんお母さん，お姉ちゃんっていうわけでしょ」と語る。さらに，Uさんを筆者に紹介するために同席していたTさんは，そのUさんの不思議な感覚について，「暮らしていたときに，完全に，家族としてやってて，本気で家族として思ってたんでしょうね」と言葉をかけ，Uさんはそのtさんのことばに強くうなずくのだった。

uさんは中学校を卒業し施設を退所した後，野宿や友人の家を転々としたり，カプセルホテルでの暮らしを続けてきたという。仕事は非正規雇用ながら一生懸命働き続けるのだが，金銭管理や，計画的に生活を設計することが苦手のようである。

U：とび職，（でも）けがして登れなくなった。ずっといままでやってたのが，マンションなんかにつくりつけの家具あるでしょ，ユニットバスみたいな，そういうのを取り付ける仕事やってて。夜はデパートなんかの催し場で朝までに準備をする，そういうのを会社が請け負って。それをまた，だから昼間の仕事が5時に終わったら，デパートが7時か8時から，（それも）やって。仕事はちゃんとやってるんだけど，皆（食事は）外で食べて，カプセルホテルでしょ，お金がかかるんですよ。金銭感覚が全然ないんですよ。一生懸命働くんだけど，それを計画的に，まずこれだけは積もうとか，何にもそういうのができないのね。なんでも，ビール飲みたい（と思ったら買ってしまう），疲れたら飲みたい。だからアパート（にいた頃）も，ビールの缶がいっぱいならんで，お弁当いっぱい，CDだとかゲームだとか部屋の中にいっぱい。計画性がないっていうかなんていうかねぇ…

uさんの苦労して歩んできた道を聞くと，Uさんはuさんを甘えさせたくなり，しばらくUさん宅に滞在させ，アパートを手配するなど，経済的な援助もかなりしてきた。しかし，こうしたUさんの援助を土台に生活を立て直せなかったuさんに対し，年を重ね夫の介護や自分の体調の不安もあるUさんは，

これからは自分で頑張っていくよういうしかなかったという。

U：最後，もうお母さんたちもおじいちゃんおばあちゃんになっちゃったから，とてもやってやれないから，もう自分で頑張ってやってねって，…略…で今年寒かったでしょ，で無言の電話（が家に）かかってくるとね，「公衆電話」ってでるでしょ，…略…ああ，切ってから，今のもしかしたらuくんだったかなって。…略…でも声かけたってね，またつながっちゃったらね，もうどうしたらいいのかしらねって。まあ暑さはね（なんとかなる），またこの冬がどうなるか。こんなにずぅっとね，ひきずっていくなんて，夢にも思ってなかった。

またTさんにしても，夜の仕事をしているt1さんが金銭面，体調面で困りTさん宅に駆け込んできたとき，仕事を変えてはどうかと提案したという。手始めにと介護の資格（ヘルパー2級）を取ることをすすめた。

T：お金がなくて借りにきたときに，…略…髪の毛がぬけおちて，脱毛症がこんな大きくなって，あちこちにできてるのね。はじめの頃は泣いて，夜中に3時頃電話きて，「どうしよう」って。で（Tさんは自宅に）「おいで」って。…略…お客さん減っちゃってリーマンショックかなんかもあって，ああいうあぶく銭のところは人来なくなっちゃって。「もう商売がえしたら」っていったんだけど，（t1さんは）「する」っていっときながら（しない）。
…略…
T：（ヘルパー2級は）入口としてはいい，（t1さんは）結構資料取り寄せて，本まで買って，で（Tさんは）「本気でやるならお金出すよ」っていって，振込用紙までもらっておきながら，本人がやめちゃった〈笑〉。なんかね，努力するのがね。
＊なんか，最後の一押しがね。
T：できないのね。

Tさんはt1さんに，自分の趣味の手芸を伝えたいと思っていたし，「(t1さん

が幼少期は）縁組するつもりだったし，うちからお嫁に出すつもりだったし，すべて面倒みるつもりだった」「大人の女（同士）としてね，食べ歩いたり，旅行したり，買い物したり，そういうのを望んでた」という。しかし，今のところはそうした関係には至っていないという。

（2）納得の方法
（2）-①「やれる限りやった」：里親の相互承認とサポートの閾値に及ぼす
　子どもの諸問題

　第1項では，UさんとTさんの語りをもとに，子どもとの意向が合わない状態の続いたケースを記述し，子どもの生活状況と里親の支援の様子を検討してきた。措置委託解除後，子どもとの関係継続をどれだけ望んでも，子どもの甘えが里親の許容しうる範囲を超えていれば，理想とする大人同士のつきあいの実現は難しい。現在uさんは住所もわからず，t1さんは友人と2人でアパート暮らしだが，両ケースとも不安定な就労状況であり，医療・社会保険等も未加入であるなど心配事はつきない。両者とも，生活を計画的に組み立てたり，長期的に自分の人生をみて，自分に手をかけてやることが苦手のようである。こうした子どもの養育の結果の根底には，満たされなかった愛情への飢えがあり，それは子どもの性質や里親委託以前の周囲の環境に影響されつつ，何十年も尾をひいていると彼女たちは考えている。しかし，TさんやUさんは，できるだけのことをしても子どもの意向との折り合いがつかなかったと，自分でも里親仲間同士でも認めあえることで，たとえ「もっとああすれば」と悔いが反芻されることはあっても，現実は「仕方ない」ものとして自らを納得させていた。

　さらに，里親たちの「やれる限り」のサポートの範囲は一様ではなく，個々の養育信条や，それまでの子どもの素行，子どもが起こしてきた問題などによる影響を受けている。

　WさんもまたUさんやTさん同様に，周囲の里親たちから「（措置委託終了後も）Wさんはすごい」「本当によくやっている」などといわれ，4人の里子を育て上げてきたことで知られるベテラン里親である。Wさんは周囲からそのようにいわれることについて，自身のやりかたを，「やることは徹底的にやらな

ければだめなときってあるじゃない。だけどひくのもはやいよ」という。Wさんにとって措置委託解除後の「やれる限り」の程度を決める1つの基準は，受託中からの子どもの素行等の問題や，措置委託解除後に子どもが起こす金銭等の「事件」である。

W：あの保証人っていうのはいやだね。あれがないと今だって部屋も借りられない。…略…（里親）制度からすると18になって自立しますっていったって，何もできない，まず住むところもないし。そういう世の中でしょう。そうするとやっぱりひきずるんだよね，ずうっとずうっと。…略…だから，あの，「里子」〈強調〉でいる間に里親さんに対する信頼度があれば，いつでも保証人になって，「はい頑張りなさい」っていえるわけ。だけど〈笑〉，里親さんと住んでるその中でいろんなことがあってみたら，よっぽどで（なければ）ハンコ押せないよねっていうのがある。
＊内容次第で？
W：やっぱ金銭の部分，素行の問題，出てくるじゃない。あたしはそうだよ。
＊全部はハンコ押せない？
W：押せない，押せない，うん。やっぱその人物をみるよね。うん，押せないねえ，ハンコは押せない。でももう娘（w2さん）の場合は全部押せる。今の生活通して得たもの，感じたもの，ちゃんと守ってやってきてるから，それは，生活を通して。でもあとの（子どもたち）は，みてないから，とてもじゃないけどハンコは押せない。

Wさんはどの子どもに対しても，住居を借りる際の保証人などになっているが，その後の様々なトラブルを経験した結果，「人物をみる」ことにしたという。たとえば，w2さんのように現在も近隣に住み，仕事も子育ても一生懸命な場合では，w2さんの子どもを含めて行き来も頻繁であるし，根底に信頼関係があるそうだ。w2さんやその子どもとは程よい距離があり，Wさんのことばでいえば，「それぞれにおんぶにだっこ〈笑〉」「うまく生活がすすんでる」のである。しかし，たとえばw3さんなどについて，措置委託終了後に保証のトラブルを残して行方をくらましたり，Wさんに金銭の無心をするといった言

動などそれまでの様々な「事件」から，Wさんは彼の保証人にはならない，家には入れないといった方法で対応するようになっていた。

それでは，引き続きWさん，Tさんの事例から，「やれる限り」とこれに影響を及ぼす事柄をもう少し具体的にみてみよう。Wさん，Tさんともに，子どもに自動車の免許をとらせているが，Tさんは，軽い知的障害があり免許の試験に何十回も不合格となったt2さんのために，自らも免許を取得し，対策を練って子どもを合格に導いた。また両者ともに，高校になかなか通おうとしない子どもがいても，これをなんとか卒業させようと奮闘してきた。Wさんは，w3さんが高校卒業を控えた頃，学校に行くといいつつ登校せず出席日数不足となり，あと1日でも休むと退学になってしまうという瀬戸際に際し，残りの1か月の間，w3さんを毎朝探し出して学校まで送り届けたという。

W：わたしがこの子にしてやれることは，高校を卒業したということの証だけですから。
＊すごい苦労されて…
W：そうですよ，そうですよ。（高校の）先生と朝，しょうがない，コンタクトとって。（先生から）電話来て「（学校に）きてません」「はいわかりましたこれから探します」って。…略…首根っこつかまえて車に乗せて，「あと1日だから」っていうのを1か月続けるだけで何とかなるんだから。もう，他人に何をいわれようと，ばかな親だと思われようと何しようと，私とお父さんとの執念。高校だけは出してやろうと。連携プレーをとれるんだったらとって，卒業させましたって。あれ意地だよね。ふつうは投げる。それまでしても，わかってもらえない，こっちのハートがね。…略…ただ伝わっているんだろうなと思いますよ。うん，ね，表現の仕方がさ，（子どもによって）違うだけのことでね。

このように，里親としての自分なりの信条にもとづいて，受託中に子どもの高校卒業や自動車運転免許取得を実現してきた。措置委託解除後も，子どもの適性に応じた専門学校先や就職先を選び，近居したり同居して援助を続けてきたという。たとえばw1さんには，出戻りを経つつ約10年にわたり，Wさん宅

の近所にアパートを借りて，食事はWさんとともにとることにして見守りつづけたという。w4さんには，専門学校に行かせて資格を取得させ，就職先もあっせんした。しかし，その後w4さんは行方をくらましてしまい，アパートや職場，金銭的な後始末はすべてWさんが行ったという。

4人の子どもには，それぞれにWさんの家庭に委託となるしかなかった経緯があり，Wさんは養育中怒り方1つとっても個々に応じたやり方をし，措置委託解除後も金銭トラブルや警察が関与するような問題に頭を下げてきた。とりわけ，受託中から子どもは警察にいくようなこともやってきたというが，Wさん夫婦が頭を下げるなどして，高校まではどの子どもも警察沙汰にはさせなかったのだという。「その苦労は里親の主人であったり私であったりで，カバーリングしてきた」（Wさん）のである。しかしその後は，「警察沙汰，あるんだよね。…とか，お金。保証人としてのお金で，かたをつけるというか」「（ある子どもは自分自身に）刃を向けた」というように，語りきれない「事件」があった。ゆえに，「長いですね，お金も費やしたしね，時間も何倍も費やしたしね。うん。小さいときとは全然ちがいます内容が。だから措置解除になった後のことの方が大変，かかわっていこうと思ったら」（Wさん）と語るように，大変さの伴う措置委託解除後にどこまでやれるのかという問題については，自身の信条だけでなく，「人間として，やってはならない部分，というのはみえるんだよね。そうすると，大人になったときのお付き合いの仕方っていうのも当然かわってくるのも仕方ないと思う」（Wさん）と，子どもの側の問題も影響しているのである。

またTさんにとっては，t1さんとの同居は「やれる限り」には入っていない。「18歳はね，たんなる通過地点であって，行政の監督がなくなるだけ。内容はそのまま，大学か専門学校いって，お嫁にいくまで」と思っていたTさんが，措置委託終了後に「内容はそのまま」という発想を変えざるをえなくなった理由は，t1さんの「高校になって，わるをするようになってから」という素行のトラブルが挙がる。それ以降，措置が終了したのちはt1さんと一緒には住めないと思うようになったという。そこで，18歳を機にアパートを借りてあげることにした。しかし，その後も同居はしないものの，t1さんの住居や交際をめぐるトラブルなどに何やかやと手を貸し，気にかけてきた経緯がある。

そんな中でt1さんがあるとき，Tさん宅に戻り一緒に住みたいといってきたとき，Tさんはその申し出を断ったという。

> T：だけどもう，面倒みたくなかったから，あのー，「帰れません」て，手紙だして。(t1さんは)「ショックだった」っていってた。本人は（いつでも里親宅に）帰れるつもりだった。
> ＊あー。
> T：18終わったらね，もう関係ないんだから，いい子だったらね，一緒に暮らしていけるんだったらいいけど，いったら，手切れ金のつもりでアパート借りてやったんだから…

　Tさんは今もt1さんと同居はしていないが，Tさんの方から連絡をとるなどしている。また，t1さんが金銭的に苦しくなったときには，Tさん宅の家の仕事を手伝い，これにTさんが幾分かお金を渡すこともあるという。
　前節で述べたような経済的・生活的自立といった基準を超えていくことの困難な子どもに，いつまで，そしてどこまで手をかけてやれるかという範囲設定には，里親としての「執念」（Wさん）や，子どもの素行の問題，措置委託解除後の金銭等の問題が影響していることがWさんとTさんの語りから確認できるのである。

（2）-②「自己責任」という意味づけに至るまで
　それでは，「やれる限りやった」うえで子どもの生き方が不安定であるならば，里親たちはどうそれを受け止めるのか。WさんとTさんによれば，悩んだ末に，子どもが自分で選んでしまっていると考えるに至っていた。こうした考えに至るまでを考察していく。

> T：心配してもしょうがない，あの子（t1さん）はああいう生き方を自分で選んじゃってるから，何度か修正の機会もあったけど，結局すぐお金になるところにいくから…

W：こういう生活をしなくちゃいけないって定義はないんだから，たとえ泥棒だろうと，ホームレスやってようと〈笑〉，それは生きてるでしょう。…略…それに対して，私たちが援助するっていうのは，二の次だよね。
＊そっか。なんかやっとわかった気がする。
W：いや，わかってほしいの。っていうのは，そういうもんなのよ里親って。里親ってそんなもん。それでいいと思う。だってその子がそれで選んだ道だから。わたしたちはやっぱり，まっとうなって思うけど，その子にとってはそれがいいのかもしれない，もしかしたら。…略…
＊そうか，まっとうを押し付けるっていうのは，里親の仕事ではないのか。
W：ない，ない。ある一定の限られた期間，それ以上に援助はしてるわけ。ね，だいたい倍くらいやってるわね〈笑〉。それでもそういうかたち，だったらそれはそれでしょうがない。
＊もう本人の，選んだ？
W：選んだ，意思で，意思でそうなったんだから，しょうがない。
＊そっか。別にそこに責任を感じる必要ない？
W：ない，ない。乳飲み子じゃないし，ひっついているわけじゃないしさ。

　本項で述べてきたように，UさんやTさん，Wさんには，里親として子どもに「やれる限り」かかわってきた経緯がある。TさんやWさんは，そうしたかかわりが子どもにどういうかたちであれ何か影響したり，生活できていることにつながっていると考えられている。だからこそ，どういう生活であるかという子どもの現在の状況と，里親の養育責任とを切り離して考えるに至っているものと考えられる。子どものことは気になるものの，心配はしても仕方がないと考えるに至るには，それまでの苦労があった。また，子どもの現況と里親の養育責任の切り離しは，受託中に「親」としての役割を果たしてきたことを否定するものではないのである。

＊育ての親の部分は否定しているわけではないんですよね？
W：ないですよ。あたりまえ，やってきたことでしょう。だけど，それで後から起きる問題っていうのは私には関係ないんだよね。何が出てくるかわか

んない。…略…いやだ。もうやっぱり，問題のおきる，要するに，平穏無事に今こうやって生活してるのが一変して，どんでん返しになるのが，年だし，避けたい。というのが，今の，かつて里親さんだった私たちの気持ち。

　Wさんが苦労してきたような子どもの言動や問題は，これに耐える里親ももちろんいるであろうが，多くの里親にとって許容しがたい困難であることが推察される。筆者の出会ってきた里親たちは可能な限り子どもにサポートを行っていたが，第3節で示したように，それは里親家庭自体が維持でき，里親たちの現在の生活がおびやかされない範囲で行われていた。里親里子の意向が合致せず，子どもの素行や甘えが里親の許容範囲を超えていた点は，先述のTさんやUさんも同様である。その許容範囲を超えるようなケースでは，TさんやWさんのように，やれる限りやったうえで，「親」としての責任やしてきたことと子どもの現在の状況とを，切り分けることで納得しようとしていた。

（3）「待ち続ける」「期待する」姿勢

　そのような中，Uさん，Tさん，Wさんいずれのケースでも共通して評価されているのは，uさんが小学校時代を過ごしたUさんを20年経って頼ってきたり，t1さんも仕事や健康状態の悪化で行き詰まったときにTさん宅に駆け込んできたり，東日本大震災の直後遠方に暮らすw1さんがWさんに安否確認の電話をよこしたように，子どもにとって里親が最後に頼れる場所であったと考えられることである。

　T：（uさんが）最後の最後に里親を頼ったっていうのは，すごいと思いますね。
　U：お父さんもいないし，お母さんはどこかにいるんでしょうけど，自分で探せなくて，でおじいちゃんおばあちゃんも（いない）。
　T：結局，自分が小学校時代に育った場所が，ふるさとっていうか，最後に頼れた場所だったんでしょうね。ただ頼り方が本人の希望と，まともに暮らしてるこちらの希望とがどうしたって合わなくて。でもしょうがないと思う。
　U：ないんだからしょうがないよね。
　T：でアパート借りてやって，あの，家賃も1年払ってやって，そこまで支

えたら，それを土台にやらない人はしょうがない。
U：で保険とかも，遡って払わないといけない，もうあの子に相当払ってますよ。
＊そのときおいくつだったんですか？
U：だから，（子どもが）35,6歳，3年前だから私は68とか9，今71で2になるんですよ。

U：でもね，ほんとにこれでよかったのかな，とかって色々考えるけど，あぁして（措置委託解除から約20年後に里親宅を頼って）来てくれたっていうのは，まんざらでもなかったのかなって思って…

こうした最後に頼れるところでありたい思いは，「（里親家庭に）よらない子だっていっぱいいるじゃないですか，養育（里親のもとで育った）の子だって。でもそれはそれで（訪ねてきてくれるということは）私たちがやってきたことの証明じゃないですか。」（Qさん），「どうしてもどうしてもどうしても，我慢できなかったら，帰ってきなさいって。…略…わかんないよ私たちだっていつ死んじゃうかわからないし。まあ心の拠り所にはなるかなって」（Aさん2013年）と，現在の元里子との関係が安定している里親たちも同様に口にしている。

受託中，「（Uさんはuさんを）本気で家族として思ってた」「お母さんと呼ばせたしね，うちの子だともいってきた」（Tさん）時間がたしかにあったのである。Uさんいわく，「本気で向き合った」大人であることは，子どもの心のどこかに残るのではないかと考えているからである。そうして一度「仕方ない」と自分を納得させることは，Uさんは，「娘は，『お母さんあんな何年もたってて（措置委託が終了してから），まだ忘れてないの』って（いうので），お母さんにしたらばuくんは子どもだよ」，「いつまでたっても親は親，成長しても親からみれば子ども」であり，里親であることを知らない人に「お子さんは（何人か）ってきかれると，1人っていうんだけど，ほんとはね，2人なんだけどって，自分の中ではいうんだけどね〈笑〉」という。Tさんも，「ほんとにいつもいってるんだけどね，1人になったらなんとかするって」「(t1さんが自分からいってくれば）頭金くらいね，まあ貸すという形でやってもいいと思ってます」

というように，見捨てるのではなく，むしろ「そこにいつづける」「待っている」というかかわりへとつながっているのであろう。待つという行為は，自分から子どもにはたらきかけてはいない点で一見消極的にもみえるが，決してそうではない。むしろ根気のいる心構えが必要なのである。

第5節　里親子関係の帰着点

　第3節，第4節では，里親の考える関係調整の基準やその理由，子どもとの意向調整が里親の許容範囲を超えない場合と超える場合とに分けて記述してきた。本節では意向の調整の具合にかかわらず共通してみられる，子どもとの関係や里親経験の評価の仕方や，意味づけについて述べてゆくことにしたい。

（1）子どもとのつながり
（1）-①切れないつながり

　q2さんは，20代半ばでQさんとけんかをして家を飛び出した際，ほかの里親家庭の里子に会う機会があったようで，自分より大変な思いをしている里子の存在を知り，Qさんの家で育てられたことをよかったと思うようになったという。それを機に，q2さんはQさん夫妻に様々な思いを話してくれるようになった。

　　Q：ほんとうの親子に，やっと今はそういう風になれたのかなって，20年経って…略…お兄ちゃん（q1さんのこと。q2さんとの血縁関係なし）にしてもやっぱり，（q1さんが大学生のときの）「死にたい」っていう件があってからだと思う，結びつきが強くなったのは。はじめての本当に大きい問題。2人は性格も条件も全然違う子だけど，親にかける心配は同じ…略…ただどういう風に出てくるかが違うだけなのかなって。

　Qさんは，子どもたちが抱える自分の生い立ちや実親への思いなどは，里親がそのすべてを理解することはできないだろうという。しかし彼女は，2人の子どもたちを育てて20年の年月を経て，子どものSOSに向き合い続け，「つながってはいたけど，切れそうになったり」していた子どもたちとの結びつき

に確かさを感じるようになった。それを「ほんとうの親子」になれたのではと表現したのである。

　Qさんに，今後子どもに対してどのような存在でありたいか聞いたところ，「困ったときにとびこんできてくれる，胸を，気持ちをもっていたいってことですかね，自分にできることは。困ったときにお母さんって来てくれれば，『ふつうのお母さん』と同じかな」と答えた。Qさんは，この「ふつうのお母さん」の意味するものについて，自分の母親を例に次のようなエピソードを紹介してくれた。彼女の母親が95歳で亡くなる前，1週間ほど入院している間にQさんの姉が毎日見舞いに行った。母親は酸素マスクを付けている状態にもかかわらず，姉が帰宅する際には「気を付けて帰りなさいよ」というのが口癖だった。

　Q：看護婦さんたちが，「親だねぇ」って。自分はもう，逝きかけてるのに…略…それなんだよね，ありがたいよねって。だからやっぱりたとえ義理の親子（里親子関係のこと）でも，私たちが死ぬまでそれをするんだろうし。

　自分の老親との比較から，子どもを気遣い続けることを「ふつうの親」の要素と捉え，それを里親子関係にも適用することで，血縁や法的なつながりのない「義理の親子」であるとしても「ふつうのお母さん」のような関係性になるという認識がわかる。

　U：（今は消息がわからなくても，uさんとのつながりは）もう切れないと思います，多分ね。

　U：（uさんのことは）いつも残ってます，ニュースで何か事故，事件おこしてないかしらっていうのは，新聞のね，みては，ずうっとありましたね。で娘（実子）は，「お母さん，あんな何年もたってて（解除になってから），まだ忘れてないの」って。お母さんにしたらばuくんは子どもだよって，あんたも結婚して子どもうまれたらわかると思うけどって，子どもよって。
　＊何年たっても？
　U：何年たっても

＊はなれていても？
U：はなれていてもね，だから何か事件があると，おこしてないかしらとか，お金がなくてよそに盗みに入ってないかしらとか，何かついみちゃったりしてね。

QさんとUさんの語りは，血縁や法的つながりのある「ふつう」の親子と近似するか，不思議なつながりと感じるか，その表現は異なる。しかし，子どもとの間に精神的に切れない何かがあることは共通しているのである。

Wさんも，ずっと「気持ちのうえではどうしてるかなって思ってる」「いくつになったからって，じゃあもう頭から消えるかってそうじゃない…略…心の中ではいつも気にかけてます」という。そして，度々あるという夜中の非通知の着電について，Wさんは連絡をとりあっていないw1，w3，w4さんのいずれかによるものであると考えている。

W：非通知の電話かかってくるんだよね。
＊結構頻繁ですか？
W：割合多いですね。…略…夜中かけてきたりね，非通知で。大体だってそうでしょう，非通知で夜中にかけてくるって。で，3人のうちの誰かだろうなって。
＊男の子3人のうちの〈笑〉？
W：そうそうそう〈笑〉。それで，誰かわかんない〈笑〉，とれば切っちゃうし。とるときありますよ，ああ非通知だなって。ぱってとって，もしもしってやると。
＊確認してるんですかね，（Wさんが）元気かなって。
W：うーん，だと思う。あと何をどうしているか，私にはわからない。だけど，そういうなんていうか，コミュニケーション〈笑〉？　だって，忘れてたりさ，関心なかったら，（電話を）かけないでしょう。うん。だから，それは誰なのか，わからない。かけられてくると，やっぱり気になるのよね。

措置委託解除後，どのような結果であれ，子どもとの心のつながりや言葉を

交わさない無言電話という子どもの行動は，いつまでも子どもを心に住まわせる里親にとって，その姿を思い起こし気にかける大切な機会でもあった。

(1)-② うちの子

Qさんは自身の老親との親子関係に擬して里親子の関係を表現していたが，里親家庭全体の中に子どもを位置づけることもなされている。Oさんは，里子との距離感について，実子との対比で次のように語った。

O：私は自分の子どもだとは思ってないし…略…だって産んでないもん…略…ほんっとにまったく1人の人間だと思ってるから，1人の人だと思ってるから。
＊けっこう，私の子っていうと，ものじゃないけど，うちのって感じって。
O：うちの子かもしれない〈笑〉。
＊うちの子だけど，私の子じゃない？
O：そう〈笑〉。だって事実でしょ，うちの子だけど私の子じゃないの〈笑〉。

o2さんなどは，里子としての経験を公の場で話すこともあり，それができるのは「ここ（の家）に絶対いられるって基盤があるから，そういうとこ（体験発表の場）にでかけたり，自分のことを整理したり話したりできるんじゃないか」とOさんは考えている。Oさんに限らず，子どもたちを「うちの子」と捉える人は多く，本調査でもPさんやTさんなどがそうである。「うちの子だともいってきた」（Tさん）といった語りや，pさんの場合，子どもはPさんのことをお母さんではなく「おばちゃん」と呼んでいたものの「しっかりとここの家での子どもの位置を確保していた」という語りが聞かれている。Oさんには実子がいたため，実子も含めた子どものことを「2人は産みましたけど，あとの2人は縁あって」というように語っているのである。

Oさんのいう「うちの子」は，自分の所有ということではない。別の個性のある人間として子どもを捉え，「私の子じゃないけど，うちの子」と表現していた。Oさんはかつて，大学生を相手に里親経験の講演をした際，このような私物感にとらわれない子どもの捉え方に対して「距離感がいい」という感想を

いわれたことがあり，それがとてもうれしかったという。距離感について，ほかにも「あんまり（子どもに）しがみついちゃいけないんだとか，そういうこともよくわかりました〈笑〉」（Sさん），「困ったときはちゃんと向き合ってあげる，向き合っても深追いはしない」（Qさん）などの語りもみられた。

「うちの子」（Pさん，Tさんほか）であり，「もう切れないと思う」（Uさん）「世界でたった2人」（Oさん）といった表現は，里親家庭と里子の関係に対する永続性の見通しや唯一性を含んだ価値付与がなされている。それは，本調査でみる限りは，就職や結婚などライフイベントをクリアしているかどうか，子どもが思うように成長したかどうか等とはかかわりがない。「本気で家族して」きたという時間の積み重ねの先に行きついた結果であろう。

心のつながりが確かに感じられるようになったことを根拠にした「ほんとうの親子」，里親家庭における確固とした子どもの位置を示した「うちの子」，そしてめぐりあったことへの特別な意味づけをしながらも，心理的に適度な一定の距離感を子どもとの関係性において見出していると考えられる。

（2）めぐりあいの価値

里親のなり手は50代がもっとも多く，実子の子育てがひと段落した後や，不妊治療の後など，実子の子育て期よりもやや年齢が高い時期に里子の子育てを開始している。さらに，実親とのかかわりが希薄な子どもの場合，里親が年を重ね，いつか亡くなった後には子どもはどうなるのか，案じることも少なくない。Oさんは，ともに暮らしているo1さんが将来の不安を口にしたときのことを以下のように語っている。

O：上（o1さん）がひどーく落ち込んでて，「俺お母さん（Oさん）が死んだらどうしようかな」ってぽそっといって…略…（Oさんは）かならずあなたのことを守ってあげるから，そう願って死ぬからって（o1さんに伝えた）。…略…子どもたちを守り通したいじゃないけど，相当不安だと思うの。
＊それは，この家にいても？
O：うん。いても，自立っていうことを考えると，1人でやっていかなければって思うと。…略…霊になっても守りたいっていうのが本心かな。自分の

子ではないにしても，幸せになってもらいたい，究極ね。…略…唯一ね，世界の中でたった2人だからね，かかわってきた人間としてね。

前述したように，Oさんは生んでいる実子との比較から里子を「私の子ではない」という。しかし，そうでないからこそ，Oさんたち里親家族がo1さん，o2さんと出会い，無我夢中で育ててきた唯一の大人たちなのだという過程を，「世界の中でたった2人」と表現したのではないだろうか。

偶然性と不確定性をはらむこうした「めぐりあい」への価値づけは，疑似きょうだい関係にある里子どうしや実子―里子間についてもみられる。Qさんは「実のきょうだいだったらめぐりあう（べく）してめぐりあうけど，こういう（里子同士の）めぐりあいも世界に1つ」と語った。第3節第1項では，あくまで元里子には，実子やほかの里子に迷惑のない範囲で関係を保つことを望んでいる様子が明らかになったが，里親―里子，里子―里子，実子―里子の出会いそのものは，積極的な意味づけがなされているのである。

（3）里親という選択の再解釈

さらにTさんは，別の里親関係の集まりの際に「自分がかかわってきたことは，よくも悪くもかもしれないけれど，何らかの形で子どもに残っていると思う」と言葉にしている。子どもに里親としてかかわってきたことが活きているのか，見定めることは非常に困難なことである。しかし，きっと子どもに影響は残っていると信じ，子どもに期待しているのであろう。

そして，過去の経験から，弱い人に何かしてあげたいと思うのは人間の自然な気持ちかもしれないが，中途半端なやさしさは相手をさらに傷つける，と実感していたTさんは，長年の養育を子どものためと掲げるよりも自身の「選択」という文脈に捉え直していた。

T：里親はじめるっていうのは大変なことだなって，思って。だから子どもを育てるってことについてもね，育てて，子どもになんか，良かれっていうことはきっとあるだろうけど，それよりも，私が，育てること自体を選んで，楽しんだってことだけで，いいんじゃないかって，そういうふうにね，感じ

ましたね。

　子どもは里子という生き方を選んだわけではないが，里親は里親になる生き方をあえて選んでいる。この選択をきっかけに，自分の人生がこの選択をしていなかった自分よりも，きっと豊かなものになっていると考え納得する。
　Qさんの場合は，その納得のために，子どもたちが成長してから，通信制の大学に通った。それは，自分のしてきたことを確認したいためで，福祉を学んだのだという。

　Q：（年を重ねてから大学に通い）良かったと思ってます。若い頃にだーっていくコースもいいと思うけど，わたしみたいに晩年になって，こういうのもいいかなって。…略…やりはじめたらやっぱり（楽しい），若い頃は勉強たのしくなかったのね〈笑〉。興味があることをやってるからでしょうね〈笑〉。…略…福祉（を学んだのは），私が，それが間違いでなかったかな，これでよかったかなって振り返りがしたくて。資格とろうと思ったわけではなくて，福祉の勉強がしたいって。

　子育て，里親子関係の評価は，第三者による科学的な基準があるわけではない。子どもの成長や，なんらかのつながりを感じる関係性を評価しつつ，自ら選んで里親になったことそれ自体をよかったと思える解釈をしてゆくことで，自分を肯定することができている。

第6節　本章のまとめ：重なり，すれ違う里親子の期待

　本章は，受託中には多少の差はあれ「親」や「家族」を意識して養育してきた里親たちが，一般的な親子関係には想定されない「期限」という矛盾を目の当たりにしたとき，里親たちにはどのような葛藤が生じ，いかに対処しているのかを考察してきた。「福祉的文脈」において里親子の関係を規定していた措置委託が終了することで，里親は自身の役割や子どもとの関係を改めて意味づけたり，調整するプロセスがある。

子どもの「18歳」という年齢は，一応の責任の終わりとも捉えられる側面と，今後の関係継続を見越した通過点という側面とがあった。家族として育てたという関係の固有性にもとづいた思い，時間の積み重ね，心血をそそいできた自負，時代性などがある（第2節）。多くの里親は，関係継続の志向を強くもっており，福祉的な規範的期待において動員される家族によるアフターケア役割と，関係継続を望む里親の意向は合致しているようにも考えられる。

　しかし，すでに高齢期にある里親たちは，子どもに経済的，日常生活的な支援をそれまで同様に続けていくことを難しく感じてもいる。そこで，大人同士の適度にサポーティブな関係を望み，いくつかの関係再編の基準を設定していた（第3節）。たとえば，経済的，生活的な自立や人付き合いの力がそれにあたる。しかし，子どもが里親家庭に委託される以前の環境や実親の影響は，子どもが18歳になってもなくなるわけではなく，自分がその子どもにかかわってきたことがはたしてどのように子どもの成長に寄与してきたのか，評価は困難なものである。そこでは，子どもを待ち続ける，できることはやったと仲間内で認め合えることで今を納得しようとしていた（第4節）。待つことは，子どもを信じ，期待していることでもある。そして，里親になることは意志をもった選択の結果であるため，子どものために何かしようとしてきたと気負わず，してきた選択を肯定する様子がみてとれた。どのような養育結果にしろ，里親が評価していたのは，子どもとのあいだに感じるつながりや，「うちの子」という感覚，めぐりあえたことの価値である。里親という生き方は，本人の選択によるものであるため，自分がその選択をしてよかったと思える再解釈がなされていることもわかった（第5節）。

　本章から，新たに措置委託解除の後成人していく子どもと関係を築くにあたって，委託中のような「家族的文脈」と「福祉的文脈」の交錯という立場の重層性はなくなるものの，別のところに由来する葛藤があることを示した。子どもが里親に抱く期待と，里親が希望する役割，実際に里親ができる役割の範囲とはかならずしも重なるわけではなく，これらのずれにいかに対処するかということが新たな葛藤となっていたのである。そこでは，情緒的な部分での関係性とケア役割とを切り離し，できることとできないことがあると認めることも大切なことであるとわかった。

終　章
里親たちの葛藤に通底する困難とその生起メカニズム

　本研究は,「福祉的文脈」と「家族的文脈」が交錯する場におかれている里親たちの語りを素材として, かれらが福祉的な規範的期待や家族的な規範的期待をいかに使い分け, またこれらに拘束されつつ, どのように役割を調整しているのかを, 2つの文脈が埋め込まれる規範構造とのかかわりから分析することを目的としてきた。

　終章では, まず分析結果全体を通じて得られた知見, 論点を提示して総合的に考察する。2つの「限定性」をめぐる葛藤と対処に関する知見をそれぞれまとめつつ, 両者に通底する「子どもに向かう無限定な志向」に若干の考察を加える。そして, 里親が独特の規範構造下におかれることをいかに経験するのかを, 全体を通して考察する (第1節)。そのうえで, 里親制度に対する若干の示唆を示しつつ, 本研究の意義と今後の課題を述べる (第2節)。

第1節　本研究の主要な知見

(1) リサーチクエスチョンへの対応

　上述のような目的を前提として, 序章では, 里親が位置づけられる「家族的文脈」「福祉的文脈」の交錯する場と, そのような立場性ゆえにかれらが直面しやすい葛藤の要因である「時間的限定性」「関係的限定性」という基本概念を提示し, これらを用いたリサーチクエスチョンを以下のように設定した。

1　「家族的文脈」と「福祉的文脈」が交錯するところに位置づく里親は,「時間的限定性」を意識したとき, 自身の役割をどのように認知し, 里親であることを意味づけているのか。また, 役割間に葛藤が生じた場合はどのように対処されているのか。

2 「家族的文脈」と「福祉的文脈」が交錯するところに位置づく里親は，「関係的限定性」を意識したとき，自身の役割をどのように認知し，里親であることを意味づけているのか。また，役割間に葛藤が生じた場合はどのように対処されているのか。
3 「福祉的文脈」において里親子の関係を規定していた措置委託が終了することで，里親は自身の役割や子どもとの関係をどのようなものとして意味づけ，対処するのか。

以下①から③で，それぞれのリサーチクエスチョンにこたえていく。

(1)-①「時間的限定性」からみた役割の調整と葛藤
　リサーチクエスチョン1では，「家族的文脈」と「福祉的文脈」が交錯するところに位置づく里親たちは，「時間的限定性」を意識したとき，自身の役割をどのように認知し，里親であることを意味づけているのか。また，役割間に葛藤が生じた場合にどう対処しているのかという問いをたて，主に第4章でこたえた。
　親がはたすべきとされる役割（愛情，日常的ケア等）を代替することは，かならずしも親そのものを代替することと同義ではない。しかし，里親になった動機がどのようなものであれ，子どもと生活をともにする中で，親子のように感じたり，家族であるという意識をもつようになる調査協力者が多くみられた。里親子の関係形成に関する多くの先行研究（御園生2001ほか）は，そうした過程を里親になった動機や子どもの問題行動などとの関連で明らかにしてきた。
　御園生（2008）は，里親の親意識には，「社会福祉」「実子養育」「社会福祉と実子養育の中間」「模索・未消化」という型があることや，時間の経過の中で「模索・未消化型」がほかへ移行することを明らかにした。深谷ら（2013）の見出した「実親志向型」「シェルター志向型」「養育職志向型」という類型もある。しかし，本研究の分析を通じて，社会福祉的動機が強い里親でも，日常的には「ほとんど養子縁組みたい」（Hさん）と感じるケースがある一方で，血縁のある親子に近い関係を感じつつ，「保育園の決定にしても児相がかかわってくるし，そういったところでは，やっぱり自分の子だったらこういうのないし」（Bさん）というように，里親―里子であることを意識するケースもみら

終　章　里親たちの葛藤に通底する困難とその生起メカニズム

れた。里親たちは，里親と親，また里子と子どもという認識の間で葛藤しつつ日々の養育をしていた。そこで本研究では，里親の親意識は固定的に類型化しうるものではなく，福祉的な制度的規範と家族的な規範を場合によって使い分けつつ構築されるものと捉えることにした。

　第4章では，受託後から関係がある程度安定するまでの時期を中心とした「子どもと共有していない過去」をめぐる解釈を中心に，関係が落ち着く中で「将来的な時間共有の曖昧さ」をめぐる解釈についても記述し，それぞれの局面でどのような葛藤が生じ，どのように対処されたかに注目して考察した。以下で確認していく。

　まず，子どもを受託してからしばらくの時期を中心に，子どもとは共有していない過去の時間があることに気づき，過去に由来する様々な影響に対処していくような福祉的な役割の取得過程がみられた。過去の非共有は，多くの里親にとって，子どもの問題行動などを契機として意識化される。年齢相応の発達などの自らの子どもイメージを相対化し，研修の知識などを動員して子どもの「里子」という側面に対し福祉の規範的期待に沿った理解と対処をしていく過程がみられた。とりわけ子育て経験のある里親にとっては，実子の子育てを通して一般的な子どもイメージがすでにあるため，里子には過去のなんらかの不適切な養育環境に起因する問題行動などが不可避であると気づくまでに，時間がかかるケースもみられた。「子どもたちの置かれている状況や子どもの反応を正しく理解することも，新たな愛着対象として機能する里親にもとめられる専門性といえる」（御園生 2005：151）と指摘されるように，共有しない過去のある子どもの理解は，福祉的な文脈において重要な役割であることを本研究でも確認した。ただし，子どもを「正しく」「まるごと」理解することは一般的にも難しい。調査協力者の中には，子どもの気になる行動の源泉をその「過去」に求め，因果関係を正確につきとめて対処するというやり方をやめ，子どもの「今」に向き合うしかないと考える者もいた。

　他方，日常的な養育の中で，年齢相応の子ども像や血縁のある親子，家族イメージを資源として里親子を説明するような場面もまた存在する。その際の「実子と同じ／違う」にまつわる語りに注目し，実子の子育てとの共通点の強調にはいかなる意味づけが与えられているのかを考察した。彼らのいう「実子

259

と同じ」という語りには，複数の意味が込められている。それはたとえば，日常生活において実子と区別・差別しない，できる限りのことをする，幼少期に愛された経験をもつことが大事，などである。子どもが里子となった契機は子ども自身の意思の及ばない生育環境の中にあり，里親の営みもふつうの家族と同じと解釈することで，里子を「実子と同じ」子どもとして捉え，血縁のある親子と変わらない家庭を提供することに価値をおこうとしていた。子どもの成長に年齢相応と比べて遅れやハンディがあるとすれば，適切な家族，親子関係を築くことによって子どもが本来したであろう標準的な発達に近づく，という考えに至るのである。

里親たちは，家族的役割と福祉的役割とを文脈に応じて使い分けようとしていた。里親家庭の実子として育ち，自身も里親である渡邊（2011）は，次のように述べている。

　　委託される子どもや若者のニーズに合わせて，里「親」であることにこだわらないほどの柔軟さが求められる。里親養育では，多くの場合，里親は子どもや若者にとって「親」としての役割が求められる。しかし，その子どもと実親の関係や，里親との年齢差，そして子どもと若者の想いによって，必ずしも「お父さん」「お母さん」になることが適切なわけではない。…略…それまでの養育方法に変化を加えることも，子どものニーズに応えるためならいとわない，というような柔軟さが求められる（渡邊 2011：97）。

このように，里親たちは家族，親子であることを志向しつつ福祉の担い手としての意識を保つ調整を日々行っているわけであるが，ときにその調整が困難をきたすことがある。子どもの受託期間の見通しが不透明であるとき，里親は，実親家庭への復帰や自立の準備と里親家庭での愛着関係の構築との間で板挟みになる場合があった。子どもの年齢と実親家庭への復帰可能性によって生じる「将来的な時間共有の曖昧さ」が，自身の役割の調整を困難なものとし，里親たちに葛藤をもたらしていた。

つまり，「時間的限定性」を意識することにより，①「子どもと共有していない過去」をめぐる解釈の場面で，生育歴をふまえた専門的対応という福祉的

役割を取得していく過程がみられるが，②日常的には「実子と同じ」という意味づけにひきよせられ，③子どもの年齢と実親家庭への復帰可能性を考えることで生じる「将来的な時間共有の曖昧さ」をめぐる解釈の場面では，諸役割間の葛藤を経験することが明らかとなった。

（1）-②関係的限定性からみた役割の調整と葛藤
②-(a)家庭として／仕事として：関係機関と比較した里親家庭の意味づけ
　里親―里子関係は福祉的文脈に位置づけられることから，児童相談所職員，実親，児童養護施設職員などの外部の関係者による規制を受ける。そこで，リサーチクエスチョン2では，里親が「関係的限定性」を意識するとき，「家族的文脈」「福祉的文脈」の交錯する状況で自身の役割をどのようなものとして認知し，里親であることを意味づけているのか，また，役割間に葛藤が生じたらどのように対処されているのかという問いをたて，第5章と第6章において考察した。第5章では児童相談所等の関係機関との対比や相互作用に，第6章では主に子どもの実親家庭との相互作用に，それぞれ着目している。
　まず第5章では，里親が児童養護施設職員の行う仕事としての子育てと自身の役割を対比してその立場性を意味づけるとき，もっぱら家族的な価値や規範が動員される過程があることを明らかにした。
　多くの里親たちは，自身に児童福祉司のような基礎資格に裏付けられた知識や専門性が備わっているとはみなしていないが，それとは別の意味で里親であることの適格性を保持しているとも考えていた。そこで，里親たちが里親としての立場を関係者等と比較して評価する論理を帰納的に2つに整理した。
　1つは，里親が児童養護施設の生活と自身の営む家庭との対比から，子どもにとっての家庭の意義を見出すという論理である。このような論理は，一般に社会的養護の分野で里親養育の意義が主張される際，子どもの権利と結び付けて語られるものと類似している。本研究に登場する里親たちの語りでも，この論理は子どもが安定している場合には，家庭の施設に対する優位性を示す解釈資源として用いられていた。ただし，そのような論理が用いられるのは，ある特定の場合に限られていた。たとえば，受託後しばらくの間で多くの里親が経験する，受託前に比べて子どもの笑顔や表情が豊かになったり，発語が増える

といった短期的変化を目の当たりにする場合である。つまり，里子と里親の関係がある程度落ち着き，子どもが安定している場合，施設よりも家庭で育つ方が良いという解釈が可能になっていたのである。

　2つ目は，「仕事としての子育て」に特有とみなされる「わりきり」や責任の限定化とは異なり，里親養育は，ケアの本来的な無限定性を担保しうるとみなす論理である。また，子どもを間近で長期間みてきた里親は，子どもの養育で気にかかることへの認識や問題解決の方針を，児童福祉司などと共有できない場合がある。そのような場合，里親たちは自分の見立てを信じて養育するが，それが正しかったのか否かを判断する基準は明確ではない。そうした福祉的文脈において里親は，自分が子どもの第一義的養育者である，またはそうありたいという自負心を強め，これを拠り所として自己を位置づけていることがうかがえた。

　しかし，仕事として養育にかかわる専門職との対比からは，里親が自身の役割を，「仕事」としてわりきる立場から距離をおくか，Ｉさんのように「社会的な分業」を担うものとみなすかによって，支弁される養育費等の解釈に差異がみられた。「仕事」としてわりきる立場から距離をおく場合，「わりきれない」「家庭」でのケアに少なくない費用がおりることは，葛藤含みのものとなる。なぜなら，一般家庭での子育てに，養育費が支払われることはないためである。そこでは，自身の養育を賃労働とみなすことを避けるための解釈を提示するという対処がなされることが明らかとなった。他方で，社会的な分業を担うとみなす場合，これに費用が支弁されることは不自然なことではないとみなされていた。

　家族ケアと有償性をめぐっては，市野川容孝（2008）が障害のある人の介助を素材に，ケアをめぐる複合規範の存在を指摘している。すなわちそれは，「ケアは本来，家族がおこなうべきである」「ケアは本来，お金をもらっておこなうべきである」という命令の複合であり，「家族がおこなうケアにはお金を払ってはならず，他方，お金をもらうなら，それは家族以外の人に対するケアでなければならない，という形で，互いに複合している」（市野川 2008：143-4）という論理と結びつく。このような論理を里親に援用してみると，「親」「家族」を参照しつつ養育を行っているにもかかわらず，公的な手当を受け取るという事実ゆえに，里親には葛藤が生じやすいと考えられる。

②-(b)親として／支援者として：実親との比較による里親の意味づけ

　第6章は、「家族的文脈」「福祉的文脈」の交錯を「関係的限定性」の視点から捉えたとき、実親と子どもの関係保持や家庭復帰を支援するという福祉の規範的期待と、子どもとの親子のような関係構築という家族的な規範的期待との間に葛藤が生じるのではないか、という点を主題化したものである。実親と交流がある場合と交流がない場合では、実親家庭への再統合といった委託の目標に差があるため、分けて分析した。しかし分析の結果、実親との交流の有無にかかわらず、まず子どもの実親イメージ・里親イメージを尊重し、自己を捉え直す試みを絶えず修正し行う点は共通することが確認された。

　実親との交流がなく、子どもが幼い場合は、実親をどう評価するか、どのくらい実親代わりをつとめるのかについて、里親側に裁量の余地が大きい。里子とその実親を含めて考察された先行研究は多くないが、実親との交流がない場合、子どもがそれまでの人間関係や記憶を忘れていき、里親に信頼を寄せるようになることに自責の気持ちをもつこともある（厚生労働省雇用均等・児童家庭局家庭福祉課 2003）。また、「実親が現実生活に影響を与えてこない場合、里親は『親』であることを特に意識する必要はない…略…子どもが実親を求めていたとしても、子どもの感情を受け入れたり、共感したりしやすい」（和泉 2003：208）などの知見がある。本研究の考察からは、実親との交流がないことで、子どもたちは実親に対し「身体的には存在していないが、心理的には存在していると認知される」喪失経験（Boss 1999＝2005）をしており、その内実はより多様であると考えられた。

　子どもの委託年齢が高い場合や、幼い段階で受託してもその成長とともに、子どもの中で実親イメージが醸成されていく。また、実親との接触がなく成長しても、小学校の生い立ちの授業など、里親家庭外部から実親の存在を直視せざるをえない機会が作られることがある。そこでは子どもにとって里親・実親が「親」であるかどうかとは別に、実母が子どもを産んでくれたことに感謝することで、望まれて生まれたことを支持する試みがなされていた。さらに、近年の里親制度において強調される実親を悪くいわないなどの新たな規範の影響にも着目したところ、里親は子どもに良い実親イメージを保持させようとするだけでなく、子どもの生い立ちの理解——実親は子どもを想って手放したとい

う解釈——をときに提示して，子どものアイデンティティ管理に寄与しつつ里親子関係を維持する対応がなされていた。以上のことから，実親が日常的にはいないとしても，里親は実親を代替するとは限らないことが確認された。

　一方，実親と交流がある場合，とりわけ定期的な交流がある場合は様相が異なる。そこでは，里親が意識的に実親を肯定的に意味づけ，それを子どもや実親に対して表現することが，子どもが里親・実親ともに「親」とみなす要件であった。しかしながら里親には，子どもたちが実親の言動による直接的・間接的影響を受け，実親子関係で心理的負担をかけられているようにみえる場合もある。委託の当初は交流がなく，途中から実親との接触が出てきたときは，すでに里親子関係が落ち着いていればそちらをもとにして実親子のことを考えられる。委託の当初から交流があるときは，実親子関係が落ち着かないと，里親子関係も落ち着きにくい。委託当初から交流があり，実親子関係が子どもに負担となっている状態では，里親は「親」になるより，まず安心していられる場所を提供することをめざしていた。また，里親が「ふつう」の親子関係と比べて実親子関係に違和感を覚える場合があり，それは実親の子育て観や親としての自覚のなさに対して里親が疑問符をつける場合である。実親に親としての自覚を感じられず，肯定的な評価ができないとき，里親は実親と子どもの共同養育者になることも難しく，自らの位置づけに迷いを覚える。そのような場合，かれらは親になった原点を思い起こしたり，子どもの養育を仕事としてわりきらざるをえないと感じていた。

　「関係的限定性」をめぐる(a)と(b)の考察を振り返ると，以下のことが確認される。福祉専門職にしろ，実親にしろ，里親家庭外部のアクターが養育に関与することによって，里親はその立ち位置を再考する必要に迫られる。とくに，関与者が実親の場合は，里親には「親であるか実親（家庭）の支援者であるか」の葛藤が生じ，また相手が福祉専門職である場合は，里親養育は「家庭性が強いか職業性をもつか」という葛藤に直面するのである。つまり実親を想定したときには，養育内容や子どもへの気持ちを限定化することがあるのに対し，福祉専門職らを想定した場合には，養育内容や関係の期間をなるべく限定化しない方向へと向かおうとしていた。里親たちは，子どもの実親家庭の成員や，子どもが里親委託以前に在所していた施設職員，児童相談所の児童福祉司らと

終　章　里親たちの葛藤に通底する困難とその生起メカニズム

の直接・間接のやりとりを通じて，再帰的に自らの立ち位置を意味づけ直しているのである。

　里親が「関係的限定性」を意識することで，その立ち位置を意味づけ直すのは，①養育のマネジメント，②子育て責任の所在，③子どもからの反応，に対処する場面としてまとめられる。①養育のマネジメントは，しつけの仕方や保育園利用といった養育内容の決定をめぐる児童福祉司との意見の対立（第5章第3節第3項），交流のある実親の言動・価値観に違和感を覚え，実親家庭への復帰や関係維持という養育目標に覚える不安（第6章第3節第2・3項）などに対処する場面でみられた。②子育て責任の所在は，児童養護施設職員や児童相談所の児童福祉司を，職務にかかわる期間の限られた時間だけ子どもにかかわればよい存在であると位置づけ，それに対し里親である自分たちは，制度枠にとどまらない「わりきらない」養育によって子育て責任をまっとうする存在（第5章第4節）だと評価する姿勢にあらわれていた。③子どもからの反応は，子どもが実親やもといた児童養護施設職員への思慕を示すときに，自分の子どもに向かう気持ちや唯一の養育者でありたいという気持ちを再考する対処の中に示されていた（第5章第4節第2項，第6章各所）。

（1）-③措置委託終了後の役割の調整と葛藤
　ここまでの考察は，子どもの受託期間中，里親子の間に制度にもとづく関係性が2つの文脈の交錯する場で構築されることを前提としてきた。しかし，子どもが18歳を迎えると，「福祉的文脈」において里親子の関係を規定していた措置委託が終了する。以降，里親は自身の役割や子どもとの関係をどのようなものとして意味づけ，対処するのか。

　海外の先行研究では，社会的養護下にあった子どもの青年期以降の「自立」に焦点をあて，その支援プログラムへの提案や効果測定に関心をおくものが数多く蓄積されている（Courtney et al. 2001；Buehler et al. 2000；Stein 2006 ほか）。他方日本では，元里子の実態調査は散見されるが，いまだその蓄積は乏しい。元里親に関する研究も乏しいものの，「子どもが困った時には相談にのれるような関係」「親身に相談にのること」（厚生労働省雇用機会均等・児童家庭局家庭福祉課 2003）が期待されつつある。実際にも，制度の枠が外れた後も私的な関係

を望んだり実践する里親自身の声が聞かれる。このように福祉的な観点からは，元里親—里子関係に私的な関係の継続を期待する向きもある。ただ，戸田 (1998) は，養育家庭委託児童のアフターケア実態調査結果を整理し，委託解除後の子どもたちの多くが里親を拠り所と考えており，また結果として同居に至る場合もあったことを示すが，「あくまで解除児童の意向や里親の意向など状況が合致した場合のことで，制度上それを期待するものではないのではないか」（戸田 1998）と指摘している。措置委託解除イコール「制度上の関係の終わり」という点を考えると，日本の里親制度が暗に期待する「家族」としての「関係の継続性」との間に摩擦が生じうる。里親たちは，すでに里子ではなくなった子どもと自分たちの意向の調整をいかに行いつつ，新たな関係を模索するのか。これは第7章でこたえてきた。

　措置委託が終了する「18歳」の捉え方は，里親子関係にとって通過点にすぎないという側面と，責任の終わるさしあたりの区切りという側面があり，両義的な意味合いをもつことが明らかとなった。とりわけ前者の側面については，「品物じゃないから，18過ぎました，お返ししますってわけにいかない」（Uさん）といったことを口にする里親が多い。その背景には，「家族」として育てたという関係の固有性にもとづいた思い，時間の積み重ね，心血をそそいできたという自負，18歳で自立は困難だという時代性などがあった。

　第7章第3節第1項で紹介したr2さんのように，心も身体も成長し順調にライフイベントを経て，幸せに暮らす姿は，育ててきた里親にとって何よりうれしいことである。

　とはいえ，里親は子どもの実親よりも高齢であることも多く，いつまでも面倒をみることは難しい。「通過点」と「責任の終わる節目」の狭間で，里親たちは大人同士の適度にサポーティブな関係の継続を望み，そこに至るためのいくつかの区切りを設定していた。ここでいう区切りとは，具体的には子どもが「経済的，生活的な自立」や「円滑な人付き合い」を達成し，「実子やほかの里子に負担をかけない」ほどに自立できることである。この区切りを経るために，里親たちは精神的・金銭的なサポートを行っていた。そうして区切りを経た子どもの場合，または子どもが里親の意向に沿って成長できた場合は，同居，別居にかかわらず，子どもとの間に一定の距離を保った新たな関係を築くことが

終　章　里親たちの葛藤に通底する困難とその生起メカニズム

できていた。

　しかし，子どもが里親の対応できる閾値を超えた要求をしたり，里親自身が無理をしてでもそれを必要と判断する場合もある。なぜなら，里親家庭に委託される以前の不適切な環境による影響は，子どもが18歳になったからといって消滅しないからである。また，自分がその子どもに関与してきたことがどのように子どもの成長に寄与したのか，客観的な指標による測定は困難であり，里親として自信がもてないこともある。そのような場合，かれらはできることはやったと仲間内で認め合ったり，できることをすべて行っても子どもが自立できなければどこかであきらめをつけるしかないとしていた。

　ただし同時に，里親は子どもにいつか自分たちの想いが伝わることや，子どもが成長することを信じ待ち続けてもいた。そして，里親になることは自発的な選択の結果であるため，子どものために何かをしてきたと気負うのではなく，ただその事実自体を肯定する様子がみてとれた。子どもの現状がどのようであっても，里親が評価していたのは，子どもとのあいだに感じるつながりや，「うちの子」という感覚がえられたこと，そしてめぐりあえたことそれ自体の価値である。里親は，自分が子どもとかかわってきたことは間違っていなかったと確かめるために，子どものためではなく自分のために子育てをしてきたと発想の転換をしたり，里親という選択をしたことを改めて意味づけ直していた。

　ここまで得られた知見を合わせて考察してみると，受託中の里親―里子の関係性が受託中と措置委託解除後に修正が試みられていることが示されているといえる。[1]受託期間中，子どもに対して，年齢相応の発達段階をふむ子ども像や「実子と同じ」子ども像が目標として設定され，これに近づけようとする試みがみられる。その後，措置委託解除を経て，何十年とかけて「本当の親子」のように揺らがない絆を感じるようになったケース（Qさん）はもちろんあるが，多くの里親が元里子との日常的な関係に望むのは，幾分か一定の距離のあ

---

(1)　もちろん，取り上げているケースが調査時点で受託中を中心とした第4章から第6章と，すでに成人した子どもをもつケースを対象とした第7章では，まったく重複しているというわけではないため，厳密に「再考」されているとはいえないが，たとえば第7章で登場する里親でもそれまでの養育の経緯をふまえた考察をすることをこころがけている。

る関係である。その前提には，老いつつある里親の現在の生活を乱さない程度に，子どもが自分の生活を成り立たせていることが前提として埋め込まれている。つまり，受託中に「親」や「家族」を志向し，参照してきたことを根拠として措置委託解除後も無限定に面倒をみることは実際困難だと認識していた。そこで里親たちは，できるかぎり面倒をみてきたと自認し仲間と認め合い，子どもに出会って本気で向き合ってきたという事実それ自体を評価するという思考へと，読みかえてゆくような対処を行っていた。

　以上のように，措置委託の終了後，元里子と関係を築くにあたって，委託中のような「家族的文脈」と「福祉的文脈」の交錯という立場の重層性はなくなるものの，別の葛藤があることを示した。すなわち，子どもが里親に抱く役割期待と，里親が希望する役割とはかならずしも重ならない場合があり，その際両者のずれにいかに対処するかということが，里親にとって新たな葛藤となっていたのである。

（2）里親への規範的期待の諸相：家庭養護の理念は里親にいかに経験されるか

（2）-①制度が描く里親・里親家庭像

　里親たちはその経験を意味づけるとき，かれらを取り巻く家族にまつわる言説を参照するとともに，里親制度の制度的理念や運用上の慣例にみられる規範を意識し，その影響を受けていた。先行研究では，児童福祉法成立時に里親が社会的養護の担い手として位置づけられる過程や背景を児童福祉審議会資料などから考察した知見（貴田 2011）がある。しかし，そうした制度的理念がどのような里親像や里親家庭像を形作り，いかなる変遷を辿ってきたのかを考察した知見は，管見の限り見当たらない。本項では，第1章第2節で整理した里親の福祉制度上の期待像と，里親たちが認識する制度運用の実態との関連について考察する。

　第1章第2節では，国の通知や要綱を素材として，里親に対する制度的な期待像を整理した。分析に用いた資料は，里親制度の大きな改正時に出された，里親制度の運営や養育指針などの通知や要綱，ガイドラインである。とくに「要綱」「最低基準」を中心に，近年の「ガイドライン」「養育指針」も加えて，

終　章　里親たちの葛藤に通底する困難とその生起メカニズム

「認定要件」と「養育要件」にわけて制度の規範的期待を読み取ってきた。

　戦後まもなく制定されていた「要綱」は，1987年の「要綱」改正では，国から地方自治体への権限移譲を背景に，里親候補者層の拡大をはかるため，家庭調査や里親認定条件が大幅に簡素化された。里親は理念的にも「普通の人」というフレーズで語られ，里親認定要件のハードルが下げられた。一方，1948年から一貫して変わっていないのは，「児童を家庭の一員として迎え，深い理解と愛情をもって養育する」という，里親制度の根幹となる部分である。「養育要件」では，里親に期待される養育内容は拡大し，里親委託前の不適切な養育環境の影響への対処や実親とのかかわり方の模索など，「普通の家庭のレベル以上のケア」が求められていた。興味深いのは，1948年から1987年にかけて，たとえば婚姻状態などは緩和され，受託児童の保育園利用が可能になるといった，里親に対する家族のあり方は一定程度緩和される一方で，2002年以降の「要綱」や「最低基準」，とりわけ2011年「養育指針」は，「家庭」における「養育機能」の重要性を強調していく点であった。「認定要件」の大筋緩和と「養育要件」の拡張は，そのコントラストを大きくしつつある。

---

(2)　全国里親会編（1988：52-3）によれば，1987年の改正は特別の篤志家に里親になってもらうという従来の理念を改め，広く里親を求め，普通の人を立派な里親に育てていくという新しい理念のもとに養育の推進をはかるとしているが，特別の篤志家という言い方は不正確かもしれないとも述べている。つまり，昭和23年当時とすれば，「特別の篤志家というよりも中産階級，というか普通の方であったのかもしれません。けれども40年経った現在の時点でみますと，ここで示された里親像はたとえばある程度田畑をもっていて，お父さんは働き，お母さんは専業主婦，そして子どもは何人か一緒にいるという戦前からの家庭像であったと考えられます。現在この条件をそのまま実施するとなりますと，特別な方でないとできないし，要求しております内容についても，なかなか難しいところがあります」などと説明されている。

(3)　2011年「養育指針」では，「里親及びファミリーホームにおける家庭養護とは，私的な場で行われる社会的かつ公的な養育」であるという基本的特質が確認される。さらに，「措置解除後においても，養育者と過ごした時間の長短にかかわりなく，子どもが成人した時，結婚する時，辛い時，困った時，どんな時でも立ち寄れる実家のような場になり，里親家庭やファミリーホームがつながりを持ち続けられることが望ましい」「いつでも訪ねて来られるよう門戸を開けて待つことも大切」と，制度上の枠組みを超える期待が寄せられてもいる。このことからも，里親制度の制度的な規範において，福祉的な期待を明示しつつ，家族的な規範的期待をのぞかせるという両面が読み取れる。

その背景には，社会情勢が戦後大きく変容し，児童問題の見方の変化があったことも推察される。土屋（2014）は，「社会的養護児童をめぐる問題機制の枠組みの変遷」を分析し，以下のように「問題機制」の変容を記している。

　戦災や貧困などによって生じる「〈社会病理〉としての児童問題」であるよりもむしろ，「家庭の危機」や「家庭崩壊」，そして母親による「育児放棄」や「母性愛の喪失」といった概念を伴いながら，その児童問題が「家族病理」に起因する問題として言及され始める（土屋 2014：225）。

　「家族問題としての児童養護問題」という見方は，児童養護に携わる研究者や実践家らが行った施設入所児童の家族背景の変遷を戦後42年分辿った研究（山根ら 1988）においても確認できる。「家族は近代に至って私的な生活領域になった。その私的な存在である家族において子どもの養護問題が発生するのは，家族に何らかの障害が生じ，家族員が劣悪な生活環境におかれたり，あるいは家族それ自体が解体の危機に直面した場合である」（山根ら 1988：205）と，研究の前提として指摘されている。
　つまり，家族問題として要保護児童が捉えられるようになったという認識を下敷きにすると，ある意味でより家族の本来的な養育機能が高く評価され，第一義的な養育責任は家族にあることが所与のものとして里親制度に埋め込まれるようになってきたと解することもできるのである。

（2）-②制度の理念と運用上の期待のずれ
　さらに，制度的な理念と運用における里親への期待像には，ずれがあった。里親たちの語りでは，国の通知である認定要件では禁じられていない共働きであることや保育園利用が，運用場面で児童相談所の児童福祉司により反対されるエピソードなどが示された。また里親たちは，児童福祉の専門職らと連携する中で，実親を悪くいわないという新たな規範を学びとり，子どもの実親イメージを壊さない対処を行っていた。このように，里親に対する規範的期待や運用上の規範が里親の認知や対処を規定する側面もある。もちろん一般的な親であっても，社会規範による拘束から自由であるわけではない。

終　章　里親たちの葛藤に通底する困難とその生起メカニズム

　しかし，里親の場合，「里親とは」「里親なのに」といった語とともに，研修や児童福祉司などを通じて，適切な養育観として近代家族的な価値観を押し付けられることもある。たとえば，「里親なのにそういうところ（保育園）に（里子を）入れるのか」といった児童福祉司の言葉の裏に「保育園はかわいそう」という児童福祉司個人の価値観が見え隠れすると感じたケースなどがこれにあたる（Bさん）。また，「里子に（門限の約束や家事の手伝いの程度について）厳しい」（Cさん2010年）など，児童福祉司から里子に対する正しい養育の範囲を指摘される場合もあった。児童福祉司の考える適切な養育範囲からかけ離れた養育をすれば，その里親の児童福祉司による評価は下げられたり，子どもの委託継続が危ぶまれる可能性もある。このように，「一般的」な家族以上に近代家族的な規範的な家族像がまなざされ，かつそれが里親の評価につながる可能性のある点が，里親養育独特の規範的側面であると考えられた。

（２）-③里親になる動機と行為における期待のずれ
　また，第4章第2節第3項では，里親になる動機・意識のレベルでの規範的期待と，実際の行為レベルでの規範的期待にずれがあった。そして，あくまでも自分が子どもを育てたいからではなく，子どもの福祉のためという福祉的な動機を有しつつ，日常的な子育ての場面ではそれを感じさせないかのような家族的なふるまいが求められ，里親自身もそれを望むような規範構造があるのではないかということを指摘した（第4章第5節第3項）。たとえば，福祉的な動機にもとづいて，日常的にも福祉の担い手であることを意識しつつ子どもに接する里親の中には，なるべく実親子に近似した関係であろうとするようなほかの里親たちと思いを共有できない経験をしている者（Hさん，Iさん），子どもとの関係が血縁親子とほとんど変わらないようなものであるが，「場当たり的に，里親になるなんて…」と，自身の里親となった動機に否定的な見方をする者（Gさん）もあった。こうした里親になる動機と行為における期待のずれがあることによって，居心地の悪さのような感覚を感じる者がいることが確認された。

（3）「限定性―無限定性」への対処
（3）-①里親の「無限定性」
　第1項，第2項で述べてきたような里親たちが経験する様々な葛藤には，里親制度の制度的枠組みにおける「限定性」とケアの「無限定性」のアンビバレンスにいかに対処するのかという通底した困難が反映されている。
　里親の子どもに対するケアの特質の1つには，18歳という制度上の養育期間の制約がありながら，その制約外の子どもの生活や長期的な人生全体に配慮した限定化しないケア，子どもの利益を第一とするケアを行っていることが確認された。またもう1つには，里親が児童相談所職員などの福祉専門職との差異を強調し，自身を第一義的養育者として意味づけつつ，子どものケアへの志向やケアする相手を捉える視点などの無限定性を積極的に引き受けようとしていることが確認された。本研究では，子どもの命や安全を第一として子どもの長期的な生育を考慮しない傾向がある児童相談所の視点と，上述したような子どもの人生全体に配慮して今の養育を考える里親との間で，受託中の子どもを捉える視点や養育の考え方が異なることが明らかになった。それゆえ，里親が関係機関との間に距離をとったり第一義的養育者としての意味づけを自らに行いつつ，子どものケアへの志向やケアする相手を捉える視点などの無限定性を積極的に引き受けようとしていると考えられる。
　以上のように，里親によるケアの特質は里親制度の限定性という性質と構造的に相容れない部分があり，さらに養育の中で無限定性のベクトルを強めるようなプロセスがあることが確認された。このような無限定性のベクトルは，ケアにかかわる実証研究を行った様々な論者の議論ともつながってくる。序章でもふれたように，ケア（介護）の社会化に関して市野川（2000）は，Parsonsのパターン変数に関する議論をひき，ケアは感情労働の一種であり，無限定性，他者（集合体）指向が求められることを指摘した。また，ケアをめぐる無限定性に着目した経験的研究では，次のような知見がある。認知症高齢者の家族介護者へのインタビュー調査を行った井口（2002）は，無限定性について，家族としての個別的な関係性ゆえに「自分が唯一の介護者である」という感覚を生じさせ，介護者自身が負担に思わないまま介護に強く志向していく要因であると定義している。また，看護職を対象とした研究で三井（2004：34）は，限定

性を「対人専門職がある職業イメージを身体化することによって，しばしば対象者と向き合う際に，自らのなすべきこと／できることを限定してしまっていること」であるとする[(4)]。以上のように，介護や医療等のケアにかかわる実証研究において，Parsonsの議論に着想を得た限定性，無限定性概念は，それぞれの定義のもとで，ケアする者の行為や経験を説明する重要なタームとして用いられてきた。ケアすることと限定性―無限定性という主題は，里親養育に限定されるものではなく，ケアにかかわって普遍的に立ちあらわれる論点であることが確認されるのである[(5)]。

（３）-②無限定性への志向の意味

委託中，そして委託が終了してもなお，多くの里親たちが子どもへの無限定な志向にからめとられてゆくのはなぜなのか。里親の制度枠によって「わりきる」ことに対する抵抗とは何を意味するのか。「家族」として過ごした時間や起居をともにした事実のみならず，制度の有限性を前提とした関係であるとわりきれない思いにかれらを導くメカニズムがあるのではないか。和泉（2003）や御園生（2008），森（2004）などによる先行研究は，家族的な文脈に着目して里親の自己意識を明らかにしてきたが，なぜ彼らが家族的な役割を志向するのかについては，十分に説明してこなかった。

ここで，養親子関係や継親子関係など，血縁によらないほかの家族的関係との対比で考えてみよう。菊地（2008）は，継母子関係の形成に注目し，子どもの継親への役割期待や実親子交流の対応などから，継母によっては継子の「母親」にならないというアイデンティティが存在することを明らかにした。さら

---

(4) 山根純佳（2005）は，三井の用いる限定性について，2つの限定性（Parsonsの述べたような職務内容の限定性と，観点の限定性）に区別して呈示できるとし，職務内容の限定化は必要であるが，患者をみる観点の限定化は乗り越えねばならないものとして描かれていると評している。
(5) また，先行研究を整理してみると，ケアにおける限定性―無限定性は以下のように分節化して考えることもできる。すなわちそれは，ケアする相手を捉える視点，ケア行為内容，ケア行為の量，ケアする相手やケアへの志向における限定性―無限定性である。限定性―無限定性概念を用いる際には，これらを分節化することで，ケアにまつわる困難や行為者の解釈実践の解明などに寄与する可能性もあると考えられる。

に野沢・菊地（2014）は，成人に至る過程で親の再婚によるステップファミリー生活を経験した若年成人継子を対象にインタビュー調査を実施し，継親の役割行動に対する継子たちの認識から，継親子関係の類型化を試みた。その結果，①親として受容，②思春期の衝突で悪化，③関係の回避，④支配忍従関係から決別，⑤親ではない独自の関係発達，という5つの類型を見出している[6]。野沢・菊地はさらに，継親が親を代替し，再婚によって核家族世帯の再建をめざすステップファミリー像は限界を呈しているといい，「継親になったら『親』になる以外にないという前提を外し，親とは別のイメージで継子にアプローチする選択肢（モデルや知恵）が社会的に用意される必要がある」と指摘している（野沢・菊地 2014：83）。

里親は，制度上ある一定期間養育環境を用意することが求められているにすぎず，「父親」「母親」にならないあり方も可能である。しかし，里親があくまで児童福祉制度であると「わりきって」里子に接し，「母親」「父親」に限定されない多様なカテゴリーを用いて自己規定したり，「仕事として」という意味づけによって立場を示すことはあまり多くない。実際には「わりきる」里親もいるが，本研究の調査で出会った里親たちは，そうした「わりきる」タイプの里親に対して距離をおき，仕事としてかかわる福祉専門職との差異を強調して，一線を画す傾向があった。里親たちが「親」「家族」を参照しつつ，制度の枠づけを超えようとする理由や意味は何であるのか。この点について本研究の知見から，次の4点を考察することができる。

まず第1に，里親になったという自己選択とそれにより引き受けた責任に対する自覚が，「無限定性」へのベクトルを強化していると推察される。第5章

---

[6] 具体的には，各類型には以下のようなケースが含まれるという。①は，継親を当然のように「お父さん／お母さん」と呼び，かなり早い時期から継親を自分の「親」であるとみなし，現在までその認識にあまり変化がないケース，②思春期・青年期の出来事までは上記の「親として受容」型に該当していたといえるが，その後は次に述べる「関係の回避」型に近い状態に変化したケース，③当初から心理的な距離が大きいまま現在に至っており，関係の発達がみられなかったケース，④当初から継親が継子の「親」と自認して権力的な位置に立ち，理不尽な虐待的行動を取ったと語られたケース，⑤継親（継父）を親とみなしていないが，むしろそれゆえに，愛着を感じる関係が発達した点で共通しているケースである（野沢・菊地 2014：75-80）。

でみたように，自発的選択によって里親になったという自覚は，異動により偶然児童相談所に勤めることになった児童福祉司と比して，養育者としての適格性を示す1つの根拠とされていた。また第7章でもみたように，里親が自分たちの代で子どもの将来も含めた養育責任をもとうとする理由の1つは，実子や里子同士にその養育責任を引き継げないという思いがあるためである。Uさんは「私が生きてる間はね，いいんですよ。娘（実子）にまで（元里子のケアが）いっちゃうとね，どうなるかわからない」と述べる。こうした養育責任を自分たち世代でまっとうしたい思いは，障害のある子どもとそのきょうだい児に対する親の思い（中根2006ほか）と相通ずるものがあるのかもしれない。

　第2に，里子は，虐待や不適切な家庭環境という，何らかの社会的養護下におかれねばならなかった負の理由を伴う場合が多い点が挙げられる。「大人の事情に巻き込まれちゃった子ども」（Gさん）と評されるような「事情」とは，子どもに責任はないにもかかわらず，子どもの心に傷を残すものと考えられている。そのため，里親は子どもの実親家庭の負の影響にも向き合い，それを癒すような試みをしてゆくことが必要になる。子どもが親の都合や過去の生育環境における負の要因の影響を受ける点は，里子と継子は類似している。しかし，その実態は継子に比して里子はより深刻である場合が多くみられる。ゆえに，里親家庭は子育てについて「適切な」家庭であることがつねに求められ，ときとして「時間的限定性」「関係的限定性」という制度的制約を超えたケアを要請されたり，里親自身も志向するようになると考えられる。

　そして第3に，ほかの非血縁親子関係と比して，里親子関係の場合，「家族」「親子」のアナロジーの不可避性が大きいことが考えられる。里親制度の理念，日常生活ともに，「家族」「親子」は価値ある参照点として位置づけられており，当事者たちはこれに引き寄せられる。情緒的な関係性や「家族」の語法を取り外してしまうと，血縁にも戸籍のような法的関係にもよらない里親子関係を支える資源は，措置委託という行政行為のみになってしまうだろう。情緒的な関係性がまったく築かれず，子どもと里親家庭がなじまないような場合，措置委託の継続自体が危ぶまれる可能性がある。この点，養子は血縁の欠如という一点においてのみ，「ふつう」の親子と異なり，継子は継親とは血縁がないが一方の親とは血縁・法的関係がある。このように考えてみると，情緒的な関係性

の構築を欠いた場合，里親子関係を意味づけるほかの有効な契機を見出すことが難しいと考えられる。

　野辺（2012b：64-5）は，里親家族の要件として「子どもをケアすること」「家庭的であること」に着目し，前者については「子どものケアのための制度であることから，家族成員間で様々な葛藤が発生した際にはその対処よりも里子のケアの方が優先度が高いことが予想される」とし，後者については Visher, E. B. & Visher, J. S.（1991＝2001）をひきつつ以下のように述べる。

> （たとえばステップファミリーの事例では）「一緒に暮らせば，愛情を注げば，家族になれる」という「神話」が過剰になると家族関係の再構築過程において逆効果であることがわかっている。しかし，里親養育においては，里子と同居して愛情を注ぐのが里親の役割であるため，この「神話」を相対化するのはなかなか難しいのではないか（野辺 2012b：65）。

　上記の野辺（2012b）の指摘は，本研究の立場から考察すると，ステップファミリーには公的な児童福祉の磁場がはたらく「福祉的文脈」はなく，「家族的文脈」のみからの要請である「神話」を相対化することは可能であるが，里親は「福祉的文脈」から家族的な規範的期待が課されるとともに，それが擬制的な「家族的文脈」と響き合うことにより，これを相対化することは困難であるといえる。

　これとかかわって，里親へのインタビューによって得られた本研究の知見からは，子どもが自分の責任の及ばない事情によって要保護の状況におかれたという経緯を振り返ったり，子どもは家庭で育つのが良いという考えに依拠している様子がうかがえた。「子ども」のケアとして「家庭的」であることはもっとも重要な要件だとみなされ，しかも不適切な養育環境下におかれてきた子どもへの公的なケアということで，里親養育では「福祉的文脈」においても「家族的文脈」においても家族的な規範的期待がいっそう強い効力をもつ。つまり，里親は家族的な規範的期待が一般的な子育てよりも強力に作動する場におかれることが確認されるのである。

　第4に，里親たちが，子どもや様々な関係者との相互作用の中で，家族的役

割によって自身を意味づけ,「わりきれない」状況に傾いていく点を指摘したい。分析章で明らかにしたように,家族的役割と福祉的役割は場面に応じ使い分けられる。それぞれのフェーズによって,家族的役割がどのような意味をもって使用されているのかも異なっていた。たとえば,里親が施設関係者等と比較して自己を意味づける場合には,「家庭性」は里親であることの適格性や自負を主張する根拠になっていた（第5章）。実親と比した自己の意味づけに際しては,とくに実親家庭への復帰可能性が高い場合は実親を否定せずに認めつつ,里親も「親子」の関係を子どもとの間に築こうとする試みが確認できた（第6章）。子どもとの間では,生育歴や問題行動等の理解のために福祉的な役割をはたすことは求められるものの,日常的な養育の中では,年齢相応の子ども像や血縁のある親子,家族イメージを資源として里親子を説明する傾向があった（第4章）。措置委託解除後の自立を見越した長期的視点にたてば,「家族してきた」（Tさん）という意味づけは,本気で子どもとかかわってきた証として,子どもの養育結果はどうあれ,里親という生き方を選んだことを肯定させる資源となっていた（第7章）。子どもや里親養育の関係者等との相互作用の中で,「家庭」「親」「家族」の語は場面によって異なる意味が付与されつつ用いられ,「わりきれなさ」へとつながってゆくと考えられる。

（3）-③無限定なケアを求める社会状況

本研究では,里親の経験する家族的文脈と福祉的文脈との交錯したところで生じる葛藤とそれへの対処を記述する作業に取り組んできた。さらに,かれらを取り巻く家族とケアにまつわる諸規範の様相とその参照方法にも留意して考察を行うことも目的とした。この作業を通じて,どのような子育てをめぐる家族規範の様相がみえてきたのだろうか。前述したようなケア関係に生じる「わりきれなさ」,すなわち「無限定性」を手がかりに考察してみよう。

里親の里子に対する思いにみられる「無限定性」は,「実子であれば～するのがあたりまえ」「一般家庭であれば～するものだ」という論理を彼らが強く内面化していることに由来すると考えられる。こうした論理は,実親子関係においても,ほかの家庭との対比や子育てをめぐる一般的規範を参照することで効力を発揮する。ただし,たとえば,子どもが高校を卒業した後に,あえて離

家させアルバイトにより生活させることも「わが家の方針」「家計の状況として仕方がない」などという態度を親がとることも可能である。しかし，本調査の多くの里親たちは，里子を高校卒業と同時に家を出させ完全に自立させることを，現代社会では困難なものとみなしていた。18歳を過ぎた元里子との同居を継続し，経済的，心理的ケアを続ける里親もいる。たしかに現在の日本社会では，教育環境，就労環境のいずれをとっても，18歳で完全に自立を達成することは困難だといえる。実子に自立を求める親も，物理的な距離は親子関係を否定するものではないという確信と，自立生活に失敗したらいつでも迎え入れることができるという心づもりがあるからこそ，そのような方針を子どもに提示できるのだと思われる。「一般家庭であれば〜するものだ」という論理は，擬制的な「家族的文脈」のもとにある，実子でない子どもに対してより規範的な拘束力をもちやすいといえる。

第2節　本研究の意義と今後の展望

第1節にて述べてきたように，本研究の主要な知見及び意義として，次の点が挙げられよう。まず，日本の里親研究の流れ——里親家族を児童福祉法にもとづく社会的養護の担い手としてみる研究群，家族の多様化論の流れに位置づく研究群——のいずれとも異なる，新たな視角から研究を展開する可能性をひらいたことである。里親たちが「家族的文脈」「福祉的文脈」が交錯する場に位置づけられることで経験する葛藤を，「時間的限定性」「関係的限定性」という観点から丁寧に描いたといえる。次に，子どもが18歳を迎えることに伴う満期措置解除は，2つの文脈の交錯と2種の限定性から生じる葛藤から，里親たちを解放するものとはかならずしもいえないことを明らかにした。最後に，里親たちが語る里子との関係には，家族的な言説が多用されていることを確認した。本研究には課題もあるものの，以上のような意義を関連・隣接領域の文脈

---

(7) たとえば，本研究の調査協力者がある種の偏りをもっていたことをふまえ，今後はより多様な立場・考えの里親たちに調査協力者の範囲を拡大していく必要があろう。とりわけ，「わりきる—わりきれない」という語りに象徴される「限定性—無限定性」の軸でいえば，ケアの無限定性に価値をおき引き寄せられる傾向にある↗

終　章　里親たちの葛藤に通底する困難とその生起メカニズム

に位置づけ，今後の展望について述べていく。

　まず，家族社会学への示唆を挙げたい。第2章では，本研究の立ち位置として，里親家庭を家族の多様化論の流れに位置づけることはしないでおくということを述べた。多様化論の流れにおくことは，非標準家族の家族的関係を射程に含め，標準家族と同様の価値や権利を付与することを前提として里親家族について再考するというスタンスにつながる。しかし，本研究の立場からみた里親養育は，家族的な規範的期待が適切なものとして用いられる場面とそうでない場面があった。それゆえ本研究では，かれらが家族にまつわる語を用いて経験や関係性を語る文脈や，その理由を明らかにしようとしてきたのである。

　和泉（2003）は，家族のオルタナティブとして里親の日常を仔細に記述することで，家族として自明視されているものは何であるのかを逆照射し，家族社会学における里親研究に先鞭をつけた。本研究は，和泉の成果におおいに負う

↘里親たちが多くを占める結果となり，このことが調査結果に影響していると考えられる。また，世代による考え方の違いにもさらに留意したほうが良いだろう。

　加えて，基本概念，分析枠組みのさらなる精査も望まれる。本章第1節でも述べたが，「家族的文脈」「福祉的文脈」，「時間的限定性」「関係的限定性」という枠組みを用いたことで得られた知見がある反面，これらの枠組みを超えた議論も今後必要であると確認された。たとえば，福祉的文脈内にボランティア性と職業性といった矛盾があると考えることもできる。ほかにも，「家族的文脈」「福祉的文脈」とは別のフェーズで，発達保障など子どもの権利擁護の営みととれる実践や，そもそもかかわりをもった相手に情がわくこと，相手が気になることにより生じる葛藤などがそうである。文脈概念の有効性をふまえつつ，その精査を重ねていくことは大切である。

　そのほか，語りの分析結果からは，分析概念として使用した「時間的限定性」「関係的限定性」をめぐる葛藤とは異なる位相の葛藤もあった。たとえば，第5章の里親手当等を受け取ることをどう捉えるかということは，「仕事」として里親であることを捉えるという分析において，その「仕事」の意味づけ方（施設職員は子どもの人生を見通したかかわりはできないとみなしてこれと差異化する，社会の分業として里親養育を捉えるなど）とかかわっていた。しかし，それは「関係的限定性」の中に位置づけるより，家族によるケアは無償であるという規範と金銭を受け取るという里親制度の枠組みとの葛藤であると素朴に設定して考察することも可能である。そうすることで，ケア労働一般に関する議論との接続などに展開することも可能となるし，感受概念として限定性－無限定性概念がほかのケアの領域においても応用され精査される可能性をもつだろう。

279

所をもちつつも，前提としての家族，オルタナティブという見方からは距離を
おいた。すなわち，里親たちが家族的文脈と福祉的文脈の交錯したところにお
かれることで経験する様々な葛藤に対処し，家族にまつわる言説資源を用いて
自身の立ち位置を意味づける過程を描くことを通して，なぜかれらがそうした
語法を用いるのか，その意味することを考察してきた。本研究では，家族研究
としての里親研究について，和泉（2003：2006）とは異なる視座の有効性を提
示することができたと考える。里親は子どもを加えた関係構築と家族内の秩序
のために「家族をする」という側面もみられる反面，あるべき「家族」像や福
祉制度の担い手としての期待にとらわれたり，これを戦略的に利用したりしな
がら里親をしていた。

　このような知見は，家族に関する構築主義的研究にも一定の寄与をなしうる。
子育て支援者への質的調査によって，子育ての社会化と育児責任の家族への帰
属の間のジレンマを明らかにした松木（2013）によれば，「子どものケアとい
う実践を『家族』成員以外の者が担う場合においても，その当の実践は『家
族』が子どものケアを担うという論理によって支えられている。実践とその担
い手は変化していても，それを支えている規範的論理は持続している」（松木
2013：221）という。本研究においても，子どもの養育にあたって，実親に望ま
れて生まれたというストーリー，本来は実親に育てられるのが良い，子どもに
はできる限りのことをしてやりたい，情緒的絆の重要性といった言説が見出さ
れたほか，制度の運用場面で里母が養育に専念することを暗に求めるしくみが
あることが確認された。里親養育は，ともすれば血縁の絆の欠如を愛情によっ
て乗り越えた新しい家族のようにまなざされるが，里親たちが自分たちを意味
づけるために用いる論理は，むしろ典型的な近代家族的規範により支えられた
ものであった。

　里親養育を1つの「家族」実践とみなした場合，それは形態の多様化の一例
とはなっても，その「家族」を支える論理や言説資源は多様化しているとはい
いがたく，むしろ旧態依然としたところもある。それゆえ本研究では，現代日
本における家族にかかわる言説の布置連関の一端を描くことができたと考える。
もう一歩踏み込んでいえば，継親子や養親子などのほかのオルタナティブに比
して，里親子は「家族」「親子」の一般的語義から遠い存在であるという認識

が里親たちにもどこかにあるからこそ，いっそう「家族らしい家族」を志向するようになるのではないかとも推察される。

　「家族」の言説は里親のみならず，乳児院や児童養護施設などの専門職による養育においてもしばしば用いられる。つまり，施設養護などで行われる"家族的な""家庭的な"実践がどのような意味づけの論理に支えられているのかも含め，社会的養護の形態間の比較を行うことも有用な視点であると考える。

　次に，社会福祉学と臨床分野への示唆についてである。里親養育に関する研究蓄積のもっとも厚い社会福祉学の分野では，登録里親数を増やし里親委託率を上げる，委託後の支援を強化する，そのためのしくみを作る等，家庭養護を促進するための様々な方策に関する研究が積み重ねられてきた。諸外国と比して家庭養護の進まぬ日本では，そうした「促進」のためのアプローチが主とならざるをえず，今後もその蓄積が求められる。里親の語りを通じ，かれらが日常的に行っている里親であることの解釈過程を明らかにするという本研究は，それ自体が臨床的な課題解決に対し寄与するものではないが，若干ながら里親制度へのあり方への実践的な示唆を述べていきたい。

　たとえば，里親が関係諸機関と連携をとりつつ養育を行っていることや，施設職員など福祉専門職と自分を対比する際に，その人生経験や子育て経験，第一義的な養育者としての自負，家庭の施設に対する優位性などに依拠して解釈する過程があることなどは，関係者の間でかならずしも既知のものとはいえないであろう。伊藤嘉余子ら（2014）は，児童養護施設・乳児院職員へのインタビュー調査から，施設と里親とのパートナーシップ構築に向けての課題を考察した。その結果，施設職員らの里親に対する語りからは，「（里親の）年下の施設職員への態度が酷い」「里子への関わり方について施設職員がアドバイスをしようとしたら拒否された」などの経験が語られたという（伊藤ら　2014：33）。伊藤ら（2014）は，施設と里親とが情報や意見を共有できる定期的な機会の提供などを提案するが，里親の意味づけの論理，施設職員らの意味づけの論理など，互いの解釈についてコミュニケーションを通して理解してゆくことは，協働という課題を達成するための手がかりとなるかもしれない。

　また，里親制度の啓発や理解にかかわって，里親家庭をごくあたりまえの家

族として啓発したり，周囲からまなざしていくことが，時としてかれらに困難さを生む可能性を指摘したい。本研究の調査協力者たちの語りからは，里親養育の語りつくせぬ苦労がある一方，子どもからもらうエネルギーとが垣間見えた。その内実を，本研究ではかれらが「親」「家族」をどのように参照して養育にあたり，長期にわたる子どもとのかかわりを紡ぐか，という視点から明らかにしてきた。子どもの権利として，実親家庭にかわる家庭的な養育環境が用意されることは重要であり，子どもが里親を親として慕い「家族」そのもののような関係となったケースもたくさんあるだろう。「ふつうの家族」として外部から里親家庭をみなすことは，「親」や「家族」を志向する文脈においては，里親や子どもがそれを望む場合には当事者らに良い効果をもたらす。一方で，里親家庭外部の与件とする「理想」の家族像が里親にとって圧力となる場合もあることや，里親の抱える家族的文脈と福祉的文脈をめぐる葛藤が不可視化されてしまうことには，注意が必要だと思われる。

　そして，今後は里親養育の意義や効果を長期的にフォローする視点の導入が必要であるだろう。里親制度は児童福祉法の規定に依ることから，里子が18歳になると措置委託終了となり，行政の研修や支援，里親手当等も打ち切られる。しかし，長期にわたり生活をともにし，関係を築いてきた里親たちには，措置委託解除を「区切り」とみる見方と，親子関係の「通過点」とみる見方の両義性があることが第7章で確認された。これに関連して，白井（2013a）は，里親の人生において，措置・委託という公共性と，（扶養や権利義務を伴う）親子という私事性が，長い時間幅で共存することを，里親制度の本質的な両義性として述べている。このため今後の研究では，里親と里子（成人した者）双方のライフコースにおいて，里親養育がどのように影響し理解されていくのかに注目していきたい。日本の里親研究では，措置委託解除後の里親・里子に焦点を当てた研究は少ないため，長期的な時間軸を意識しつつ，里親子関係を追跡的に追う研究を進めていく必要がある。里親の人生において，こうした困難を含んだ里親経験がどのような意味をもって位置づけられるのか，これを明らかにするにはインタビューによる聞き取り調査，とくに，ライフストーリーを丁寧に聞き取る方法が有効であろう。子どもを育てあげたベテラン里親（里父，里母）を対象に，里親経験を自身のライフコースの中にどのように位置づけて理解し

　　　　　　　　　　　　　　終　章　里親たちの葛藤に通底する困難とその生起メカニズム

ているのか，今後どのような制度としていくことが里親として生きやすい社会を作るのかを検討していきたい。

　なお本研究では一貫して里親の立場から養育のリアリティをつかもうとしてきたが，子ども側の視点を組み入れることも今後重要なものとなると考える。近年，里親体験発表会や里親大会などの場で里子の立場として発言されることもあるものの，里親を前にした里子体験の発表は，里親に対する配慮が付きまとう面は否めないだろう。里子を対象としたルポルタージュのほか，社会的養護の当事者団体の活動も活発化しつつあるが，研究としての蓄積はまだ浅い。里子の里親への認識には「家族」「世話する大人」「中間的」の3タイプがあり，それに里子の委託年齢と生育歴の影響，つまり里親委託になるまでの家族イメージ等が影響しているという（御園生 2007）。長期的な視座からみたとき，御園生（2007）が明らかにしたような里子の認識はどう変化し，成人里子はかれらの元里親をどのように捉え，また自身の里子経験をいかに意味づけていくのか。たとえば，長じた里子が結婚や出産を経て里子として生きてきた経験を振り返るやり方や，里親が介護を要する際などにどのようにこれに対処していくのかなど，里子にとっていかに経験されるのかを明らかにしていくことも必要である。

　このように，本研究は里親への直接的な支援策の検討を第一目的としたものではなかったものの，里親や子どもたち，里親制度のあり方について若干の示唆を与えることができたといえよう。

　最後に，ケアの社会学とのつながりにおいて本研究の知見を位置づけてみる。近年興隆しつつあるケアの社会学では，高齢者や障がいをもつ人，子どもなど対象を横断しつつ，丁寧な質的調査によってケア関係を明らかにしようとする研究が重ねられている（三井 2004；春日 2001；土屋 2002；大岡 2004 など）。本研究は長期養育里親の語りを題材としてきたが，ケアの中でも子育てをめぐる家族と福祉の関係性について，どのような貢献ができるか考えてみたい。

　まず第1点目には，「家族」と「無限定なケア」との関係についてである。児童福祉制度に依る里親養育において，家族であることと無限定なケアとを結び付け，子どものためならば"限界まで家族が頑張る"ことが一種の規範的期

待のようになっているのではないかと考えられる。土屋（2002）は，障害者とその母親への聞き取りから，障害をもつ当事者が「介助／扶養する家族」「限界までがんばる家族」というリアリティ定義を，母親側は「訓練を施す母親」「介助する母親」というリアリティ定義を有しており，さらに規範を強化する装置として専門家の言説などがあることを明らかにした（土屋 2002：212-5）。ひるがえって本研究では，里親が「無限定性」にひきこまれたり，制度であると「わりきる」ことに抵抗を感じるようなメカニズムの中におかれていることを，前節第3項にて述べた通り確認してきた。

　しかし第7章でみたように，措置委託解除後も子どもとの継続的な関係を望み，「家族」としての時間の積み重ねがあるからといって，年齢を重ねた元里親たちはいつまでも「無限定なケア」を続けることは経済的，体力的，気力的に困難であると気づいてゆく。自立に関するいくつかの目安を設定し，子どもと意向の調整を行って，適度な距離感を保った関係を模索するようになっていた。櫻井奈津子（2012）も，アフターケアを里親等に期待することへの危惧を述べつつ，以下のように記している。

　児童の自立に向けた有効な支援策が乏しいなかで，里親等の家庭を「帰ることができる家」として位置づけられてしまうことは，社会的施策の貧困さのツケを里親等に押しつけることになりはしないだろうか（櫻井 2012：29）。

　むろん，櫻井（2012）は子どもにとって心の拠り所としての里親家庭の存在を否定しているのではなく，子どものケアをいつまでも里親家庭が抱え込まざるをえない社会状況を危惧しているのである。要保護児童のみならず，障がいのある子ども，さらにはすべての子どもにおいても，家族が限界まで頑張り続けねばならないという社会的前提自体を変えていかねばならないだろう。

　また近年，ケアの社会化や脱家族化，脱私事化といったタームはきわめて重要な問題として扱われるようになっている。ケアの脱家族化や私事化をどう捉えるかという議論を背景に，社会的養護に限らず保育や，病者，高齢者，障害者などのケアを担う家族と福祉，社会の関係性について再考が迫られている。里親養育の意味づけからは，家族的文脈と福祉的文脈が交錯するという立場が

終　章　里親たちの葛藤に通底する困難とその生起メカニズム

顕著にあらわれることから，家族だけでも福祉だけでもない別の関係性として，今後その価値が見出される可能性がある。こうした動向から，第2点目と第3点目の展開を考えてみる。

第2点目には，そもそもケア関係を担うことになぜ家族であるかどうかが問われるのか，もう少し問うていくことも必要だろうということだ。社会学者の庄司洋子は，家族ケアの特徴について，お互いを家族と思いあい，「かけがえのなさ」や自助原則，無償・無限に行われ，その背後には権力構造があるといった点を挙げて整理し，脱家族化されたケアはこの裏返しとして「かけがえのなさ」を問わないことなどを指摘している（庄司 2013：12-3）。こう考えると，家族でないもののケアは家族ケアより劣るものにしかなりえなくなってしまう。そこにどのような背景があるのかひも解くことは，ケアの社会学においても1つの論点となりうるのではないだろうか。

第3点目に，ケアの公私論への展開である。ケアすることの内実をどのように捉えるのかによって，先述のケアの社会化等の行く末もまた異なると考えられる。ここで Tronto, J. C.（1993：105-8）を紹介すると，caring のフェーズとして，caring about, taking care of, care-giving, care-receiving を示している[8]。さらに家族社会学者の宮坂靖子（2014：598-9）は，中国都市中間層の専業母規範と日本の専業母規範の差異を，上述の Tronto（1993）のうち1ケア・ニーズの認知，2ケア・ニーズ充足の方策決定，3ケア・ニーズの直接的充足という3つのフェーズを引用して分析している。その結果，「日本型『専業母』規範では，専業母である女性に1～3までのフェーズを基本的に単独で遂行することを期待するのに対して，中国では，ケアのニーズを認識し，それをいかに充足するかについての方策を立て，その遂行をアレンジメントする者（1，2）と，実際に身体的なケアを担当するもの（3）を分割するという戦略」が施されているといい，こうした差異は，市場化の許容度によって生み出されて

---

[8] caring about（ケアニーズの存在を認識する最初の場であり，それが満たされるようにアセスメントをすること），taking care of（次のステップであり，責任をもってニーズを同定しどうこれに応えるか決定すること），care-giving（ケアニーズの直接的な充足を行うこと），care-receiving（ケアを受ける対象が受けたケアに返す反応に応えること）。

いるのではないかという。⁽⁹⁾このように，ケアとは何で，どのように分担されてゆくべきであるかという議論に対しても，里親養育は家族的文脈と福祉的文脈にまたがる素材ゆえに興味深い示唆を提供しうるものであると考える。なぜなら，本研究が里親経験を捉える前提として「家族的文脈」「福祉的文脈」の交錯という視座をおいてきたように，また白井（2013）が「里親制度の本質的な両義性」として「委託児の養育という公共性と，親子であるという私事性は，共時的にも通時的にも交差する」（2013：38）を指摘したように，里親制度にははじめから公私の交錯が埋め込まれているからである。

　もとより，日本の社会福祉制度一般には，家族の価値が流れ込んで通底している傾向があると思われる。家族のような介護，家庭的な雰囲気の施設といった表現は，たとえ家族によるものでないとしても多用されており，そうした表現は私たちにとっても馴染みがある。しかし，結局家族によるケアが最良のものであるとする限り，「家族のような」「家庭的な」ケアは二次的なものになってしまう。里親養育等を振り返れば，養子であれ里子であれ，そのような境遇におかれたことをかわいそうなものとみなされてしまうかもしれない。この点について，小谷眞男（2007）は，イタリアの里親委託の動向を紹介する中で，興味深い示唆を残している。なぜ日本で里親委託が増えないのかについて，「里親委託は行政や立法だけの問題ではない。むしろ市民社会の自発性，能動性こそが里親委託を支える」（小谷 2007：206）としている。社会で子育て，といった言葉自体はよく耳にするとはいえ，少子化対応を背景として語られるような意味合いが強い。そうではなく，ケアの公私をつなぐような市民社会の醸成をもって，社会の子どもという観念が根付いていくことが望まれるのではないだろうか。小谷（2007）の指摘は今後，ケアの公私分担を検討していくにあたって導きの糸となるのではないだろうか。

　本書は現在の里親研究の一側面をまとめたささやかな一歩であるが，里親養育研究，家族やケアに関する実証的・政策的研究を展開していくための一歩として位置づけ，今後の研究へと展開していきたい。

---

(9) 本研究では市場化などは扱ってこなかったが，今後ケアの市場化に対する認識など現代的な観点を含めることも射程にいれていくことは考えられる。

参考文献

上利久芳, 2002,「児童養護施設と家庭代替・家庭復帰」『世界の児童と母性』53:30-3。
愛沢隆一, 2011,「思春期の荒れとそれに直面する里親家庭を支える」『里親と子ども』6:34-9。
網野武博・柏女霊峰・宮本和武・庄司順一・菊地緑・尾木まり, 1998,「里親制度及びその運用に関する研究」『日本子ども家庭総合研究所紀要』35:181-208。
網野智, 1948,「里親制度の運営について——里親制度の運営について2」『社会事業』31:30-6。
安藤藍, 2010,「里親経験の意味づけ——子どもの問題行動・子育ての悩みへの対処を通して」『家族研究年報』35:43-60。
―――, 2011,「実親との関わりにおける里親の認識と対応」『家族関係学』30:139-52。
―――, 2012,「里父の役割認識プロセス」『日立家庭教育研究紀要』34:29-40。
―――, 2016,「措置委託解除後の元里親子関係——関係再編・調整過程に着目して」『生活社会科学研究』23:17-30。
―――, 2017,「里親制度の規定する「家族」・「家庭」像の変遷」『季刊 家計経済研究』114(掲載決定)。
Barth, R. P., Landsverk, J., Chamberlain, P., Reid, J. B., Rolls, J. A., Hurlburt, M. S., Farmer, E. M. Z., James, S., McCabe, K. M. and Kohl, P. L., 2005, "Parent-Training Programs in Child Welfare Services: Planning for a More Evidence-Based Approach to Serving Biological Parents," *Research on Social Work Practice*, 15: 353-71.
Betts, B. and Mallon, G. P., 2004, *Recruiting, assessing & supporting lesbian and gay carers and adopters*, British Association for Adoption and Fostering.
Biehal, N., Clayden, J., Stein, M. and Wade, J., 1995, *Moving on: Young People and Leaving Care Schemes*, London: Her Majesty's Stationery Office.
Blumer, H., 1969, *Symbolic Interactionism: Perspective and Method*, Prentice-Hall. (=後藤将之訳, 1991,『シンボリック相互作用論』勁草書房)。
Blythe, S. L., Halcomb, E. J., Wilkes, L. and Jackson, D., 2012a, "Perceptions of Long-Term- Female Foster-Carers: I'm Not a Carer, I'm a Mother," *British Journal of Social Work*, 43: 1056-72.

Blythe, S. L., Jackson, D., Halcomb, E. J. and Wilkes, L., 2012b, "The Stigma of Being a Long Term Foster Carer," *Journal of Family Nuesing*, 18(2): 234-60.

Boss, P., 1999, Ambiguous Loss: *Learning to Live with Unresolved Grief*, Harvard University Press. (＝南山浩二訳, 2005, 『「さよなら」のない別れ 別れのない「さよなら」――あいまいな喪失』学文社).

Bowlby, J., 1969, *Attachment: Attachment and Loss: I*, New York: Basic Books. (＝黒田実郎・吉田恒子・横浜恵三子訳, 1976, 『母子関係の理論Ⅰ――愛着行動』岩崎学術出版社).

――――, 1973, *Separetion: Anxiety & Anger. Attachment and Loss: II*, New York: Basic Books. (＝黒田実郎・吉田恒子・横浜恵三子訳, 1977, 『母子関係の理論Ⅱ――分離不安』岩崎学術出版社).

――――, 1980, *Loss: Sadness and Depression: Attachment and Loss: III*, New York: Basic Books. (＝黒田実郎・吉田恒子・横浜恵三子訳, 1981, 『母子関係の理論Ⅲ――対象喪失』岩崎学術出版社).

Buehler, C., Orme, J. G., Post, J. and Patterson, D. A., 2000, "The Long-term Correlates of Family FosterCcare," *Children and Youth Services Review*, 22: 595-625.

Cautley, P., 1980, *New Foster Parents: The First Experience*, New York: Human Sciences Press.

Cheal, D. J., 1991, *Family and the State of Theory*, University of Toronto Press.

Clifford, J. and Marcus, G. E. (eds.), 1986, Writing Culture: The Poetics and Politics of Ethnography, Berkeley, CA: University of California Press. (＝春日直樹他訳, 1996, 『文化を書く』紀伊國屋書店).

Cole, S. A. and Eamon, M. K., 2007, "Predictors of depressive symptoms among foster caregivers," *Child Abuse and Neglect*, 31(3): 295-310.

Collins, W. A., Maccoby, E. E., Steinberg, L., Hetherington, E. M. and Bornstein, M. H., 2000, "Contemporary research on parenting," *American Psychologist*, 55: 1-15.

Connell, C. M., Vanderploeg, J. J., Katz, K. H., Caron, C., Saunders, L. and Tebes, J. K., 2009, "Maltreatment following reunification: Predictors of subsequent Child Protective Services contact after children return home," Child Abuse & Neglect, 33(4): 218-28.

Courtney, M. E., Piliavan, I., Grogan-Kayor, A. and Nesmith, A., 2001, "Foster Youth Transitions to Adulthood: a Longitudinal View of Youth Leaving Care," *Child Welfare*, 80(6): 685-717.

Cummings, E. M., Davies, P. T. and Simpson, K. S., 1994, "Marital Conflict, gender, and children's appraisals and coping efficacy as mediators of child adjustment," *Journal of Family Psychology*, 8: 141-9.

土井高徳,2008,『神様からの贈り物 里親土井ホームの子どもたち——希望と回復の物語』福村出版.

Dorsey, S., Farmer, E. M. Z., Barth, R. P., Greene, K., Reid, J., Landsverk, J., 2008, "Current Status and Evidence Base of Training for Foster and Treatment Foster Parents," *Children and Youth Services Review*, 30(12): 1403-16.

Dubowitz, H., Feigelman, S., Harrington, D., Starr, R. Jr., Zuravin, S. and Sawyer, R., 1994, "Children in kinship care: How do they fare?," *Children and Youth Services Review*, 16: 85-106.

Fein, E., 1984, "Children leaving foster care: Outcomes of permanency planning," *Child Abuse & Neglect*, 8(4): 425-31.

Flick, U., 2007, *Qualitative Sozialforschung*.(=小田博志・山本則子・春日常・宮地尚子訳,2011,『新版 質的研究入門——〈人間の科学〉のための方法論』春秋社).

Friedman, R. F. and Chase-Landale, P. L., 2002, "Chronic Adverties," Rutter, M. and Taylor, E. eds., *Child and Adolescent Psychiatry 4th Ed.*, Wiley Blackwell.(=「子どもに不利益をもたらす慢性的に持続する逆境要因」長尾圭造・宮本信也監訳,日本小児精神医学研究会訳,2007,『児童青年精神医学』明石書店,15: 303-21).

深谷昌志・深谷和子・青葉紘宇,2013,『社会的養護における里親問題への実証的研究——養育里親全国アンケート調査をもとに』福村出版.

藤村正之,2005,「分野別研究動向(福祉)」『社会学評論』52(2): 518-34.

藤岡孝志,2006,「愛着障害と修復的愛着療法」『乳幼児医学・心理学研究』15(1): 23-40.

藤崎宏子,1998,『高齢者・家族・社会的ネットワーク』培風館.

————,2014,「ケア政策が前提とする家族モデル——1970年代以降の子育て・高齢者介護」『社会学評論』64(4): 604-24.

Gilligan, R., 2000, "Men as foster carers A neglected resources?," *Adoption & Fostering*, 24(2): 63-9.

Gubrium, J. F. and Holstein, J. A., 1990, *What is FAMILY?*, Mayfield Publishing Company.(=中河伸俊・湯川純幸・鮎川潤訳,1997,『家族とは何か——その言説と現実』新曜社).

Harden, B. J., Meisch, A. D., Vick, J. E. and Johnson, L. P., 2008, "Measuring parenting among foster families: The development of the Foster Parent Attitudes Questionnaire (FPAQ)," *Children and Youth Services Review*, 30: 879-92.

東野充成,　2008,『子ども観の社会学』大学教育出版.
広瀬貴一,　1993,「レスパイトサービスについての基礎的研究の概要」『月刊福祉』76(4)：74-9.
Holstein, J. A. and Gubrium, J. F., 1995, *The Active Interview*, SAGE.（＝山田富秋・兼子一・倉石一郎・矢原隆行訳,　2004,『アクティブ・インタビュー――相互行為としての社会調査』せりか書房）.
堀場純矢,　2010,「子どもの貧困と児童養護施設」『家族関係学』29：27-36.
市野川容孝,　2000,「ケアの社会化をめぐって」『現代思想』28(4),　114-25.
―――,　2008,「介護するとはどういうことか――脱・家族化と有償化の中で」上野千鶴子・大熊由紀子・大沢真理編『ケアその思想と実践1　ケアという思想』岩波書店,　135-50.
井口高志,　2002,「家族介護における『無限定性』――介護者 - 要介護者の個別的な関係性に注目して」『ソシオロゴス』26：87-104.
―――,　2010,「支援・ケアの社会学と家族研究――ケアの『社会化』をめぐる研究を中心に」『家族社会学研究』22(2)：165-176.
飯島富美・知野淑子・松本武子・松本園子・米倉明・菊池緑,　1989,「元児童福祉司飯嶋富美先生と知野淑子先生を囲む座談会」『新しい家族』15：29-53.
Inch, I., 1999, "Aspects of foster fathering," *Child & Adolescent social Work Journal*, 16(5)：393-412.
井上清美,　2013,『現代日本の母親規範と自己アイデンティティ』風間書房.
伊藤嘉余子・髙田誠・森戸和弥,　2014,「児童福祉施設と里親とのパートナーシップ構築に向けての課題――児童養護施設・乳児院職員のインタビュー調査結果からの考察」『社会問題研究』63(143)：27-38.
岩本真佐子,　2007,「社会的養護の今後のあり方に関する研究――『里親研修』を中心に」『関西福祉大学研究紀要』10：29-34.
岩崎美枝子,　2004,「第2報告：児童相談所に対するアンケート調査の結果について［含 質問と意見交換］（被虐待児受託里親の支援に関する調査研究）」『新しい家族』45：52-67.
岩田若子,　1988,「『役割』概念の再検討――E. Goffmanにおける"役割距離"の含意」『慶応義塾大学大学院社会学研究科紀要』28：11-21.
和泉広恵,　2003,「家族の語り――里親養育からみる現代の親子・家族関係」千葉大学社会学研究科平成15年度博士論文.
―――,　2006,『里親とは何か――家族する時代の社会学』勁草書房.
―――,　2011,「社会的養護当事者団体の可能性」『里親と子ども』6：88-93.

――――,2013,「分断される養育者たち」『福祉社会学研究』10：171-92。
金井剛,2012,「愛着理論を知る――歴史,基礎知識,里親養育との関連での功罪」『里親と子ども』7：52-7。
貴田美鈴,2009,「里親に関する研究の展望と課題――1998年〜2008年までの国内文献から」『人間文化研究』12：85-100。
――――,2011,「児童福祉法成立期の里親委託の位置づけ」『岡崎女子短期大学研究紀要』44：7-16。
金川世季子,2012,「里親の語り 愛着の問題に恐怖を感じていた頃」『里親と子ども』7：71-6。
春日キスヨ,1989,『父子家庭を生きる』勁草書房。
――――,2001,『介護問題の社会学』岩波書店。
片桐雅隆,2000,『自己と「語り」の社会学――構築主義的展開』世界思想社。
貴田美鈴,2007,「里親制度における政策主体の意図――1960年代から1980年代の社会福祉の政策展開に着目して」『人間文化研究』（名古屋市立大学大学院人間文化研究科）8：83-97。
――――,2008,「2002年の里親制度の改定に影響を及ぼした社会的要因」『人間文化研究』（名古屋市立大学大学院人間文化研究科）10：77-89。
――――,2009,「里親に関する研究の展望と課題――1998年〜2008年までの国内文献から」『人間文化研究』12：85-100。
――――,2011,「児童福祉法成立期の里親委託の位置づけ」『岡崎女子短期大学研究紀要』44：7-16。
木戸功,2000,「家族社会学における『多様性』問題と構築主義」『家族社会学研究』12（1）：43-54。
――――,2010,『概念としての家族――家族社会学のニッチと構築主義』新泉社。
菊地真理,2005,「継母になるという経験――結婚への期待と現実のギャップ」『家族研究年報』30：49-63。
――――,2008,「ステップファミリーにおける継母子関係の形成とストレス――再インタビュー調査による縦断的分析から」『家庭教育研究所紀要』30：150-9。
――――,2010,『ステップファミリーにおける家族関係の形成と対処支援の研究――継母のストレス対処過程のメカニズム』奈良女子大学大学院人間文化研究科平成21年度博士学位論文。
菊池緑,2004,「被虐待児受託里親の支援に関する調査研究 第3報告――里親委託児童に関するアンケート調査結果（1）実親家族との交流について」『新しい家族』45：68-92。

木村容子，2005，「被虐待児の養育を担う専門里親の潜在的ニーズ――里親のニーズに関するアンケート調査から」『関西学院大学社会学部紀要』98：93-105。

木村容子，2007，「子どもの福祉の視点にたつ里親制度のあり方に関する検討」『京都光華女子大学研究紀要』45：329-48。

木村容子・芝野松次郎，2006，「里親の里子養育に対する支援ニーズと「専門里親潜在性」の分析に基づく専門里親の研修と支援のあり方についての検討」『社会福祉学』47(2)：16-29。

Kirton, D., Beecham, J. and Ogilvie, K., 2007, "Gaining Satisfaction? An Exploration of Foster-Carers' Attitudes to Payment," *British Journal of Social Work*, 37：1205-24.

小林良二，1982，「福祉の社会組織」仲村優一他編『社会福祉の政策』有斐閣，189-213。

小堀哲郎，2005，「養子縁組・生殖医療・ボランタリズム――里親制度をめぐるいくつかの課題」『秋草学園短期大学紀要』22：37-50。

小谷眞男，2007，「里親委託という主題――家族的養育委託（affidamento familiare）に関するイタリアの研究動向より」『家族社会学研究』21(2)：201-7。

厚生労働省雇用機会均等・児童家庭局家庭福祉課，2003，『子どもを健やかに養育するために』日本児童福祉協会。

厚生労働省雇用均等・児童家庭局家庭福祉課，2016，「社会的養護の現状について（参考資料）平成28年7月」厚生労働省 HP（http://www.mhlw.go.jp/file/06-Seisakujouhou-11900000-Koyoukintoujidoukateikyoku/0000108941.pdf 2016年8月16日アクセス）。

厚生労働省児童家庭局，2009，「児童養護施設入所児童等調査」厚生労働省 HP（http://www.mhlw.go.jp/toukei/saikin/hw/jidouyougo/19/index.html 2013年5月9日アクセス）。

厚生省児童局監修，1959，『里親ケースワーク事例集 第2集』日本児童福祉協会。

久保田裕之，2011，「家族社会学における家族機能論の再定位――〈親密圏〉・〈ケア圏〉・〈生活圏〉の構想」『大阪大学大学院人間科学研究科紀要』37：77-96。

Le Prohn, N. S., 1994, "The Role of the Kinship Foster Parent: A Comparison of the Role Conceptions of Relative and Non-Relative Foster Parents," *Children and Youth Services Review*, 16(1)-(2)：65-84.

Levy, T. M. and Orlands, M., 2000, "Attachment disorder as an antecedent to violence and antisocial patterns in children," In Levy, T. M. (ed) *Handbook of Attachment Interventions*, 1-26, New York, Academic Press.

Marsigrio, W., 2004, "When Stepfathers Claim Stepchildren: A Conceptual Analysis," *Journal of Marriage and Family*, 66：22-39.

松木洋人，2007，「子育てを支援することのジレンマとその回避技法――支援提供者の

活動における『限定性』をめぐって」『家族社会学研究』19(1)：1-29。
―――，2009，「『保育ママ』であるとはいかなることか――家庭性と専門性の間で」『年報社会学論集』22：162-73。
―――，2012，「ひろば型子育て支援における『当事者性』と『専門性』――対称性を確保するための非対称な工夫」『福祉社会学研究』9：142-62。
―――，2013，『子育て支援の社会学――社会化のジレンマと家族の変容』新泉社。
松本武子，1972，『児童福祉の実証的研究――児童相談所と里親制度』誠信書房。
―――，1980，『要養護児童のための福祉体系に関する国際比較研究』資生堂社会福祉事業財団。
―――，1991，『里親制度の実証的研究』建帛社。
松本なるみ，2006，「社会的養護における子どもの最善の利益とは――子どもの養育に必要な要因の検討を手がかりに」『鳴門教育大学研究紀要』21：102-11。
松本園子，1985，「社会的養護の方法としての里親制度の検討（１）現行里親制度の発足の事情と問題」『淑徳短期大学研究紀要』24：81-93。
―――，1986，「社会的養護の方法としての里親制度の検討（２）――戦前育児院における院外委託の状況」『淑徳短期大学研究紀要』25：35-56。
McWey, L. M., Acock, A. and Porter, B. E., 2010, "The impact of continued contact with biological parents upon the mental health of children in foster care," *Children and Youth Services Review*, 32(10): 1338-45.
Mennen, F. E. and Trickett, P. K., 2011, "Parenting Attitudes, Family Environments, Depression, and Anxiety in Caregivers of Maltreated Children," *Family Relations*, 60: 259-71.
御園生直美，2001，「里親の親意識の形成」『白百合女子大学発達臨床センター紀要』5：37-47。
―――，2005，「愛着と喪失について教えてください」庄司順一編『Q＆A 里親養育を知るための基礎知識』明石書店，148-51。
―――，2007，「里親養育における家族関係の形成――社会的養護と家庭環境」『家庭教育研究所紀要』29：84-93。
―――，2008，「里親家庭における新しい家族の形成――里親・里子の心理的展開を通して」白百合女子大学大学院発達心理学専攻平成20年度博士論文。
三井さよ，2004，『ケアの社会学――臨床現場との対話』勁草書房。
宮坂靖子，2014，「家族の情緒化と『専業母』規範」『社会学評論』64(4)：589-603。
宮島清，2007，「第２章第１節 家庭養護の歴史・現状・これから――子どものための里親委託と養子縁組のために」山縣文治・林浩康編『社会的養護の現状と近未来』明石

書店, 130-67。
三吉明, 1963, 『里親制度の研究』日本児童福祉協会。
三輪清子, 2011a, 「里親支援事業と里親支援機関事業」『新しい家族』54：43-8。
――――, 2011b, 「里親委託と施設委託の関係の長期的動態――1953～2008年の時系列データの分析から」『社会福祉学』52(2)：43-53。
――――, 2011c, 「里親ソーシャルワークの意義と内容」庄司順一・鈴木力・宮島清編, 『里親養育と里親ソーシャルワーク』福村出版, 154-67。
――――, 2016, 「なぜ里親委託は伸展しないのか？――里親登録者不足化説と里親委託児童限定化仮説」『社会福祉学』56(4)：1-13。
森和子, 2004, 「『親になる』意思決定についての一考察――実子を授からず里親になった夫婦の語りを通して」『家族関係学』23：103-15。
――――, 2007, 「虐待を受けた子どもの受け皿としての里親制度」『小児科臨床』60(4)：773-8。
――――, 2008, 「家族として生活することの意義についての一考察――里子と親子関係を築けなかった経験をもつ里母の語りから」『文京学院大学人間学部研究紀要』10(1)：49-68。
――――, 2011, 「養育の不調をどう捉えるか――研究者／支援者の立場から」『里親と子ども』6：9-16。
森望, 2000, 「里親制度と社会的養護のあり方をめぐって」『新しい家族』37：33-43。
森本美絵・野澤正子, 2006, 「里子Aの成長過程分析と社会的支援の必要性――里親家庭Cへの継続的インタビューを通して」『社会福祉学』47(1)：32-45。
村田和木, 2005, 『「家族」をつくる――養育里親という生き方』中央公論新社。
中川良延, 2005, 「里親の法的地位について――『国際比較』の示唆するもの」『養子と里親を考える会』46：77-87。
中根成寿, 2006, 『知的障害者家族の臨床社会学』明石書店。
永野良子, 2012, 「児童養護施設におけるライフストーリーワークの取り組み」『世界の児童と母性』72：20-5。
名川勝, 1994, 「家族援助サービスの新しい形態――日本における respite care service」『筑波大学リハビリテーション研究』3(1)：64-8。
Newman, K. S., 2012, *The Accordion Family: Boomerang Kids, Anxious Parents, and the Private Toll of Global Competition*, Boston: Beacon Press. (＝萩原久美子・桑島薫訳, 2013, 『親元暮らしという戦略――アコーディオン・ファミリーの時代』岩波書店)。
Newstone, S., 1999, Men who Foster. In Wheal, A. (ed.), *The RHP Companion to*

Foster Care, Dorset : Russell House Publishing.

西川公明，2009，「里親による実親への支援」『新しい家族』52：58-73。

西倉実季，2009，『顔にあざのある女性たち――問題経験語りの社会学』生活書院。

野辺陽子，2012a，「なぜ養子縁組は不妊当事者に選択されないのか？――『血縁』と『子育て』に関する意味づけを中心に」『家計経済研究』93：58-66。

――――，2012b，「家族社会学における里親研究の射程と課題」『家族研究年報』37：57-72。

野沢慎司・菊地真理，2014，「若年成人継子が語る継親子関係の多様性――ステップファミリーにおける継親の役割と継子の適応」『明治学院大学社会学部付属研究所紀要』44：69-87。

NPO 法人里親子支援のアン基金プロジェクト，2006，『アン里親研修シリーズ 9 ――実親との関わり』NPO 法人アン基金プロジェクト。

NPO 法人里親子支援のアン基金プロジェクト，2006，『アン里親研修シリーズ 4 ――措置解除後 巣立ちから始まる第 2 のつきあい』NPO 法人里親子支援のアン基金プロジェクト。

大岡頼光，2004，『なぜ老人を介護するのか――スウェーデンと日本の家と死生観』勁草書房。

Oosterman, M., Schuengel, C., Wim Slot, N., Bullens, R. A. R. and Doreleijers, T. A. H., 2007, "Disruptions in foster care : A review and meta-analysis," *Children and Youth Services Review*, 29(1) : 53-76.

Orme, J. G., Buehler, C. L., 2001, "Foster Family Characteristics and Behavioral and Emotional Problems of Foster Children : A Narrative Review," *Family Relations*, 50 : 3-15.

Parsons, T., 1951, *The Social System*, New York : Free Press. (＝佐藤勉訳，1974，『社会体系論』青木書店)。

Pecora, P. J., Williams, J., Kessler, R. J., Downs, A. C., O'Bren, K., Hiripi, E. and Morello, S., 2004, "Assessing the Effect of Foster Care : Early Results from the Casey National Alumni Study," Casey Family Program, Settle, WA. (http://casey.org/ 2011年11月27日アクセス).

Pecora, P. J., Kessler, R. C., O'Brien, K., White, C. R., Williams, J., Hiripi E., English, D., White, J. and Herrick, M. A., 2006, "Educational and employment outcomes of adults formerly placed in foster care : Results from the Northwest Foster Care Alumni Study," *Children and Youth Services Review*, 28(12) : 1459-81.

Pecora, P. J., 2012, "Maximizing educational achievement of youth in foster care and alumni: Factors associated with success," *Children and Youth Services Review*, 34 (6): 1121-9.

Quest, A. D., Fullerton, A., Geenen, S., Powers, L. and The Research Consortium to Increase the Success of Youth in Foster Care, 2012, "Voices of youth in foster care and special education regarding their educational experiences and transition to adulthood," *Children and Youth Services Review*, 34(9): 1604-15.

Rhodes, K. W., Orme, J. G. and McSurdy, M., 2003, "Foster Parents' Role Performance Responsibilities: Perceptions of Foster Mothers, Fathers, and Workers," *Childlen and Youth Sevices Review*, 25(12): 935-64.

Rowe, J., Cain, H., Hundleby, M. and Keane, A., 1984, *Long-Term Foster Care*, London, British Agencies for Adoption and Fostering.

Rutter, M., and Taylor, E. (eds.), 2002, *Child and Adolescent Psychiatry 4th ed.*, Oxford: Blackwell Publishing Ltd. (＝長尾圭造・宮本信也監訳, 日本小児精神医学研究会訳, 2007, 『児童青年精神医学』明石書店).

Ryan, T. and Walker, R., 2007, *Life Story Book: A practical guide to helping children understand their past*, London: British Agencies for Adoption and Fostering. (＝才村眞理・浅野恭子・益田啓裕訳, 2010, 『生まれた家族から離れて暮らす子どもたちのためのライフストーリーワーク実践ガイド』福村出版).

酒井平, 1948, 「里子村調査報告（一）」『社会事業』31(8): 12-20。

坂本佳鶴恵, 2005, 『アイデンティティの権力――差別を語る主体は成立するか』新曜社。

坂本洋子, 2003, 『ぶどうの木――10人の"わが子"とすごした, 里親18年の記録』幻冬舎。

―――, 2008, 『わたしたち里親家族！あなたに会えてよかった』明石書店。

崎山治男, 2005, 『「心の時代」と自己――感情社会学の視座』勁草書房。

桜井厚, 2002, 『インタビューの社会学――ライフストーリーの聞き方』せりか書房。

櫻井奈津子, 1999, 「里親養育への支援のあり方に関する研究――里親制度の活性化を求めて」『和泉短期大学研究紀要』21: 11-20。

―――, 2002, 「被虐待児ケースの里親委託」『世界の児童と母性』47: 44-6。

―――, 2012, 「これからの里親委託と里親支援機関のあり方・方向性」『里親と子ども』7: 25-30。

Sanchirico A. and Jablonska K., 2000, "Keeping Foster Children Connected to Their Biological Parents: The Impact of Foster Parent Training and Support," *Child and Adolescent Social Work Journal*, 17(3): 185-203.

里親と子ども編集委員会，2006，『里親と子ども』1，明石書店。
佐藤郁也，2008，『質的データ分析法——原理・方法・実践』新曜社。
Schofield, G., Beek, M., Ward, E. and Biggart, L., 2013, "Professional foster carer and committed parent: role conflict and role enrichment at the interface between work and family in long-term foster care," *Child and Family Social Work*, 18: 46-56.
白井千晶，2013a，「現代日本で里親であることとは——公共的に児童福祉を担うことと家族という私事性の両義性」『里親と子ども』8: 32-8。
―――，2013b，「東洋大学社会学部2012年度『社会調査および実習19』実施調査 概要報告『社会的養護における家庭養護に関するアンケート：里親・ファミリーホーム』」(shirai.life.coocan.jp/html/foster%20parents%20and%20family%20home%202012%20report.pdf　2016年11月6日アクセス)。
副田あけみ・樽川紀子・藤村正之，2000，「序 現代家族と家族政策」副田義也・樽川典子編『流動する社会と家族II　現代家族と家族政策』ミネルヴァ書房，1-30。
副田義也，1992，「老人福祉は利用者の家族をどう扱っているか」上野千鶴子他編『シリーズ変貌する家族　家族に侵入する社会』岩波書店，62-83。
園井ゆり，2014，『里親制度の家族社会学——養育家族の可能性』ミネルヴァ書房。
Stein, M., 2006, "Research Review: Young People Leaving Care," *Child and Family Social Work*, 11: 273-9.
杉山登志郎，2007，「絡み合う子ども虐待と発達障害」『里親と子ども』Vol. 2: 26-32。
庄司順一・谷口和加子・安藤朗子ほか，1999，「児童福祉施設等におけるケアのあり方とマンパワーに関する研究——里親への支援のあり方に関する研究」『日本子ども家庭総合研究所紀要』35: 33-9。
庄司順一・小山修・山本真実ほか，2000，「里親制度の現状と課題——欧米における里親養育研究の動向（1）」『日本子ども家庭総合研究所紀要』37: 79-95。
庄司順一・篠島里佳，2007，「虐待・発達障害と里親養育」『里親と子ども』2: 6-12。
庄司順一，2001a，「子どもの養育環境の問題と愛着障害」『乳幼児医学・心理学』10(1): 35-41。
―――，2001b，「里親の意識および養育の現状について」『新しい家族』38: 2-21。
―――，2005，「愛着障害について教えてください」庄司順一編，『Q＆A 里親養育を知るための基礎知識』明石書店，172-5。
―――編，2010，『改訂版　新しい里親制度ハンドブック』財団法人全国里親会。
庄司洋子，1984，「わが国の『答申』・『白書』にみる家族」『社会福祉研究』35: 44-50。
―――，2013，「ケア関係の社会学——家族のケア・社会のケア」庄司洋子編，『シリーズ福祉社会学4　親密性の福祉社会学——ケアが織りなす関係』東京大学出版会，

1-20。
Swan, T., 1997, "Problems in Caring for Sexually Abused Girls: Care Providers Speak out," *Community Alternatives*, 9(1): 71-87.
高城和義, 2002, 『パーソンズ——医療社会学の構想』岩波書店。
田渕六郎, 1996, 「主観的家族論——その意義と課題」『ソシオロゴス』20:19-38。
————, 2006, 「分野別研究動向（家族）」『社会学評論』56(4):950-63。
高橋美恵子, 2004, 「里親養育と地域生活支援の視点」『月刊福祉』87(13):52-5。
高橋重宏監修, 児童福祉法制定60年記念全国子ども家庭福祉会議実行委員会編, 2007, 『日本の子ども家庭福祉——児童福祉法制定60年の歩み』明石書店。
瀧口桂子, 2003, 「里親の変遷と里親制度の改革」『世界の児童と母性』54:2-5。
樽川典子, 1994, 「里親たちの親子関係序論——親子関係の解釈装置」『社会学ジャーナル』19:133-44。
Thoburn, J., 1994, *CHILD PLACEMENT : Principles and Practice 2nd* ed., London, Ashgate Publishing Limited. (=平田美智子・鈴木真理子訳, 1998, 『児童福祉のパーマネンシー——ケースマネジメントの理念と実践』筒井書房)。
戸田朱美, 1998, 「里親養護における自立の問題」『世界の児童と母性』45:22-5。
————, 2011, 「里親が抱えるニーズと里親支援」庄司順一・鈴木力・宮島清編『里親養育と里親ソーシャルワーク』福村出版, 196-208。
東京都児童福祉保健局, 2005, 「社会的養護の下に育つ子どもたちへの自立支援のあり方——少子社会の進展と子どもたちの自立支援（中間のまとめ）東京都児童福祉審議会提言」。
藤間公太, 2013, 「子育ての脱家族化をめぐる『家庭』ロジックの検討——社会的養護に関する議論を手がかりに」『家族研究年報』38:91-107。
Tronto, J. C., 1993, *Moral Boundaries : A Political Argument for an Ethic of Care*, New York: Routledge.
辻由紀, 2012, 『家族主義福祉レジームの再編とジェンダー政治』ミネルヴァ書房。
津崎哲雄, 2010, 「子どもの権利からみた里親制度」『里親と子ども』5:7-13。
津崎哲郎, 2015, 『里親家庭・ステップファミリー・施設で暮らす子どもの回復・自立へのアプローチ——中途養育の支援の基本と子どもの理解』明石書店。
土屋敦, 2014, 『はじきだされた子どもたち——社会的養護児童と「家庭」概念の歴史社会学』勁草書房。
土屋葉, 2002, 『障害者家族を生きる』勁草書房。
上野千鶴子, 1991, 「ファミリィ・アイデンティティのゆくえ」上野千鶴子・鶴見俊輔・中井久夫・中村達也・宮田登・山田太一編『シリーズ変貌する家族1 家族の社

会史』岩波書店:1-38。
Visher, E. B. and Visher, J. S., 1991, *How to Win as a Stepfamily 2nd ed.*, Brunner/Mazel Publisers Inc.(=春名ひろ子監修,高橋朋子訳,2001,『ステップファミリー――幸せな再婚家族になるために』WAVE 出版)。
渡邊守,2008,「里親家庭での暮らし――ここにいる意味」『新しい家族』51:113-31。
―――,2010,「キンシップケア――親族などによる児童養護」『世界の児童と母性』69:34-9。
―――,2011,「里親養育の実際」庄司順一・鈴木力・宮島清編『里親養育と里親ソーシャルワーク』福村出版,88-107。
Webster, D., Barth, R. P. and Needell, B., 2000, "Placement Stability for Children in Out-of-Home Care: A Longitudinal Analysis," *child welfare*, 79(5): 614-32.
Whenan, R., Oxlad, M. and Lushington, K., 2009, "Factors Associated with Foster Carer Well-being, Satisfaction and Intention to Continue Providing Out of Care," *Children and Youth Services Reviews*, 31(7): 752-60.
Whiting, J. B. and Lee III, R. E., 2003, "Voices From the System: A Qualitative Study of Foster Children's Stories," *Family Relations*, 52: 288-95.
Wrighton, P., 2006, "The Role of Male Carers in Adoption and Fostering," British Association for Adoption and Fostering.
山田昌弘,1986,「家族定義論の検討――家族分析のレベル設定」『ソシオロゴス』10:52-62。
山縣文治,2013,「子どもの最善の利益と社会的養護の課題」『世界の児童と母性』75:2-6。
山本真知子,2013,「里親家庭における里親の実子の意識」『社会福祉学』53(4):69-81。
山本保,1988,「『家庭養育運営要綱』の改正について――40年ぶりの里親制度の改正」『新しい家族』12:49-60。
―――,1991,「里親制度に関連する施策の現行」『新しい家族』19:50-69。
―――,1994,「里親制度の改正に向けて」『新しい家族』25:21-38。
山根純佳,2005,「キュアからケアへ」『書評ソシオロゴス』1:17-33。
山根常男・高橋重宏・岩上真珠・長谷川重夫・千葉茂明・神崎富紀子・許斐有・石川雅信・鈴木博人・藪本知二・二村克行・岩田美香,1988,「養護施設児童の家族的背景に関する研究――戦後42年間における東京育成園の入所児童の分析を中心として」『駒沢社会学研究』20:203-45。
横堀昌子,2011,「里親支援機関事業の実施状況と課題――2010年度訪問調査の結果から」『新しい家族』54:58-71。

米沢普子，1989，「里親の意識調査『新しい里親像』」『新しい家族』14：64-71。
―――，2005，「ライフストーリーワークについて教えてください」庄司順一編『Q＆A 里親養育を知るための基礎知識』明石書店，224-25。
吉田菜穂子，2009，『子どものいない夫婦のための里親ガイド――家庭を必要とする子どもの親になる』明石書店。
―――，2011，「里子事業の歴史的研究――福岡県里親会活動資料の分析」長崎純心大学平成23年度博士論文。
―――，2015，『子どものいない夫婦のための養子縁組ガイド――制度の仕組みから真実告知まで』明石書店。
吉沢英子，1987，「わが国における里親制度の現状と問題点」『東洋大学社会学部紀要』24(2)：157-93。
養育里親研修テキスト編集委員，2010，『養育里親研修テキスト』全国里親会。
養子と里親を考える会，2005，「被虐待児受託里親の支援に関する調査研究その2」『新しい家族』46：2-47。
湯沢雍彦編，2005，『里親入門――制度・支援の正しい理解と発展のために』ミネルヴァ書房。
全国里親委託等推進委員会，2013，「里親等委託率アップの取り組み報告書――委託率を大きく増加させた福岡市・大分県の取り組みより」(http://www.mhlw.go.jp/seisaku-nitsuite/bunya/kodomo/kodomo_kosodate/syakaiteki_yougo/dl/working1.pdf　2013年9月19日アクセス)。
―――，2015，「平成26年度調査報告書」(http://www.mhlw.go.jp/file/06-Seisakujouhou-11900000-Koyoukintoujidoukateikyoku/0000080951.pdf　2016年8月17日アクセス)。
全国里親会編，1988，『里親読本シリーズ第30集　新しい里親制度』全国里親会。

巻末資料

巻末資料1　社会的養護関係年表

年月日	内容	里親関係	社会的養護関係	子ども、保育関係
1947年12月12日	児福法	・児童福祉法公布		
1948年4月1日				・児福法にもとづき全国92か所の児童相談所が開設
10月4日	要綱	・「里親等家庭養育の運営に関して」で里親等家庭養育運営要綱実施を通知		
12月29日	省令	・児童福祉施設最低基準（省令第63号）公布施行		
1950年1月14日	省令	・児童福祉施設最低基準の特例に関する省令（厚生省令第4号）公布（1月1日より適用）		
6月1日			・全国要保護児童調査	
11月		・京都市にて全国にさきがけて昼間里親制度創設		
1951年6月6日	児福法	・児童福祉法第5次改正（保護受託者制度創設など）		
5月5日				・児童憲章制定
1953年6月1日			・全国要保護児童実態調査	
1954年2月5日〜5月5日		・第1回里親及び職親を求める運動実施（以後毎年開催）		
10月1日			・養護施設運営要領作成	
11月1日		・全国里親連合会結成		
1955年2月1日			・教護院運営要領作成	
12月31日			・里親制度実態調査実施（両親また片親を欠く児童の就職援護対策実施）	
1956年5月1日	意見具申			・児童福祉行政の諸問題に関する意見具申
1959年				・国連総会の児童権利宣言採択

日付	種別	内容	備考
11月20日		を契機とした、要保護児童対策の積極化と近代化など4項目の答申	・児童権利宣言（国連総会決議）
1962年7月16日	意見	「児童福祉施設最低基準の改善に関する意見」（中央児童福祉審議会）	
1963年5月16日			・厚生省、初の「児童福祉白書」発表
7月1日			・全国家庭児童実態調査実施
8月1日			・「家庭対策に関する中間報告」（中児審家庭対策特別部会）
1964年3月30日		・児童相談所執務必携作成	・母子福祉法公布・施行（現・母子及び父子並びに寡婦福祉法）
7月1日			・全国家庭福祉実態調査実施
8月1日			
11月29日			・児童扶養手当法公布
1965年5月16日			・「幼稚園と保育所の関係について」（厚生省・文部省共同局長通知）
8月			・母子保健法公布
1966年12月8日	答申	「児童福祉施設最低基準の一部改正について」（中児審）	
12月23日	意見	「児童福祉施策の推進に関する意見」（中児審）	
1968年12月17日		・厚生省、全国要保護児童の実態調査結果発表（要保護児童推定148万4100人と推計）	
12月20日		・「当面推進すべき児童福祉施策について」意見具申（中児審）	
1969年10月1日			・全国家庭児童調査実施
1970年7月1日		・養護児童実態調査実施	

年月日	区分	事項	備考
1971年5月1日			・児童手当法公布：翌年1月より段階的に施行（1965年4月より厚生省・でも大臣官房に児童手当参事官設置）
1973年4月		・東京都養育家庭制度発足（1987年度までに9か所になる）	
11月17日	中間答申	・「当面推進すべき児童福祉対策について」（中児審）	
1974年9月17日	通知	・「短期里親の運用について」：2002年廃止	
10月1日			・全国家庭児童調査実施
1977年6月1日		・児童相談所執務提要施行	
12月1日		・養護児童等実態調査実施	
1979年 9月1日～30日			・国際児童年 ・全国家庭児童調査実施
1981年4月24日			・「ベビーホテル問題に対応するための乳児院の活用等について」 ・「母子福祉法」を「母子及び寡婦福祉法」に改称
6月11日	通知		
12月18日		・「今後のわが国児童家庭福祉の方向について」意見具申（中児審）	
1983年3月1日		・養護児童等実態調査実施	
10月1日		・東京都「里親認定基準」及び「里親委託措置指針」の改正について 通知	・国際障害者年
1984年9月1日 9月20日	意見具申		・全国家庭児童調査実施 ・「家庭における児童養育のあり方」

巻末資料

年月日	区分	内容	備考
1986年12月	国連総会	「国内, 国際間の里親の保護および養子縁組を主眼とした児童の保護と福祉についての社会的法律的原則に関する宣言」採択	・「これを支える地域の役割について」(中児審)
1987年10月1日			・養護児童等実態調査実施
10月31日	通知	養子縁組あっせん事業の指導について. 同年, 特別養子縁組制度の新設等を含んだ「民法の一部を改正する法律」可決	
10月31日	通知	「里親等家庭養育の運営について」	
11月		「里親等家庭養育運営要綱の実施について」	・転換期における児童福祉施設の役割に関する研究(報告書)
1988年5月20日	通知	「家庭養育推進事業の実施について」	
11月28日	意見具申		・「今後の保育対策の推進について」(中児審)
1989年2月			・厚生省,「養護施設実態調査」公表 ・養護施設入所児童等の高等学校への進学について
4月	通知		
9月25日			・全国家庭児童調査実施 ・「児童の権利に関する条約」国連で採択(翌年日本は署名)
11月20日			
1990年3月5日	通知		・「児童相談所運営指針」通知
6月18日	通知		・「家庭養育支援事業の実施について」 ・育児休業法公布
1991年5月			
1992年12月1日			・養護児童等実態調査実施
1994年2月16日			・「児童の健全育成に関する意

4月22日		・日本「児童の権利に関する条約」批准
5月22日		・「児童の権利に関する条約」発効
7月8日		・児童環境・健全育成支援事業の創設
10月1日		・全国家庭児童調査実施
12月		・エンゼルプラン策定（5年後新エンゼルプラン） ・国際家族年
1995年6月		・「育児休業法」が「育児・介護休業法」に
8月	・恩寵園事件	
1996年3月1日	・児童福祉法改正のため、中央児童福祉審議会に基本問題部会設置	
12月3日		・「少子社会にふさわしい児童自立支援システムについて」 ・「母子家庭の実態と施策の方向について」中間報告（中児審基本問題部会）など
1997年2月1日 答申	・児童福祉法等の一部を改正する法律要綱を中福審と社会保障審議会に諮問し、27日までにそれぞれ答申	
2月21日 答申	・諮問書	
2月26日 答申	・「児童福祉法等の一部改正について」答申（中児審）	
3月1日 児福法	・「児童福祉法等の一部を改正する法律」翌年4月1日より施行	
4月9日 通知		・「養護施設等退所児童自立支

巻末資料

日付	種別	内容	備考
12月25日	児福法	・児童福祉法第50回改正	
	意見要旨	・「最低基準等に関する検討課題について」（中央児童福祉審議会保育部会）	
1998年1月30日	答申	・「児童福祉施設最低基準の改正について」（中央児童福祉審議会総会）	
2月1日			
1999年4月	通知		・養護施設入所児童等調査等実施
8月30日		・「里親に委託されている児童が保育所へ入所する場合等の取扱について」	・児童養護施設及び乳児院における被虐待児等に対する適切な処遇体制について
2000年5月17日			・「児童虐待の防止等に関する法律」成立
2002年9月5日	通知	・「雇児発第0905001号厚生労働省雇用均等・児童家庭局長通知「里親の認定等に関する省令」及び「里親が行う養育に関する最低基準」について」	
9月5日	省令	・専門里親、親族里親制度の創設／厚生労働省令第115号「「里親の認定等に関する省令」、厚生労働省令第116号「里親が行う養育に関する最低基準」	
9月5日	通知	・「里親制度運営要綱」を定めたことを雇児発第0905002号厚生労働省雇用均等・児童家庭局長通知「里親制度の運営について」にて通知	
9月5日	通知	・「雇児発第0905006号里親の一時的な休息のための援助の実施について」	
2004年10月1日		・児童福祉法改正：里親の定義、監護・教育・	

・接近禁止命令等の実施について

日付		懲戒等		
12月24日				・厚労省「子ども・子育て応援プラン」発表
2006年4月3日	通知	・「雇用均等・児童家庭局長通知雇児発第0403001号 里親委託推進事業の実施について」		
2007年5月29日			・「雇用均等・児童家庭局 今後目指すべき児童の社会的養護体制に関する構想検討会」中間とりまとめ	
2008年4月1日	通知	・「里親支援機関事業の実施について」で里親支援機関事業の実施要綱を定める		
10月31日			・「社会保障審議会児童部会社会的養護専門委員会」報告書	
11月26日		・児童福祉法改正:「養育里親」と「養子縁組里親」を区別。里親手当増額、認定研修の義務付け、小規模住居型児童養育事業法定化など。		
2009年12月18日				・国連総会採択決議 第64回総会64号議題「児童の代替的養護に関する指針」
2011年3月30日	通知	・「里親委託ガイドライン」を定めたことと「里親委託ガイドラインについて」にて通知		
7月11日			・社会保障審議会児童部会社会的養護専門委員会 とりまとめ	
2012年3月29日	通知	・「社会的養護施設運営指針及び里親及びファミリーホーム養育指針について」通知		
2016年6月3日		・児童福祉法改正:「家庭と同様の環境における養育の推進」明記など。		

(出典) 高橋重宏監修、児童福祉法制定60年記念全国子ども家庭福祉会議実行委員会編 (2007) 等をもとに筆者作成。

巻末資料

巻末資料2　平成25年度東京都里親研修一覧

25年度　東京都里親研修　一覧

研修名		主な対象家庭	カリキュラム内容	
認定前		養育家庭	社会的養護・制度の基本/児童虐待・子供の権利擁護/被措置児童等虐待/地域における連携・里親養育の課題/里親体験発表/子供の身体・事故防止/子供の心/グループ討議/施設実習(2日)	
		養子縁組	社会的養護・制度の基本/児童虐待・子供の権利擁護・事故防止/地域における連携・里親養育の課題/里親体験発表/子供の身体/子供の心/家族を迎える/施設見学(半日)	
更新時		全登録家庭	権利擁護/虐待/思春期を乗り越える	
登録後		設定後1年以内	実習を終えて/子供の気持ち・親の気持ち/地域と共に育てる/委託から自立までの子育て/子供と共に成長する家庭，家族/子供との生活（演習）	
受託後		初めての子供を受託して2年以内	CAREプログラム　講義/演習	
課題別		どなたでも	生い立ちの真実を伝える	学童期から広がる子供の世界
			発達障害とは…	自立に対する制度の支援
			里子の抱える育ち	
オープン講座		どなたでも	特別養子縁組　～家族を迎える～	
			いざ！　という時のために　～乳幼児救急法～	
			子供の成長と家庭の成長	
乳児委託		養育家庭として登録し，乳児の受託を希望する方（必修）/養子縁組里親の方（集合研修のみ）	乳幼児期の心と身体の発達/乳児院の役割/実習オリエンテーション/いざ！　という時のために（乳幼児救急法）/施設実習（2日間）	
専門養育		養育家庭として3年以上，子供を受託した経験がある	スクーリング（3日間）/通信教育（4日間）/施設実習（6日間） ※一部カリキュラムは社会福祉法人恩賜財団母子愛会に委託しています。	
		専門養育家庭更新時を迎えた方	里親制度をめぐる状況について/子供の示す問題や症状の理解	

25年度　東京都里親研修　体系概要図

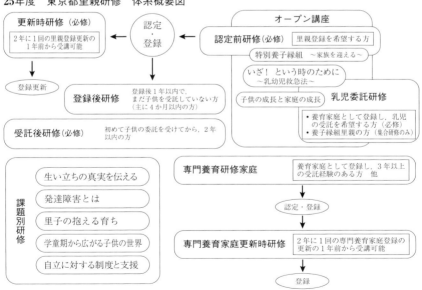

（出典）　特定非営利活動法人東京養育家庭の会（2013：4）。

巻末資料3　調査依頼書

【○○さん保管用】

お話を伺うにあたりまして

　この度は，里親としての経験や里親制度へのご意見をお聞かせ願えるとのことで，心よりお礼申し上げます。○○さんには，◇◇さんのご紹介でお会いすることができ，大変うれしく思っております。

　私は現在お茶の水女子大学大学院の学生です。里親家族の勉強をはじめてから，○年程経ちました。体験発表会や研究会に参加させていただいたり，アン基金のお手伝いやインタビューを通して，里親さんたちの生の思いや日常の様子をお聞きでき，いつも勉強させていただいています。今後も，そうした現場から学ぶ姿勢を大切に，研究をしていきたいと思っております。それを将来，子どもやその家族に返していけるよう，一生懸命取り組んで参ります。

　お話しいただいた内容は，一部，学術雑誌等に掲載する，論文の資料として使わせていただく可能性があります。これはあくまでも学術的な目的のもとに行うものであり，他の目的のために使用することはいっさいございません。そしてその際も，プライバシーは必ずお守りします。お名前，地域の匿名化をし，論文公表前には，原稿を見ていただき，内容の修正や不都合な情報の削除などにつき，ご指示に従う所存でございます。さらに，伺ったお話の記録については，細心の配慮をもって保管いたしますが，論文執筆などの作業が終わりましたら，しかるべき方法で情報を消去いたします。

　また，調査に際しては，話したくないことは無理にお話くださらなくて結構ですので，遠慮なくその旨おっしゃってください。

　これからもいろいろな場面でお世話になるかと存じます。どうぞよろしくお願い申し上げます。

201○年　○月　安藤藍
住所：
電話：
メール：

おわりに

　調査にでかけると，なぜ里親に興味をもったのか聞かれることがままある。立派な理由があるわけではなく，偶然里親という人びとに出会い，「こんな家族があるのだ」という素朴な驚きから「里親業界」に足を踏み入れた。里親さんたちだけでなく，里子・元里子さんたち，里親家庭の実子さん，施設の職員の方など，たくさんの人に出会った。修士課程の途中から現在までおおよそ8年半，出会いと対話の道のりから本書のテーマにたどりつき，おぼつかないあゆみではあったが，なんとか1つの形にできた。
　当初，素朴に「多様な家族」の1つと思っていた里親養育は，家族をもっとも重要な参照点とするものの，「家族をする」という枠におさまりきらない実践であると考えるようになった。里親制度の変遷や養育を取り巻く諸規範をみると，家族におかれる価値は高いがその内実は一枚岩ではない。家族ケアに魅了されつつ，子どもの福祉を公的に担うとはいかなる経験であるのか，と思うようになった。また，子どもの成長を支えるという連続性のあるケアを，児童福祉制度の範囲で保障するときに困難が生じるのではないのか。これらの問いに対する1つの解明の仕方が，序章で提示した家族的文脈と福祉的文脈，限定性と無限定性という考え方である。おりしも，マクロな社会政策論からミクロなケアの相互行為論まで，ケアをどのアクターがいかに担うのかという学問的関心は高まりをみせていた。介護保険制度や障害者総合支援法にまずみてとれるように，かねてより介護や障がい分野ではケアの社会化が論じられていたし，子育て支援についても認定こども園制度創設や保育サービスの準市場化の議論などが活発化している。社会的養護もまた，母子保健や子育て支援一般との接続を意識した動向があり，子育てを社会で支えるという流れの一環に配置されようとしている。とりわけ里親制度に代表される家庭養護は，家族の育児責任や日常的ケア・経済的負担の配分にまつわる，ケアの社会化に通底する困難を如実にうつしだす。こうした情勢下で刊行に至った本書は，里親の中でも長期

の養育里親という限られた対象を扱っているものの，里親養育それ自体の発展のみならず，ケアの営みを家族や社会がどのように担うかを考えてゆくための経験的知見として位置づけられるはずだと思っている。

　また，昨今様々な「現場」と学術研究との「協働」が改めて求められる気運を感じる点についても触れておきたい。大学院生や研究者が「現場」の当事者と呼ばれる人びとや支援者と協働する機会はさらに増えるであろうし，その際に自らの立場性について悩むこともまた増えるだろう。いわゆる「現場」のあるテーマをもつ研究者は同様かもしれないが，私も博士課程在学中は「この研究が当事者に／現場にどんな役に立つのか」と，ずいぶんと思い悩んだ。詰めて思考し論文という形で発信することは，無駄ではないと思ったが，直接困っている人にアドバイスを行うものではない。「現場」のベテラン里親たちのことばの端に「子育てをしたことも，家庭を営む経験もない若者に言っても……」というニュアンスを感じとることもあったし，里親子支援のNPO活動では子育ての具体的なヒントを求める里親や施設関係者に出会うことが多かったので，なおさら自分の無力感が増した。調査過程の「わかってほしいが，そう簡単にわかられてはたまらない」という目にみえないせめぎ合いや，「現場から立ち去ることが可能，あるいは容易である」調査者であることの申し訳なさはつきまとってくる。学術研究は，いま目の前にいる人を支援するような「現場」のニーズとは異なるかたちで，長期的視点・俯瞰的視点から「現場」と手を携えることができるはず——まるで車の両輪のように——とあたまではわかりつつ，なかなか心からはそう思えずにいたのだ。しかし，私のような立場の者は「現場」と一般社会とをつなぐようなことができるかもしれない，という気持ちはあった。学術的なかかわりは，その1つの方法であり，NPO活動もまたしかりである。社会全体での子育てとは，子育て経験の有無や婚姻の如何にかかわらず，市民として耳を傾けあい，自分なりの関与の仕方を見出していくことではないのだろうか。そう考えれば，それほど無力感や罪悪感にさいなまれなくてもできることはきっとある。「現場」に耳を傾け，対話する中で一歩ずつ進めばいい。

　かつて和泉広恵氏がはじめて家族社会学分野で里親研究の成果を刊行してから10年以上がたち，この嚆矢をもって家族関係論等の文脈で議論がなされるに

おわりに

　至ったように，学術研究がどのような意味をもつのかは長期的に判断される。1つの研究成果が単独で素晴らしい処方箋を出すことはそう多くないかもしれないが，基礎研究の1ピースとなり，後続の研究が蓄積されれば，それは新たな研究や実践に活きる。本書もまた，つたないながらも研究成果を刊行することによって，里親研究だけでなく諸隣接領域における議論の緒につくのであれば，それは望外の喜びであると思う。

　さて，本書は2014年9月にお茶の水女子大学大学院人間文化創成科学研究科に提出した学位請求論文を原著としている。題目はそのまま本書のタイトルだが，内容には加除を行っている。

　学位請求論文の執筆から本書の刊行に至るまで，本当に多くの方々にお世話になった。まず，本書のために，子育てや仕事など多忙な中で，貴重な時間をさいて大切なお話をしてくださったインタビュー調査協力者の里親の皆さまに，心からの感謝を申し上げたい。調査研究を通じた出会いは，私個人の人生にとっても豊かなものを与えてくれた。また，里親子支援のアン基金プロジェクトの皆さんと過ごした時間――毎週の本郷の事務所での里親理事さんとのおしゃべり，諸活動のお手伝いなど――は，振り返れば本書の問いを導く土壌となっていたと思う。おひとりずつお名前を挙げることはかなわないが，ここに深く感謝を申し上げたい。

　2015年の年末から職を得た首都大学東京都市教養学部都市教養学科人文・社会系社会学コース社会福祉学分野では，めぐまれた環境で研究活動をさせていただいていることに感謝している。若手がのびのびと研究を行えるのは，なにより教員の皆さまや事務職員の方々の理解のおかげである。記して謝意を表したい。

　博士課程を過ごしたお茶の水女子大学では，指導教授であり本書のもととなる学位請求論文の主査であった藤崎宏子先生は，いつも近くにいて，丁寧で根気強いご指導をしてくださった。修了後も，本書の刊行にあたって気にかけていただいたことに，深く御礼を申し上げたい。また，日本女子大学人間社会学部和泉広恵先生は，学位論文の審査に際して外部審査委員を引き受けてくださり，里親養育の詳細な点から理論的な点までご教示いただいた。お茶の水女子大学大学院人間文化創成科学研究科平岡公一先生，小玉亮子先生，杉野勇先生

には，日頃よりゼミでのご指導や励ましの言葉をいただいたうえ，数回にわたる審査会にかかわっていただいた。素晴らしい先生方に頂戴したご示唆の一つひとつが，論文を育ててくださったことを本当に感謝している。

お茶の水女子大学在学中は，先輩，同期，後輩の皆さんと研究室の壁をこえて，たくさんの議論をかわしてきた。学位請求論文の執筆時には先輩の吉岡なみ子さんに，本書の刊行にあたっては佐藤雅子さん，竹家一美さんに，度々タイトなスケジュールで原稿を確認していただいた。これまでの私の研究を理解したうえで的確なコメントをいただき，心から感謝申し上げたい。また大学という場を離れ，おいしいものをいただきに定期的に連れ出してくれ，豊かな時間をすごした同期と仲間は，私にとって大きな存在である。

学内外の研究仲間や先輩方との交流も，研究の視野を広げてくれる機会であった。DFS 研究会，お茶づけんの皆さんには，研究会での幅広い議論に加えて，個人的にも時間を頂戴しご指導いただく機会があり，行き詰った状態の私にたくさんのヒントを与えてくれた。かかわってくださったすべての方に，深く謝意を表したい。

なお，本書は独立行政法人日本学術振興会による平成28年度科学研究費助成事業（科学研究費補助金研究成果公開促進費「学術図書」課題番号 16HP5167）の助成を受けて刊行された。また，学位請求論文は公益社団法人程ヶ谷基金「第6回男女共同参画・少子化に関する顕彰事業」論文部門において優秀賞を受賞し，この賞金は刊行の一部に充てている。

学位論文の出版にあたっては，お茶の水女子大学の斎藤悦子先生のお力添えをいただいた。そして，ミネルヴァ書房の中村理聖さんをはじめ編集部の皆さまのご尽力がなければ，ここまでたどり着くことはできなかった。心より感謝申し上げたい。

最後に，これまでの研究生活をずっと支えてくれた，私の家族に感謝の意を表したい。なによりも両親の応援に支えられて，ここまで研究生活を送ることができた。いつもありがとう。

2017年1月

安藤　藍

人名索引

あ行

井口高志　71, 272
和泉広恵　50, 66
市野川容孝　8, 272

か行

Gubrium, J. F.　5, 75, 85
菊池緑　46, 273
Goffman, E.　78

さ行

櫻井奈津子　284
庄司順一　43
庄司洋子　285
白井千晶　282
杉山登志郎　45

た行

田渕六郎　71
樽川典子　73
Cheal, D.　73
戸田朱美　60, 61

Tronto, J. C.　285

な・は行

野辺陽子　72
Parsons, T.　8, 77, 272, 273
藤村正之　71
Blumer, H.　74
Holstein, J. A.　5, 75, 85

ま行

松本園子　15
松本武子　51
御園生直美　65, 66, 99
三井さよ　272
宮島清　15, 50
三吉明　16, 51
三輪清子　47, 48, 50
森和子　47

や行

湯沢雍彦　47
横堀昌子　48
吉沢英子　51

事項索引

あ行

愛着　1, 43, 55, 56, 105, 122, 233, 235, 259, 260
愛着障害　44, 108, 110, 121, 233
アイデンティティ形成　193, 195, 198, 214
アイデンティティのマネジメント　193
アフターケア　59, 61, 221, 256, 266, 284
意味解釈　76
意味づけ　8, 9, 65, 69
うちの子　252, 253, 256, 267
NPO法人里親子支援のアン基金プロジェクト　58
生い立ちの授業　189, 191
岡山孤児院　16
親になる　3, 67

か行

解釈実践　62, 80
かけがえのなさ　285
過去の非共有　97, 136, 259
家族再統合　1, 58, 68, 142
家族的な規範的期待　76, 181, 257, 276, 279
家族的な役割期待　103, 137, 214
家族的文脈　5-13, 62, 70, 76, 77, 80, 87, 103, 132, 157, 179, 181, 184, 206, 214, 217, 221, 256-258, 261, 263, 268, 276, 278, 282, 284, 286
家族のオルタナティブ　4, 279
家族の多様化　4, 72, 278
家族をする　3, 70, 280

葛藤　iv, 5, 8, 10, 12-14, 79, 97, 102, 103, 123, 127, 133, 136, 180, 217, 224, 256-258, 261-264, 272, 282
家庭調査　21, 24, 29
家庭的養護推進　1
家庭復帰　184, 200, 206, 212, 214, 215, 263
家庭養育運営要綱　17
家庭養護　i, iii, 2, 127, 149, 268, 281
関係継続の曖昧さ　97, 137
関係継続の志向　221, 256
関係的限定性　8, 9, 11, 12, 57, 80, 139, 180, 183, 217, 258, 261, 263-265, 275
関係の継続性　266
感情規則　133, 134, 136
規範　78
規範構造　7, 10, 80, 257, 271
規範的期待　5, 7, 10, 14, 64, 75, 83, 137, 269, 271
Kinship Foster Care　38, 54
ケアの公私分担　286
ケアの社会化　284
ケアの社会学　71, 72
ケアへの志向　272
血縁　63, 99, 101, 136, 258-260, 271, 273, 275, 280
言説　280
言説資源　75, 279, 281
限定性　8-10, 54, 257, 272, 273
更新研修　141
構築主義　5, 74, 75, 85, 280

交流　46, 55, 87, 184, 185, 187, 189, 198, 203, 215, 216, 263, 264
戸籍名　45
子育て支援（者）　iv, 14
子ども家庭支援センター　59
子どもの権利擁護　33
コンテクスト　5, 76

さ 行

里親委託ガイドライン　1, 19, 33
里親委託児　39
里親委託優先原則　19
里親委託率　ii, 50, 53, 62, 63, 281
里親及びファミリーホーム養育指針　32, 34
里親研修　104, 105
里親支援機関事業　22, 47
里親制度　15, 23, 50, 53, 62
里親体験発表会　84
里親手当　22, 172, 175, 176, 179, 181, 220
里親等家庭養育運営要綱　17
里親の親意識　49, 65
時間共有の曖昧さ　130, 132
時間的限定性　8, 9, 11, 12, 57, 59, 80, 97, 127, 130, 132, 136, 164, 217, 258, 260, 275
仕事としての子育て　180, 261, 262
仕事としての養育　160, 183
思春期の困難　46
施設養護　i
実親　10, 12, 40, 43, 46, 55, 58, 87, 98-100, 122, 127, 129, 141, 146, 169, 183-191, 193-199, 202, 205-208, 211-213, 215, 223, 256, 261, 263, 264, 269, 277, 280
実子と同じ　119, 120, 122, 124, 125, 127, 136, 137, 260
児童虐待防止法　18, 57

児童相談所　6, 7, 10, 12, 12, 21, 58, 153, 155, 166, 170, 181, 201, 261, 264, 265, 270, 275
児童の権利条約　17
児童の代替的養護に関する指針　18, 35
児童福祉司　6, 10, 12, 21, 58, 142, 146, 153, 155, 157, 169, 179, 201, 261, 262, 264, 265, 270, 271, 275
児童福祉法　i, 2, 9, 15, 16, 33, 59, 217, 268, 282
児童養護施設　i, 6, 14, 142, 157, 261, 265, 281
児童養護施設入所児童　39
社会的相互作用論　74
社会的文脈　3
社会的養護　i, ii, iv, 1, 2, 5, 6, 18, 41, 60, 61, 68, 101, 102, 139, 145, 146, 265, 268, 275, 284
18歳　2, 9, 161, 217, 219, 220, 222, 225, 233, 256, 265-267, 272, 278
修復的愛着療法　56
主観的意味世界　74, 76
小規模住居型児童養育事業　93
自立支援　33
親権　99
真実告知　45, 55, 56, 87, 99, 100, 185
親族里親　18, 20, 35
全国里親会　17, 28, 46
専門里親　18, 19
専門性　140, 142, 145, 146, 170, 179
措置委託　9, 22, 258, 275
措置委託解除　2, 46, 87, 97, 129-132, 217-222, 234, 238, 242, 243, 256, 267, 268, 277, 282
措置延長　60
措置変更　46, 54, 55, 130, 238

た 行

第一義的養育者　167, 170, 180, 181, 181, 262,

317

272, 281
体験発表会　ii
退行行動　43, 106
代替不可能性　160, 164, 219
試し行動　43, 106, 108
短期里親　18
短期里親制度　17
中途養育者　14
長期養育里親　68, 98, 283
治療的役割　139, 235, 236
通称名　45, 190
動機　37, 52, 100, 101, 103, 120, 136, 258, 271
東京市養育院　16
東京都養育家庭制度　17
当事者性　142, 144, 179
共働き里親　29
共働き里親容認　157

な　行

乳児院　i, 6, 14, 142, 281
乳児院入所児童　39
認定基準　31
認定前研修　141
認定要件　24, 27, 28, 29, 34, 269

は　行

パーマネンシー　57, 68
パターン変数　8
発達障害　44
反応性愛着障害　44
被虐待　1, 3, 40, 44, 55
被虐待経験　41
被虐待児　108
非血縁家族　3
ファミリーホーム　i

福祉的な規範的期待　76, 200, 256, 257
福祉的な役割期待　103, 137, 214
福祉的文脈　5-8, 10-13, 62, 70, 76, 76, 77, 80, 87, 97, 102, 103, 132, 137, 179, 184, 206, 214, 217, 221, 255-258, 261-263, 265, 268, 276, 279, 282, 284, 286
不調　47, 54, 55, 132
文脈　5, 6, 278
保育園利用　30, 153, 154, 156, 265, 269, 270

ま　行

継母の役割観　59
マルトリートメント　41
満期措置委託解除　12, 46, 225
民間団体　ii
無限定性　9, 159, 164, 167, 169, 180, 262, 272-274, 277, 284
面会交流　22, 127

や　行

役割　77, 78
役割（間）葛藤　7, 10
役割期待　6, 7
有償性　171, 172, 262
養育家庭専門員　59
養育里親　18, 19, 35, 88
養育指針　269
養育費　2, 87, 146, 162, 170-172, 175, 176, 179, 180, 262
養育要件　24, 27-29, 31, 34
養護問題発生理由　40
養子縁組　2, 19, 21, 58, 68, 99, 212, 222
養子縁組希望里親　35
養子縁組里親　21
養子と里親を考える会　16, 52

要保護児童　1, 39, 183, 270

　　　　　ら・わ　行

リービングケア　43, 60
ルーツ　206, 212
ルーツ探し　209, 211, 216

レスパイト・ケア　32
ローカルな文化　6
ローカルに組織化された状況　6
わりきる（わりきれない）　159, 162, 163, 171, 180, 262, 277, 284

《著者紹介》

安藤　藍（あんどう・あい）

1985年　東京都生まれ。
2009年　一橋大学大学院社会学研究科修士課程修了，修士（社会学）。
2014年　お茶の水女子大学大学院人間文化創成科学研究科博士課程修了，博士（社会科学）を経て，
現　在　首都大学東京都市教養学部都市教養学科人文・社会系助教，専門社会調査士，社会福祉士。専門は家族社会学，福祉社会学。
主　著　「措置委託解除後の元里親子関係――関係の再編・調整過程に着目して」『生活社会科学研究』第23号，2016年。
　　　　「実親との関わりにおける里親の認識と対応」『家族関係学』第30号，2011年。
　　　　「里親経験の意味づけ――子どもの問題行動・子育ての悩みへの対処を通して」『家族研究年報』第35号，2010年。　など

MINERVA 社会福祉叢書㊴

里親であることの葛藤と対処
――家族的文脈と福祉的文脈の交錯――

2017年2月10日　初版第1刷発行　　　　〈検印省略〉

定価はカバーに表示しています

著　者　　安　藤　　　藍
発行者　　杉　田　啓　三
印刷者　　坂　本　喜　杏

発行所　株式会社　ミネルヴァ書房
607-8494 京都市山科区日ノ岡堤谷町1
電話代表　(075)581-5191
振替口座　01020-0-8076

©安藤　藍，2017　　冨山房インターナショナル・新生製本

ISBN 978-4-623-07863-9
Printed in Japan

里親制度の家族社会学
園井ゆり 著　Ａ５判　328頁　本体6500円
●養育家族の可能性　血縁関係も法的関係もない里子を育てることの意味とは何か。家族機能の次世代継承を指摘した，待望の研究成果。

親と子
藤崎宏子 編　Ａ５判　380頁　本体3400円
●交錯するライフコース　個別のライフコースを歩む個人としての認識から，あらためて「親であること」「子であること」の意味を問い直す。

子どもと家庭の支援と社会福祉
北川清一／小林　理 編著　Ａ５判　240頁　本体2000円
●子ども家庭福祉入門　子どもと家庭を支援する制度について，施設・専門職別に整理し，現在の子ども家庭福祉の状況を概説した一冊。

児童福祉論
川村匡由／米山岳廣 編著　Ａ５判　232頁　本体2500円
相次ぐ法改正や施策の最新の動向を網羅，その全体像と多岐にわたるサービスの内容を解説する。

社会的養護入門
小田兼三／石井　勲 編著　Ａ５判　288頁　本体2800円
地域を基盤とした自立支援のあり方をわかりやすく解説。児童の権利に関する条約の趣旨を踏まえたテキスト。

ミネルヴァ書房
http://www.minervashobo.co.jp/